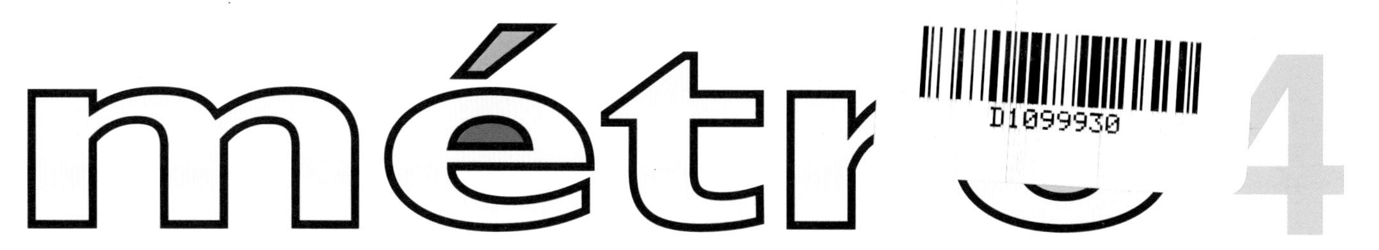

Rouge

Anneli McLachlan

Heinemann Educational Publishers
Halley Court, Jordan Hill, Oxford, OX2 8EJ
Part of Harcourt Education
Heinemann is the registered trademark of Harcourt Education Ltd

First published 2001

06 05 04 03
10 9 8 7 6

A catalogue record is available for this book from the British Library on request.

ISBN 0 435 380273

Produced by Ken Vail Graphic Design

Illustrations by Celia Hart, Sylvie Poggio Artists Agency (James Arnold, Nick Duffy, Belinda Evans, Roger Haigh, Rosalind Hudson, Simon Jacob, Paul McCaffrey), Chris Smedley

Cover design by Miller, Craig and Cocking

Cover photograph by Paul Raferty

Printed and bound in UK by Bath Colourbooks

Acknowledgements

The author would like to thank Diane Collett, Colin Christie, Sharon Churm, Nicole Couchouron, Ann Harries, Diana Hornsby, Stéphanie Maigné, Eleanor Mayes, Françoise Ranty, Gill Ramage, Leanda Reed, Fodé Sarr, Helen Singh, Marcus Waltl and the students of Elliott school, Putney, Gaëlle Amiot-Cadey; Nathalie Barrabé and the students of the Association Cours D'Art Dramatique, Rouen; François Casays at Accès Digital and the staff and students of the Collège Roquecoquille, Chateaurenard for their help in the making of this course.

The author and publishers would also like to thank the following for permission to reproduce copyright material: Popperfoto/Reuters p. 20 (The Simpsons), p. 149 (Fabien Barthez); Fleurus Presse, L'Hebdo des juniors p. 45 (Musique, Incas, Animations, Athlétisme, Guitare), p. 187 (Antoine de Caunes); ©Michelin Travel Publications 2001, from Green Guide Midi-Pyrénées, Authorisation No. 0108273 p. 81 (extracts on Argelès-Gazost, Auch, La Bigorre, Toulouse as well as text from the front cover); Printemps p. 96 (Printemps renseignements pratiques); Midi Libre p. 112, (Météo France – 21/08/00), p 118 (Voyages – 21/08/00); Bayard Jeunesse 2000, Okapi no. 667/671 p. 135 (À toi de noter ...), no. 662 p. 194 (Les films d'horreur ...), no. 671 p. 194 (Youssou N'Dour); Yahoo France p. 154 (Accueil>Santé); L'environnement Canada p. 154 (Priorité environnementale – Reproduced with the permission of the Minister of Public Works and Government Services Canada, 2001).

Photographs were provided by The Kobal Collection/Danjaq LLC/Keith Hamshere p. 43 (The World is not Enough); Corbis p. 79 (Christmas market), p. 79 (Easter in the Caribbean); Ancient Art & Architecture Collection Ltd/R Sheridan p. 115 (Carnac Standing Stones). All other photos are provided by Martin Soukias and Heinemann Educational Publishers.

Every effort has been made to contact copyright holders of material reproduced in this book. Any omissions will be rectified in subsequent printings if notice is given to the publishers.

Tel: 01865 888058 www.heinemann.co.uk

Table des matières

MODULE
9
EN BONNE FORME

MODULE
10
LE TRANSPORT

Études

Faites correspondre la phrase et l'image.

1 *Je suis désolé, je ne comprends pas.*

2 *Je m'excuse, je ne sais pas.*

3 *Pouvez-vous répéter, s'il vous plaît?*

4 *Qu'est-ce que ça veut dire en anglais 'requin'?*

5
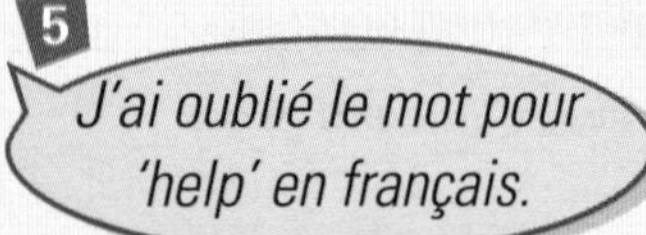

6 *Pouvez-vous parler plus lentement, s'il vous plaît?*

Identifiez l'image correcte. (1–7)

À deux. En français:

A

- Ask if you can have
- Say you have forgotten
- Say you don't have
- Ask your friend to lend you

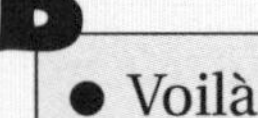

B

- Voilà
- Ah non!
- Tu es impossible!
- Mais quel est ton problème?!

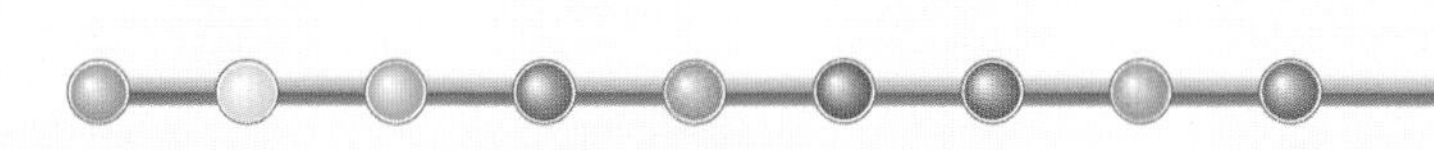

Lisez l'emploi du temps de Flore. Copiez et complétez pour le collège de Flore.

C.E.S. JULES VERNE

	lundi	mardi	mercredi	jeudi	vendredi	samedi
8h	chimie	anglais		français	français	
9h	espagnol	maths		maths	maths	EPS
10h	récréation					
10h15	biologie	français		anglais	anglais	EPS
11h15	biologie	études		histoire-géo	histoire-géo	physique
12h15	pause de midi					
14h	maths	espagnol		physique	espagnol	
15h	français	musique		dessin	technologie	
16h	histoire-géo	chimie		dessin	technologie	

EPS *Éducation physique et sportive*

1 Mon collège s'appelle ______.
2 Normalement, le collège commence à ______ et finit à ______.
3 Il y a une récréation à ______.
4 La pause de midi est à ______.
5 D'habitude, on a ______ cours le matin et ______ cours l'après-midi.
6 Un cours dure ______ minutes.
7 On va au collège tous les jours sauf le ______.
8 Comme matières, j'ai ______...

sauf *except for*

Écoutez l'interview sur un autre collège en France. Complétez les mêmes 8 phrases en français.

À deux. En français:

A
- Ask what time school starts
- Ask when break is
- Say lunch is at 13.05. Ask what subjects they do
- Say lessons last 50 minutes

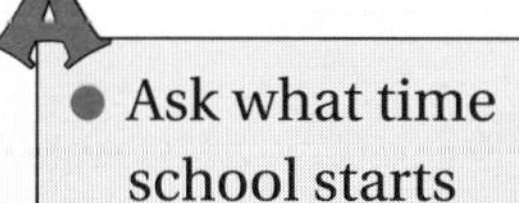
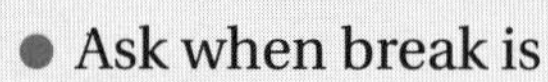

B
- Say school starts at 8.50
- Say break is at 11.10. Ask when lunch is
- Say what subjects you do. Ask how long lessons last

Écrivez une description de votre collège suivant le modèle de l'activité 3.

Copiez et complétez la grille en français. (1–8)

	☺	☹	Raisons
1	anglais, dessin	technologie	ennuyeux
2			

Pourquoi préférez-vous certaines matières? Faites correspondre les raisons et les images.

1 C'est facile.
2 C'est difficile.
3 C'est ennuyeux.
4 C'est intéressant.
5 Je suis fort en … .
6 Je suis faible en … .
7 Le prof est sympa.
8 Le prof est trop sévère.
9 C'est très utile.
10 J'ai trop de devoirs.

À deux. Posez une question et donnez une réponse à votre partenaire pour chaque image.

Exemple: 

- *Tu aimes le français?*
- *Oui, j'adore le français.*
- *J'ai du français trois fois par semaine. C'est intéressant.*

Always put **l', le, la,** *or* **les** *in front of the school subject when talking about likes/dislikes.*

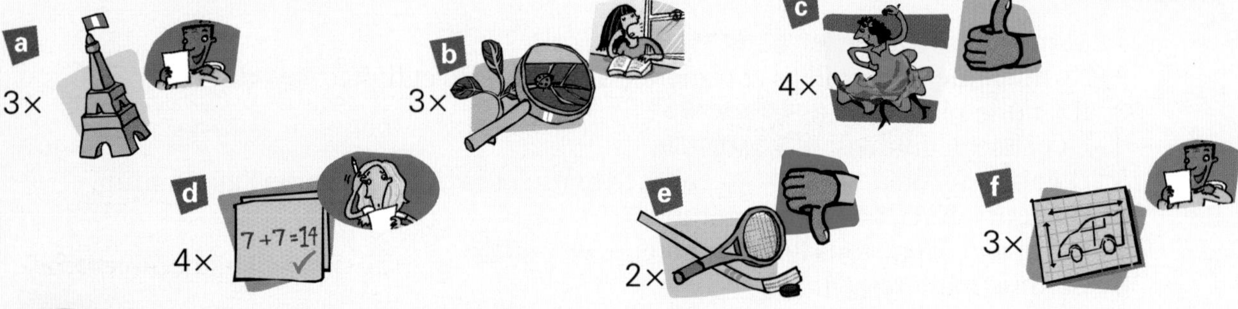

Écrivez la langue et depuis quand ils l'apprennent. (1–5)

Exemple: 1 anglais – 5 ans

À deux. Vous apprenez ces matières depuis quand?

Exemple: *J'apprends le français depuis 4 ans.*

Le détective

J'apprends le français depuis 4 ans = *I have been learning French for 4 years.*

Pour en savoir plus ➡ page 210, pt 3.14

1 *x 4 ans*

2 *x 3 ans*
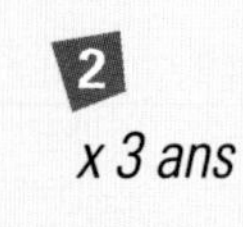

3 *x 6 ans*

4 *x 3 ans*
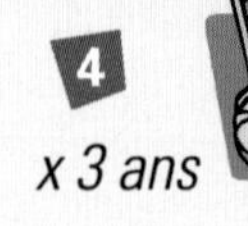

5 *x 1 an*
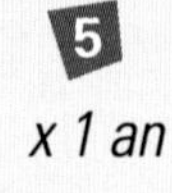

6 *x 8 ans*
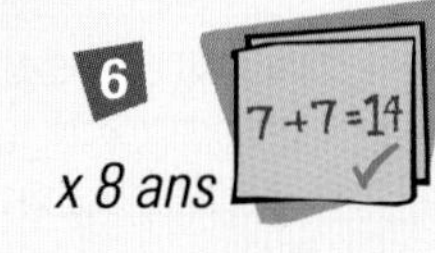

7 *x 5 ans*

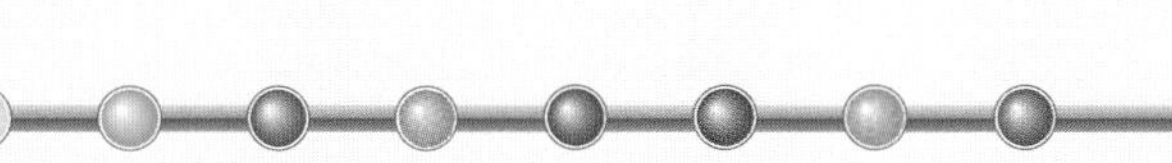

6 **Lisez, puis répondez aux questions sur le système scolaire en France.**

1 Les élèves vont à l'école maternelle à partir de quel âge en France?
2 Les élèves vont à l'école primaire à partir de quel âge en France?
3 Les élèves vont au collège à partir de quel âge en France?
4 Les élèves vont au lycée à partir de quel âge en France?
5 Ils préparent quel examen au lycée général?

* examen général qui correspond à nos A-levels
** examens qui correspondent à nos GNVQ

Le système scolaire en France

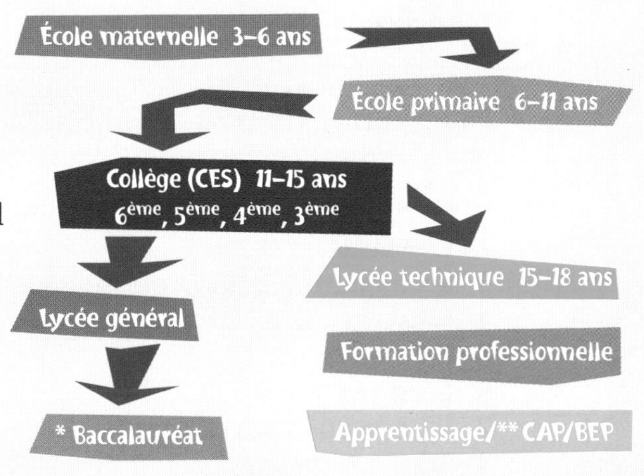

7a **Lisez l'article et choisissez les bonnes réponses.**

Salut, je me présente. Je m'appelle Julien et j'ai 15 ans. Je suis en seconde et je vais au lycée technique de Sarreguemines. C'est pas mal comme lycée, mais je n'aime pas trop les profs. Ils ne sont pas très compréhensifs. Je prépare mon bac et l'année prochaine, je vais passer mon bac de français. Je n'aime pas les examens, il faut que je travaille cette année et pour les 2 années à venir.

J'apprends l'anglais depuis 5 ans, mais je me débrouille mal. Chez nous le collège commence tôt, à huit heures du matin. Ça finit tard aussi, à cinq heures des fois, mais je ne vais pas au lycée le mercredi après-midi. Par contre, le samedi on n'est pas libre en France. Il faut aller en classe ...

Ciao!

1 Julien est
  a en terminale
  b en seconde
  c en première
2 Il prépare
  a le brevet d'études professionnelles
  b le baccalauréat
  c le certificat d'aptitude professionnelle
3 Il parle
  a bien l'anglais
  b un peu l'anglais
  c peu l'anglais
4 Le lycée commence
  a tard
  b de bonne heure
  c l'après-midi
5 Il est libre
  a le samedi matin
  b le mercredi matin
  c le mercredi après-midi

7b **Suivant le modèle de Julien, écrivez 75 mots sur votre collège.**

1 *Mon collège*

Describing your school

Faites correspondre les symboles et les phrases correctes.

1 Le collège se trouve près du centre de Paris.
2 C'est très moderne.
3 Il y a quatre-vingts professeurs.
4 C'est un collège mixte.
5 Il y a environ mille élèves.
6 C'est très animé.
7 Il y a beaucoup d'arbres.
8 On a des courts de tennis.
9 C'est un vieux bâtiment, gris, à quatre étages.

Regardez ces 3 images et écrivez le numéro de la description qui correspond à chaque image. (1–3)

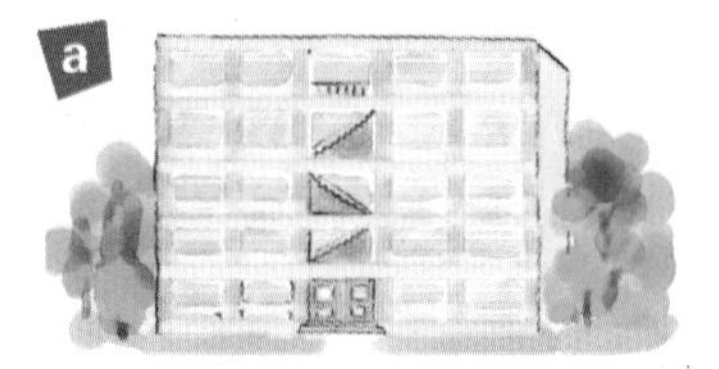

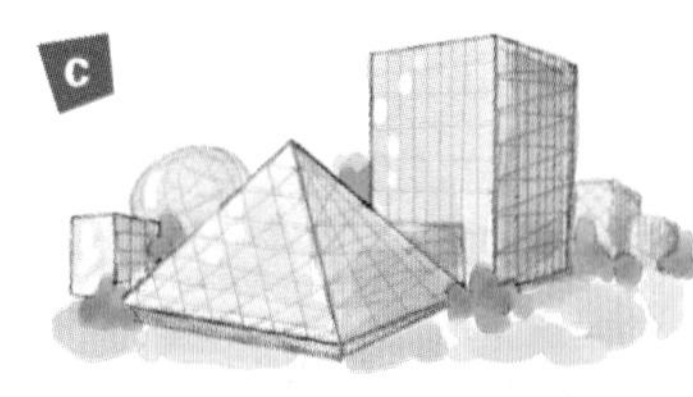

Avec un(e) partenaire, adaptez les phrases de l'exercice 1a pour parler de votre collège.

Alors, mon collège se trouve près de ...
C'est un collège pour garçons/filles

Try to vary the structures you use. Don't just say il y a *all the time. Try* chez nous ... , on a ... , nous avons ...

Regardez ces 2 plans et lisez la description. Quel est le plan correct?

L'intérieur du collège c'est normal quoi. Il y a la cantine au premier étage ainsi que les labos et les toilettes et les salles de classe en-dessous. Au rez-de-chaussée on a tous les bureaux: celui du secrétariat, la salle des profs et cetera. La bibliothèque est bien: nous on appelle ça le CDI (centre de documentation et d'information). Il y a beaucoup d'ordinateurs, on peut surfer l'internet et c'est gratuit: ça m'intéresse!

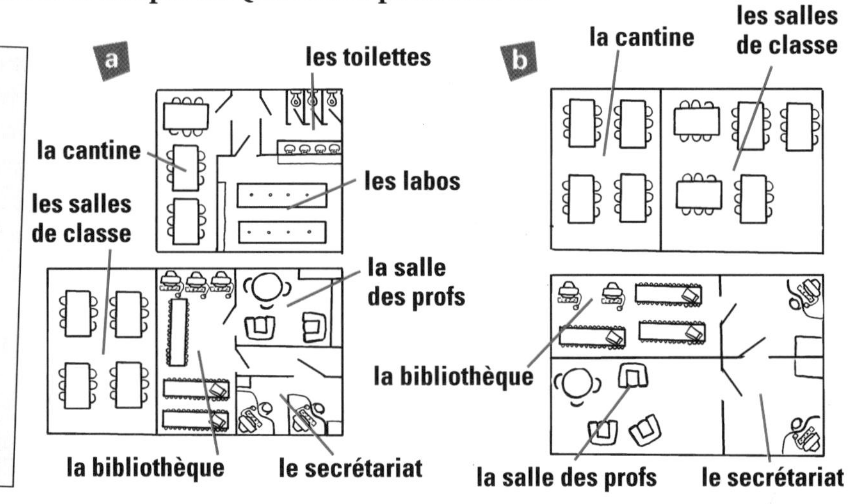

Maintenant, en regardant les plans ci-dessus, décrivez l'autre collège.

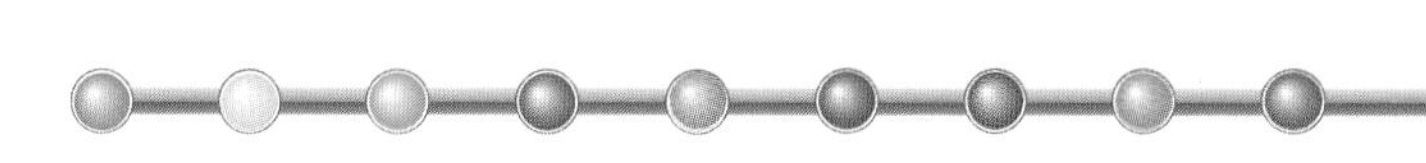

À deux.
En français:

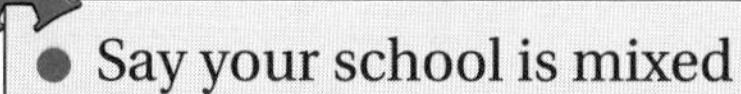

A

- Say your school is mixed
- Say there are two thousand pupils. Ask how many teachers there are in his/her school
- Say lessons last fifty minutes

B

- Say your school is mixed too. Ask how many pupils there are in his/her school
- Say there are 90 teachers. Ask how long lessons last

Écoutez ces jeunes qui parlent de leur club préféré. Copiez et remplissez la grille en français. (1–5)

	Club	Détails
1		
2		
3		
4		
5		

Tu fais partie d'un club?	
Je fais partie d'un club de/d'	photographie informatique échecs danse gymnastique musique
Je fais partie de	l'orchestre l'équipe de foot/volley/hockey
Je vais au club de	théâtre

Avec votre partenaire faites une liste des différents clubs dans votre collège.

Exemple:

Le jeudi après le collège il y a le club de danse.

Enrich your answers by adding as many time indicators as possible.
***Exemple*: Le jeudi après le collège** je vais au club de photographie ... **ensuite** je rentre chez moi ...

À deux. En français:

A

- Ask if your partner is a member of any clubs
- Ask how often the club takes place
- Say you are in the drama club

B

- Say you are a member of the football team
- Say you play twice a week after school Ask if s/he is a member of a club
- Say you are also in the drama club

2 Les préférences

Talking about your timetable

Pourquoi préférez-vous certaines matières? Trouvez les contraires de ces expressions.

1 C'est facile.
2 C'est intéressant.
3 Je suis fort(e) en …
4 Le prof est sympa.
5 C'est très utile.
6 On ne me donne pas assez de devoirs.

a C'est ennuyeux.
b Le prof est trop sévère.
c C'est difficile.
d J'ai trop de devoirs.
e Je suis faible en …
f C'est sans intérêt.

Flore parle de ses matières. Copiez et complétez la grille en français.

Matière	Opinion + raisons

When noting in French, jot down key words from what you hear.

Le professeur est très sympa et les cours sont intéressants.

prof sympa/c'est intéressant

Écrivez ces phrases en français.
Exemple: **a** *J'aime les maths car le prof est sympa et c'est intéressant.*

a  

car 

e  car  

b  car  

f   car 

c  car 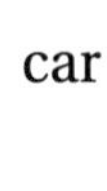 

d car 

Car *and* **parce que** *both mean "because". Give more than one reason if you can.*

Écoutez bien et complétez les phrases. (1–8)

1 La physique est assez difficile
2 J'aime l'informatique
3 Je n'aime pas du tout la géographie
4 Je pense que le dessin est inutile
5 Moi, je n'aime pas les sciences
6 L'histoire-géo
7 Je trouve le théâtre passionnant
8 Ma matière préférée

a le prof va trop vite je n'aime pas ça
b c'est compliqué
c c'est les travaux manuels
d il nous aide beaucoup
e j'ai horreur de ça et aussi le prof me fait peur
f En plus, le prof est nul
g je trouve ça compliqué
h mais je pense que c'est très important pour l'avenir
i je trouve ça pénible
j le prof est super sympa
k Monter une pièce
l c'est sensass
m c'est génial
n mais le prof est compréhensif

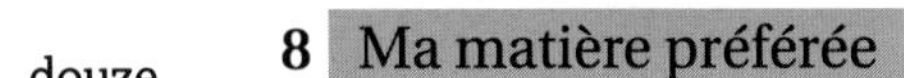

3b Que dites-vous? Faites des phrases en utilisant les images.

Qualify your answers, always give a reason for what you're saying.
Exemple: Je n'aime pas l'anglais. J'ai horreur de ça. C'est trop difficile!
Make good use of **mais** *too!*

3c À deux. En français:

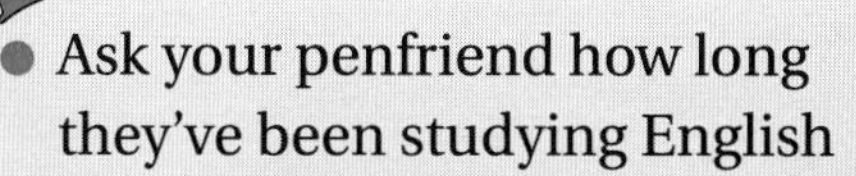

A
- Ask your penfriend how long they've been studying English
- Ask if they like their English teacher
- Ask if they would like to come to your English lesson

B
- Say you have been studying English for 6 years
- Say your English teacher is nice and understanding
- Accept the offer. Ask what time the English lesson starts

4a Lisez l'e-mail de Mario et répondez aux questions sur sa sœur Mélanie.

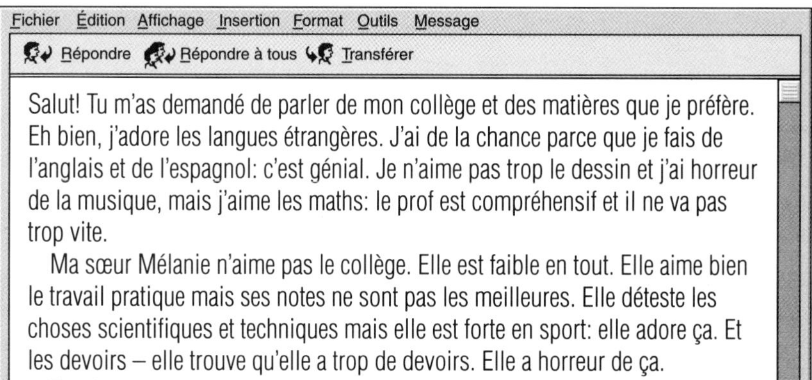

Fichier Édition Affichage Insertion Format Outils Message
Répondre Répondre à tous Transférer

Salut! Tu m'as demandé de parler de mon collège et des matières que je préfère. Eh bien, j'adore les langues étrangères. J'ai de la chance parce que je fais de l'anglais et de l'espagnol: c'est génial. Je n'aime pas trop le dessin et j'ai horreur de la musique, mais j'aime les maths: le prof est compréhensif et il ne va pas trop vite.

Ma sœur Mélanie n'aime pas le collège. Elle est faible en tout. Elle aime bien le travail pratique mais ses notes ne sont pas les meilleures. Elle déteste les choses scientifiques et techniques mais elle est forte en sport: elle adore ça. Et les devoirs – elle trouve qu'elle a trop de devoirs. Elle a horreur de ça.

Et toi quelle est ta matière préférée? Tu aimes les sciences ou les arts plastiques? Comment sont tes professeurs?

Réponds-moi vite!
Mario

Notez les phrases correctes.

1 Mélanie est forte en EPS.
2 Mélanie est faible en sciences.
3 Mélanie déteste le travail pratique.
4 Mélanie aime les choses scientifiques et techniques.
5 Mélanie est forte en EMT.
6 Mélanie a une opinion favorable du collège.
7 Mélanie pense qu'il n'y a pas assez de devoirs.

EMT *technology*

4b Que dit Mélanie au sujet:

1 des sciences?
2 du sport?
3 des devoirs?
4 des travaux manuels?

a Je déteste ça!
b C'est affreux!
c Ça va!
d C'est bien, ça.

4c Écrivez une réponse aux questions de Mario.

3 *Le règlement*

Talking about rules and regulations

Trouvez les bonnes images. Ces phrases sont-elles (P) positives ou (N) négatives?

1

2 *On doit apporter son équipement.*

3 *On doit respecter les autres.*

4

5 *On est traité comme des enfants.*

6 *Les bijoux sont interdits.*

7 *Il n'y a pas assez de liberté.*

8 *Il faut arriver à l'heure.*

9
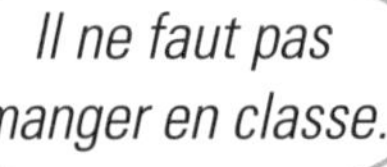

Chez nous les portables sont interdits.

a b c d e f g h i j

ÉCOUTER **1b** **Faites correspondre les noms aux opinions.**

Guy	pense que le règlement est important.
Dominique	pense qu'il n'y a pas assez de liberté.
Alain	croit que le collège devrait être plus strict.
Liliane	pense que le règlement est idiot.
Lisa	croit que le règlement est fondé sur le respect des autres.

Le détective

Il faut .../On doit ... + *the infinitive are useful ways of expressing what has to be done.*
It is necessary to/One must ...

Il faut arriver à l'heure = *You have to arrive on time.*
Il faut *is called an impersonal verb. You will never see it with any person other than* 'il'.
In the negative form:
il ne faut pas .../on ne doit pas ...

Pour en savoir plus ➡ page 202, pt 3.1

Traduisez ces phrases en français.

1 We must be good.
2 We must arrive at eight thirty.
3 We must follow the rules.
4 We must listen to the teachers.
5 We are not allowed to bring mobiles to school.
6 We must wear a uniform.

Écoutez ces jeunes qui parlent de l'uniforme. Décidez s'ils sont pour ou contre. (1–5)

3b **Écoutez une deuxième fois, copiez et remplissez la grille en français. (1–5)**

	Avantages	Inconvénients
1	C'est pratique, c'est pas cher on sait quoi mettre.	
2		
3		
4		
5		

PARLER **3c** **Vous êtes pour ou contre l'uniforme? Faites ce sondage auprès de vos camarades de classe. Posez la question suivante:**

Qu'est-ce que tu penses de l'uniforme?

Voici les réponses possibles. Moi, je pense que l'uniforme …

… c'est pratique.

… c'est une bonne chose parce qu'on sait toujours quoi mettre.

… c'est ridicule de nos jours.

… n'est pas bien parce qu'on ne peut pas montrer son individualité, quand on porte un uniforme.

… n'est pas bien puisque tout le monde se ressemble.

… fait qu'il n'y a pas de différences entre les classes sociales.

Puis commentez les résultats.
Exemple:

'X' pour cent des élèves pensent que l'uniforme est …

4a **Lisez la lettre. Est-ce que les phrases sont vraies ou fausses?**

On dit qu'en France on n'a pas d'uniforme. Eh bien voilà c'est faux. Non, on n'est pas obligé de porter une cravate et une veste comme en Grande-Bretagne, mais quand même on a tendance à adopter un uniforme. C'est à dire que les jeunes s'habillent comme ils veulent, mais il y a du conformisme. Celui qui ne porte pas de baskets est l'exception. Celle qui n'a pas de jean est en général un prof! On prétend qu'il y a de l'originalité, mais en réalité c'est une course aux marques Quicksilver ou Diesel.
En vérité l'uniformité règne.
Hervé

1 En France, en général, on n'est pas contraint de porter l'uniforme au collège.
2 Tous les jeunes sont vêtus différemment.
3 Si on met des baskets, on est exceptionnel.
4 Tout le monde est en jean.
5 Ce sont les grandes marques qui en profitent.

ÉCRIRE **4b** **Écrivez un article de 75 mots pour un magazine. Répondez aux questions:**

1 Qu'est-ce que vous portez au collège?
2 Qu'est-ce que vous pensez de l'uniforme?
3 Les professeurs sont-ils sympas?
4 Décrivez le règlement dans votre collège. Donnez cinq exemples.
5 Que pensez-vous du règlement?

4 *Le collège – beurk!*

The difficulties of school

Écoutez et lisez la chanson.

Écrivez 'Le chant de la liberté': la vie après le collège, suivant ce modèle:

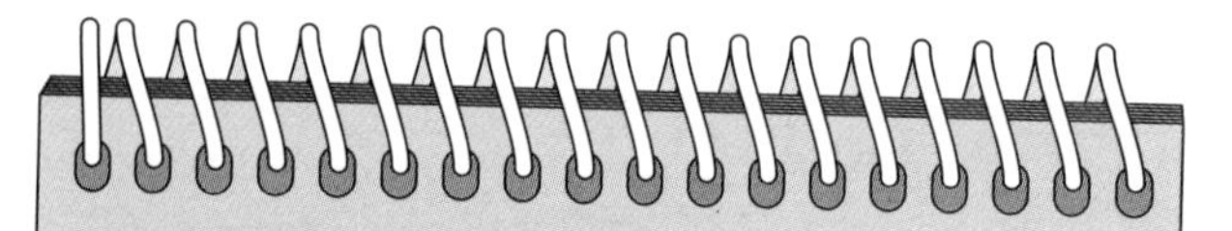

Quand on quitte le collège, la vie commence
on ne doit plus ...
on peut ...
il n'y a pas de...
C'est la vraie vie, ah oui!

Le chant du lycéen

Quand on étudie, on n'a plus de vie!
On ne peut pas sortir.
On doit réviser ...
écouter ...
travailler ...
bachoter ...
Quand on étudie, on n'a plus de vie!
on a trop de stress ...
et trop de pression ...
trop de devoirs ...
et pas assez de temps ...
Mais quand on a fini, la vie recommence!

Le détective

Expressions of quantity

trop de   beaucoup de   assez de

These take **de** *not* du/de la/des

Find as many as you can in the song above.

Pour en savoir plus ➡ page 201, pt 2.4

Lisez l'article et complétez les phrases.

Je pense qu'on devrait changer le système scolaire français. Les programmes sont trop chargés et il y a beaucoup de choses à faire. À mon avis, les cours sont trop longs. Les élèves sont stressés et il y a trop de devoirs. C'est impossible. Je sais que l'éducation est importante, mais on nous fait souffrir. Je comprends que l'éducation est essentielle pour trouver un bon emploi. Si on n'a pas le bac, on a du mal à trouver du travail, mais je résiste!

Moi, j'aime bien les pauses! Pendant la récré, je discute avec mes copains ou bien on va aux magasins. Des fois on joue au foot.

1 À son avis, les cours
 a sont intéressants
 b sont trop courts
 c ne sont pas assez courts

2 Il pense que les élèves sont
 a malchanceux
 b malheureux
 c heureux

3 Selon lui
 a il n'y a pas assez de devoirs
 b il y a très peu de devoirs
 c il y a un excès de devoirs

4 Sans le bac
 a il est facile de trouver un emploi
 b il est difficile de trouver un emploi
 c il est impossible de trouver un emploi

5 Pendant la récré ...
 a il parle avec ses amis
 b il se dispute
 c il fait ses devoirs

6 Il aimerait
 a travailler plus
 b travailler moins
 c étudier plus

LIRE 2b **Copiez et complétez avec le mot qui correspond.**

Le programme scolaire est ______. On suit ______ de cours. En plus, les ______ durent trop ______. Le ______ est important pour trouver un ______. La récréation est très importante aussi! On peut se ______ et discuter avec des amis.

trop · reposer · surchargé · cours · bac · longtemps · court · travail · parler

ÉCRIRE 2c **Écrivez les 6 phrases de l'exercice 2a avec les détails qui vous correspondent.**

Exemple:

1 À mon avis, les cours sont intéressants, mais un peu trop longs.

At higher level listening and reading answers often hinge on small words which can change the sense of a phrase. Make sure you are familiar with the following:

mal – *badly*
un peu – *a little*
peu – *not much/not very*
sans – *without*

ÉCOUTER 3 **Écoutez l'opinion de ces jeunes sur l'éducation.**
Qui parle? Identifiez les opinions pour chaque personne.

Mathieu

Yannick

Annie

PARLER 4 **À deux. Vous n'avez pas fait vos devoirs. Improvisez!**

Exemple: *Je n'ai pas fait mes devoirs parce que/qu' ...*

il y a eu un match de foot à la télé.

mon cochon d'Inde est à l'hôpital!

le chien les a mangés!

mon petit frère a vomi sur mes devoirs, monsieur!

j'ai laissé mon sac dans le bus, madame.

ma mère a jeté mes devoirs à la poubelle!

Inventez 5 excuses et votez pour la meilleure de la classe!

5 *Après le collège*

Talking about further education plans

1a **Qu'est-ce qu'ils vont faire après le collège? (1–5)**

1b **Lisez la lettre de Flore. Remplissez les blancs avec un de ces verbes.**

L'année prochaine, je vais ______ mes examens en juin. Puis je vais ______ le collège. Après les vacances, je vais ______ mes études au lycée. Je vais ______ six matières. Au bout de trois ans, je vais ______ mon bac. Si possible, je vais ______ à l'université parce que j'espère ______ ingénieur.

Le détective

To say what is going to happen in the future, use **aller** + **infinitive**.

Exemple: je vais **faire** un apprentissage
elle va **aller** au lycée technique

je vais	nous allons
tu vas	vous allez
il/elle/on va	ils/elles vont

Pour en savoir plus ➡ page 206, pt 3.6

passer	étudier
aller	être
quitter	continuer

1c **Écrivez en français:**

1 She is going to leave school.
2 He is going to continue his studies.
3 She is going to be a teacher.
4 I am going to sit my exams next year.
5 I am going to stay at my school.

1d **Préparez 2 ou 3 phrases sur ce que vous allez faire l'année prochaine. Joignez vos phrases avec:**

d'abord (first of all ...)
après (afterwards ...)
ensuite (then ...)

si – *if*

Starting your sentence with **si** *makes it more complex, therefore you get more marks.*

Exemple:

Si possible, je vais aller à l'université.
Si j'ai de bonnes notes, je vais passer mon bac.
Si mes résultats sont excellents, je vais étudier les langues et les maths.

2a **Qu'est-ce que Marc va faire? Écoutez bien et mettez ces images dans le bon ordre.**

2b **Lisez ces e-mails, copiez la fiche et notez les détails en français.**

Fichier Édition Affichage Insertion Format Outils

Coucou!
Moi, je vais passer mon bac et puis je vais gagner un peu d'argent. Je vais travailler dans un magasin en ville - une petite boutique sympa. C'est une sorte de stage. La propriétaire est anglaise et je vais essayer de perfectionner mon anglais pendant ce temps.
À la rentrée, je vais continuer mes études à la fac.
elsa.pr@aol.com

Fichier Édition Affichage Insertion Format Outils

'Salut'! Moi, je vais d'abord passer mes examens: j'espère que je vais *réussir! Ensuite, je vais partir en vacances avec ma famille. À la fin des vacances scolaires, je vais reprendre mes études.
alice.k@caramel.com

* reussir (à ses examens) *to pass one's exams*

Fichier Édition Affichage Insertion Format Outils

Salut! Voici ma réponse! Je vais voyager autour du monde. Je veux visiter l'Afrique francophone (le Sénégal et le Cameroun). Quelle aventure. Je vais passer six mois à voyager et puis je vais faire un apprentissage de plombier.
alex.genno@worldonline.fr

When you are filling in forms in French, think carefully about the grammatical form you should be using. Here, for example, you can lift the infinitives from the text.

Nom:
Adresse e-mail:
Intentions après ses examens:

3 **Écrivez une lettre d'environ 100 mots où vous racontez vos projets d'avenir à votre correspondant(e).**

Mentionnez ce que vous allez faire:

a après les examens
b pendant les grandes vacances
c après les résultats

Don't forget to use time indicators to vary your answers. Show that you know the tense, but show you can do something with it too.
Après mes examens, je vais … **Ensuite**, je voudrais …
Pendant les grandes vacances, j'ai l'intention de …
On va …
If you can include a person to do things with, that will also improve your answers! In short, the longer your answers the better!
Don't forget **passer** *with exams means to sit an exam not 'to pass it'. Attention! This is a* faux-ami!

Je vais quitter le collège
Je vais continuer mes études
Je vais faire un stage
Je vais travailler
Je vais faire un apprentissage
Je vais voyager
Je vais perfectionner mon français
Je vais gagner un peu d'argent

1 You are at school with your French friend.

- Nous avons un cours de biologie maintenant
- Je suis d'accord avec toi
- À dix heures cinq. Où sont tes amis anglais?
- D'accord. Dis-moi, tu as beaucoup de devoirs?

- Say what you think of biology ☺ ; ☹ ; ?
- Ask what time the lesson starts
- Answer the question !
- Say how much homework you get

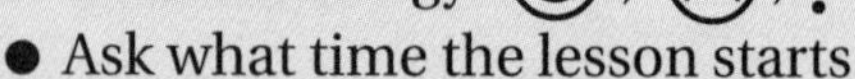

When you see !, it means that you must make up an answer to the question.

2 **Prepare a 1-minute speech called 'L'éducation'. Make yourself a cue card to help you remember what to say and include as many symbols as you want.**

Mon collège – x1000
Mes matières – anglais, français, maths, chimie, physique, histoire-geo
Le règlement –
Les devoirs –
L'avenir –

At higher level you will be expected to refer to different time frames – past, present and future, and to give personal opinions. Build these in from the start!

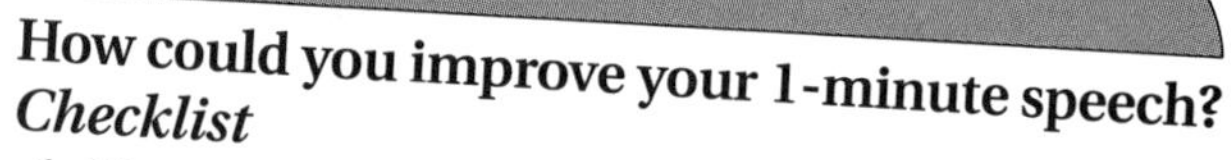

How could you improve your 1-minute speech?
Checklist

✓ Have you referred to the future?
✓ Have you given opinions about your school?
✓ Have you said as much as you possibly can?
✓ Go back through this chapter and pick out phrases that will help you and impress the examiner.

The Q box suggests questions that your examiner may ask you in the General Conversation part of your speaking exam.

Your examiner may ask ...

1 Depuis combien de temps étudies-tu le français?
2 Fais-moi la description de ton collège.
3 Est-ce que tu as beaucoup de devoirs? Où fais-tu tes devoirs? Sont-ils importants?
4 Qu'est-ce que tu vas faire au mois de septembre?
5 Que penses-tu du règlement de votre collège?

You can prepare yourself really well for the oral so that you're not surprised by what is asked. Use revision cards to write out answers to these questions. Get your teacher to check them and show you how you can improve your answers. Store them in a safe place and look at them at least once a week!

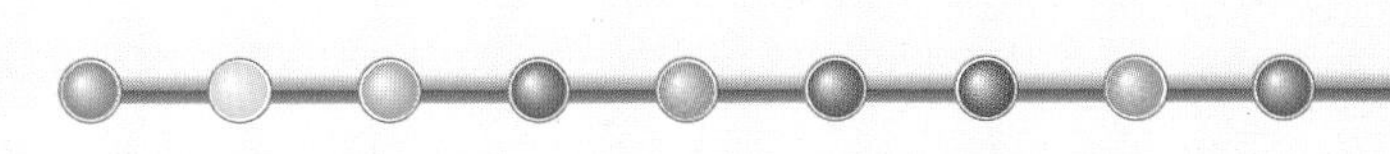

All source material should be treated with caution. Use it for ideas, but you won't get marks if you copy completely!

To get higher marks when you're preparing pieces of coursework, you should:

- *include factual information*
- *narrate events*
- *express and justify your ideas and points of view*
- *use a range of vocabulary, structures and tenses*
- *show off by using longer sentences*
- *provide an extended response*

You must refer to different time frames to gain a C or above, so you should aim to use the past, present and the future in all pieces of work.

Preparation is the key to success in coursework. You should:

- *revise all vocabulary relating to your topic – from this chapter and other sources*
- *make judicious use of your dictionary*
- *prepare a list of fancy phrases and linking words that you want to use to impress*
- *consider using ICT to present your work well*

1 Préparez 10 questions pour un sondage sur la vie scolaire. Puis écrivez 150–170 mots au sujet de la vie au collège.

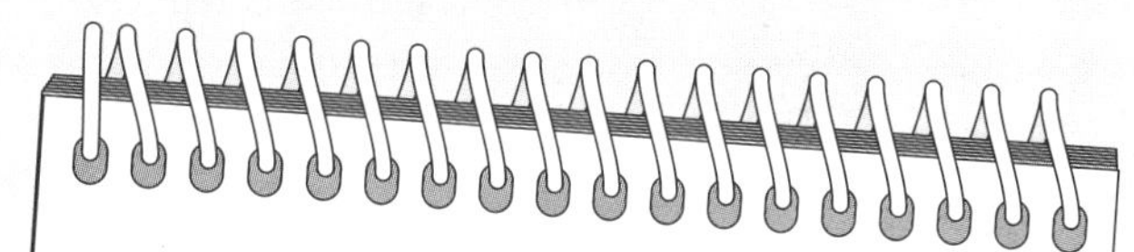

Vous voulez peut-être savoir ce que pensent les gens:

- du règlement
- de l'uniforme
- du programme scolaire

Il faut mentionner:

- la situation dans le passé – est-ce que les collèges étaient plus ou moins disciplinés? Comment c'était?
- vos idées pour le collège dans l'avenir. Ce sera comment?

On en a marre – le collège nous assomme!

Mots

Mon collège	***My school***
animé(e)	*lively*
un bâtiment	*building*
les courts (de tennis)	*(tennis) courts*
à deux/trois/quatre étages	*two-/three-/four-storey*
un(e) élève	*student*
mixte	*mixed*
moderne/vieux	*modern/old*
un(e) professeur	*teacher*
se trouver	*to be situated*
chez nous	*at our school*
il y a …	*there is …/there are …*
nous avons	*we have*
on a	*we have*

À l'intérieur du collège	***Inside the school***
la bibliothèque	*library*
le bureau	*office*
la cantine	*canteen*
la cour	*playground*
les labos	*labs*
un ordinateur	*computer*
la salle des profs	*staffroom*
le secretariat	*secretary's office*
les toilettes	*toilets*

Les clubs/Les équipes	***Clubs/sports teams***
Je fais partie d'un club de …	*I belong to a … club*
Je vais au club de …	*I go to the … club*
Je fais partie de …	*I belong to …*
un club de danse	*dance club*
un club d'échecs	*chess club*
un club de gym	*gym club*
un club d'informatique	*computer club*
un club de musique	*music club*
un club de photographie	*photography club*
un club de théâtre	*drama club*
l'équipe de foot	*football team*
l'équipe de hockey	*hockey team*
l'équipe de volley	*volleyball team*
l'orchestre	*orchestra*

Les préférences	***Preferences***
J'adore ça!	*I love it!*
J'aime …	*I like/enjoy …*
Je n'aime pas …	*I don't like/don't enjoy …*
J'ai horreur de …	*I hate …*
Je déteste ça!	*I hate it!*
Je pense que …	*I think that …*
Je trouve que …	*I think that …*
Ça va!	*It's all right.*
C'est affreux!	*It's awful!*
C'est bien, ça.	*It's good./I enjoy it.*
Ma matière préférée, c'est …	*My favourite subject is …*
compliqué(e)	*complicated*
difficile	*difficult*
ennuyeux/-euse	*boring*
facile	*easy*
faible/fort(e) en …	*weak/good at …*
génial(e)	*enjoyable/good fun*
intéressant(e)	*interesting*
nul(e)	*useless/no good*
passionnant(e)	*fascinating*
pénible	*difficult/hard work*
sans intérêt	*dull/boring*
sensass	*fantastic*
sévère	*strict*
sympa	*nice/friendly*

Le règlement	***School rules***
être interdit	*to be forbidden*
il faut …	*you must …*
il ne faut pas …	*you mustn't …*
on doit …	*you must*
on n'a pas le droit de …	*you're not allowed to …*
les bijoux	*jewellery*
l'équipement	*equipment/school things*
le maquilllage	*make-up*
l'uniforme	*uniform*
arriver	*to arrive*
fumer	*to smoke*
manger	*to eat*
respecter	*to respect*

L'uniforme scolaire	***School uniform***
Je suis pour/contre …	*I'm for/against …*
C'est une bonne chose.	*It's a good thing.*
C'est ridicule.	*It's stupid/silly.*
On sait quoi mettre.	*You know what to put on.*
pas cher	*cheap*
pratique	*practical*
les baskets	*trainers*
l'individualité	*individuality*
le jean	*jeans*
se ressembler	*to look the same*
vêtu(e)	*dressed*
une marque	*brand*

Les difficultés du système scolaire	***Difficulties of the school system***
(pas) assez de …	*(not) enough …*
beaucoup de	*a lot of …*
trop de	*too much …/too many …*
trop …	*too …*
bachoter	*to cram (for an exam)*
écouter	*to listen*
réviser	*to revise*
sortir	*to go out*
travailler	*to work*
chargé(e)	*full/busy (syllabus)*
long(ue)	*long (in duration)*
stressé(e)	*stressed out*
surchargé(e)	*overloaded (syllabus)*
les devoirs	*homework*
la pression	*pressure*
le programme	*syllabus*
le stress	*stress*
le temps	*time*

Après le collège	***After school***
d'abord	*first of all*
après	*afterwards*
ensuite	*then*
si …	*if …*
Je vais faire/aller …	*I'm going to do/go to …*
aller (à l'université)	*to go (to university)*
continuer	*to continue*
étudier	*to study*
gagner de l'argent	*to earn money*
passer un examen	*to take an exam*
perfectionner	*to perfect*
quitter	*to leave*
reprendre mes études	*to start studying again*
apprentissage	*apprenticeship*
stage	*training course*

Chez moi

1a **Lisez la lettre. Copiez et complétez la fiche en français.**

Je m'appelle Adrien Beregi. J'ai seize ans et je suis Poissons. Mon anniversaire c'est le 21 février. Dans ma famille, il y a sept personnes. J'ai deux sœurs, qui s'appellent Juliette et Elsa. Juliette a neuf ans et Elsa a dix-huit ans.

Mon frère, qui s'appelle Manu, est tout petit. Il est âgé de trois mois. Mon père s'appelle Michel et ma mère s'appelle Édith. Ils ne dorment pas beaucoup à cause du bébé. Moi, il ne me réveille jamais.

Ma grand-mère habite chez nous aussi et elle s'appelle Marthe. Je trouve que c'est bien que ma grand-mère habite avec nous.

Je n'ai pas d'animal à la maison, notre appartement est trop petit, mais j'aimerais avoir un rat quand même.

Nom: ....
Prénom: ....
Parents: ....
Grand(s)-parent(s): ....
....
Frère(s): ....
....
Sœur(s): ....
....
Animaux: ....
....
....

Poissons	*Pisces*

Le détective

How to say my/your/his/her. These are called ***possessive adjectives****, and the noun you are describing determines which one you use.*

Exemple:	*Masculine*	*Feminine*	*Plural*
my	**mon** père	**ma** mère	**mes** sœurs
your	**ton** père	**ta** mère	**tes** frères
his/her	**son** père	**sa** mère	**ses** parents

Attention! If a feminine noun begins with a vowel, instead of using **ma**, *use* **mon** *to make pronunciation easier.*

Pour en savoir plus ➡ page 214, pt 6.7

1b **Écrivez la même lettre pour votre famille.**

2 **Notez la date de l'anniversaire et l'âge de ces personnes. (1–8)**

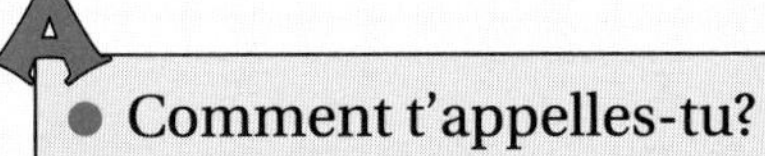

À deux. En français:

A

- Comment t'appelles-tu?
- Il y a combien de personnes dans ta famille?
- Tu as des frères et des sœurs?
- Tu as un animal?

B

- Say Rachel; Thomas; ?
- Say 2; 4; ?
- Say ; ; ?
- Say ; ; ?

Vincent présente sa famille. Répondez aux questions ci-dessous.

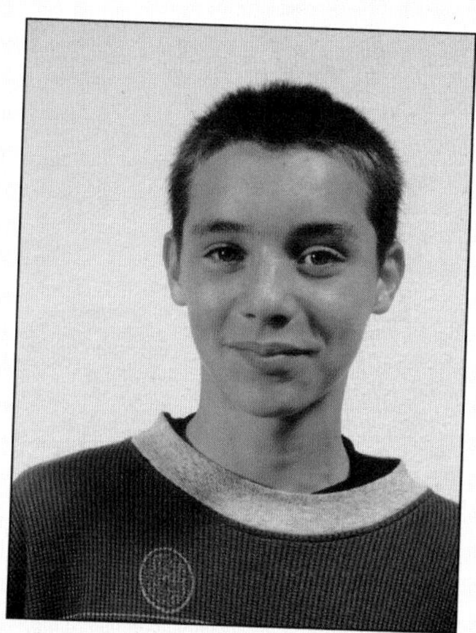

Salut! Je m'appelle Vincent Goubin, et j'ai 14 ans. Je suis assez grand pour mon âge - je mesure 1m67! J'ai les yeux bleus et les cheveux bruns, et je suis très mince. On dit que je ressemble à Zinédine Zidane, mais je ne le pense pas.

Voici ma maman. Elle s'appelle Sylvie. Elle est assez petite mais mince comme moi. Elle a 39 ans. Elle a les cheveux blonds et courts et les yeux bleus. Elle porte des lunettes ou des lentilles de contact.

Mes parents sont divorcés depuis 5 ans, et mon père habite en Belgique. Voici mon beau-père, Christian. Il est assez petit (il mesure 1m55) et un peu gros (il pèse 87 kilos!) … Il a les cheveux courts et bouclés, et les yeux verts. Il a une barbe. Il est marrant. Je l'aime bien.

Ma belle-sœur s'appelle Magali et elle a 20 ans. Elle est grande et mince. Elle a les cheveux longs et noirs et les yeux verts, comme son père. Elle est assez mignonne. C'est l'aînée de la famille.

Pierre est né au mois de janvier. C'est le cadet de la famille. On a choisi ce prénom parce que c'est aussi le prénom de mon grand-père. Il est super-mignon … mais parfois il hurle!

1. Décrivez Vincent.
2. Décrivez sa mère.
3. Où est le père de Vincent?
4. Qui est Christian?
5. Comment est-il?
6. À qui ressemble Magali?
7. Décrivez Pierre.

4b Copiez et complétez la grille en français. (1–4)

	Prénom	Qui?	Âge	Anniversaire	Cheveux	Yeux	Taille	Autres détails
1								
2								
3								
4								

5a Qui parle? (1–5)

Je m'appelle Il/elle s'appelle	et	j'ai … ans il/elle a … ans

J'ai Tu as Il/Elle a	les cheveux	courts longs	et	blancs gris bruns noirs blonds roux	et	les yeux	bleus verts marron
						des lunettes une barbe	

Je suis Tu es Il/Elle est	petit(e) grand(e) mince gros(se)

Je porte Tu portes Il/Elle porte	des lunettes

5b À deux. Choisissez une personne dans la classe/un professeur. Décrivez la personne à votre partenaire. C'est qui?

Quel âge ont-ils?

16 17 18 19

Jeanne est plus âgée que Roxane qui est la cadette de la famille. Arnaud est plus âgé que Jeanne. Il est l'aîné. Je m'appelle Pascal. Roxane et Jeanne sont plus jeunes que moi, toutes les deux. Bien sûr, Arnaud est plus âgé que moi, puisque c'est l'aîné. Et mes parents sont tout le temps fatigués!

Le détective

Avoir/Être

If you are not 100% sure of all parts of ***avoir*** *and* ***être*** *learn them now before it's too late!*

avoir = *to have*	**être** = *to be*
j'ai	je suis
tu as	tu es
il/elle/on a	il/elle/on est
nous avons	nous sommes
vous avez	vous êtes
ils/elles ont	ils/elles sont

Pour en savoir plus ➡ page 204, pt 3.3

C'est quel membre de la famille? Choisissez la bonne réponse.

1 C'est la sœur de votre mère. — votre oncle/tante/nièce
2 C'est la fille de votre papa et de votre maman. — votre sœur/frère/cousin
3 C'est le fils de votre belle-mère. — votre demi-sœur/beau-frère/beau-père
4 C'est le mari de votre tante. — votre oncle/neveu/demi-frère
5 C'est le fils de votre oncle. — votre cousin/cousine/papa
6 C'est la femme de votre grand-père. — votre tante/mère/grand-mère

Choisissez 2 membres de votre famille. Pour chaque personne, écrivez une description.

Whenever you have to describe somebody, think: **facts** then **physical: hair** and **eyes, height** and **size.**

Copiez et écrivez le nom correct.

_____ est mariée
_____ est séparé
_____ est célibataire
_____ est divorcée

Alain: *J'ai jamais pensé à me marier.*

Michel: *Je n'habite plus avec ma femme.*

Anne: *Je ne suis plus mariée depuis un an.*

Marion: *Mon mari s'appelle Saïd.*

1 Comment êtes-vous?

Describing personality

ÉCOUTER **1a** Nicolas décrit la personnalité des membres de sa famille. Notez les adjectifs en français. (1–6)

LIRE **1b** Regardez les mots à côté. Faites 2 listes: adjectifs positifs/adjectifs négatifs.

aimable
bête
casse-pieds
calme
drôle
équilibré
gentil
idiot
impatient
poli
plein de vie
sympathique
timide
intelligent
travailleur
cool
sage
méchant
paresseux
sévère
bavard
amusant
sérieux
formidable
charmant
content
dynamique
égoïste
triste

ÉCOUTER **2a** Notez les caractéristiques et si ces jeunes pensent qu'elles sont bonnes ou mauvaises, ou s'ils ne peuvent pas se mettre d'accord.

agréable	créatif	ouvert
antipathique	désagréable	patient
antisocial	embêtant	pénible
arrogant	ennuyeux	rigolo
artistique	extraverti	sensible
autoritaire	généreux	sociable
bruyant	indépendant	strict
compréhensif	modeste	

Le détective

You need to add endings on to ***adjectives*** *in French, depending on the gender of who or what you are describing:*

mon père est amusant
ma mère est amusante
mes frères sont amusants
mes sœurs sont amusantes

Watch out for exceptions though!

Pour en savoir plus ➡ page 212, pt 6

ÉCOUTER **2b** Qui est-ce? Écoutez les descriptions et décidez! (1–5)

ÉCRIRE **2c** Copiez ce modèle et insérez les adjectifs qui vous correspondent.

1 En général je suis ______.
2 Je pense que je suis assez ______, mais un peu ______.
3 De temps en temps je peux être ______.
4 Je ne suis jamais ______.
5 Je suis toujours ______.

Make your comments more interesting by using:
un peu *(a little bit)* assez *(quite)* très *(very)* vraiment/extrêmement *(really)*

PARLER **2d** **Donnez votre opinion sur 3 personnes célèbres. Adaptez ce modèle:**

Je pense qu'il/elle est assez …, mais un peu …
Il/elle n'est jamais …
Il/elle est toujours …

ÉCRIRE **2e** **Écrivez une annonce où vous cherchez une petit(e) ami(e). Utilisez la formule qui suit:**

Garçon de 18 ans beau et assez amusant, cherche fille de 19 ans. Doit être compréhensive et patiente.

Écoutez et lisez le texte. Est-ce que les phrases sont vraies ou fausses? Si la phrase est fausse, écrivez une phrase correcte.

Je me présente …

Je m'appelle Djamel et j'ai quinze ans. J'aime bien avoir quinze ans, c'est cool. Mes parents sont divorcés. Normalement, j'habite avec ma mère, mais si jamais elle doit partir en voyage d'affaires* je vais chez papa. Je m'entends bien avec ma belle-mère qui a deux enfants – j'ai donc une sœur, une demi-sœur et un demi-frère. Je suis l'aîné en tout cas. Je suis donc plus responsable que les petits. La plupart du temps, ils sont sages et assez amusants, mais des fois ils sont embêtants.

On dit que je ressemble à ma mère mais que j'ai les yeux de papa. Mon demi-frère est tout petit et il ressemble à ma belle-mère. Il a les cheveux tout frisés – qu'est-ce qu'il est mignon!

En ce qui concerne mon caractère, je suis un peu comme ma mère, mais charmant comme mon père.

Ma mère s'approche du troisième âge*: je dis ça pour la faire marcher! Elle a l'esprit jeune. On se respecte, c'est bien.

Mon grand père paternel est décédé, mais mon grand-père maternel nous rend visite de temps en temps. Il est calme et intelligent, il me raconte plein d'histoires sur sa vie: c'est mieux que de faire mes devoirs alors je l'écoute.

Mon meilleur ami Rachid est fils unique, il n'y a que lui!

*partir en voyage d'affaires	*to go away on business*
*troisième âge	*old age/retirement age*

1 Djamel aime avoir quinze ans.
2 Il habite avec son père tout le temps.
3 Il a deux demi-frères.
4 En général il s'entend bien avec ses frères et sœurs.
5 Il pense que son demi-frère est beau.
6 Il s'entend bien avec sa mère.
7 Il voit souvent son grand-père paternel.
8 Son grand-père maternel vient quelquefois leur rendre visite.
9 Djamel aimerait mieux faire ses devoirs que d'écouter son grand-père.
10 Son ami Rachid a une grande famille.

2 Les problèmes

Talking about relationships

Chère Tante Monique

Chère Tante Monique,

Je vous écris parce que j'ai un problème avec ma famille. En général, **je m'entends bien** avec mon père, qui a le sens de l'humour. **C'est ma mère qui m'énerve. Elle me critique tout le temps**, elle refuse de me donner la permission de sortir avec mes copains pendant la semaine et elle n'aime pas mon petit ami. Pour moi, c'est l'amour, mais elle dit que je suis trop jeune pour ça. J'ai 15 ans et **j'en ai marre de ces disputes.** J'ai envie de quitter la maison et d'aller habiter chez mon petit copain. Qu'est-ce que vous en pensez?

Sabrina

Chère Tante Monique,

J'ai un problème qui me gêne beaucoup. Mes parents sont trop gentils. Ils sont trop libéraux et quand je discute avec des copains, **je me rends compte que** ce n'est pas du tout une situation normale et ça m'inquiète. Tante Monique, **je peux sortir quand je veux et je peux fumer dans ma chambre. Je peux regarder la télé quand je veux. Je peux parler à mes parents comme à des amis!**

Bref, **j'ai le droit de** faire ce que je veux! J'ai le droit de rentrer après 11 heures du soir et j'ai le droit de boire de l'alcool avec modération. J'ai même le droit de partir en vacances avec des amis si je veux. Ce n'est pas normal! Je voudrais avoir des problèmes à la maison comme d'autres adolescents. S'il vous plaît, aidez-moi! Je suis désespéré!

Éric

Chère Tante Monique,

Voici ma situation qui est un peu délicate. Je m'entends bien avec mon père. Il est un peu protecteur, mais **en général**, il est libéral et cool. Ma mère est plutôt sévère et un peu démodée, on se dispute souvent. **J'ai de meilleurs rapports avec** ma belle-mère qui s'appelle Cécile. Dans le passé je l'ai trouvée un peu sérieuse, mais en fait, ce n'est pas du tout le cas: elle aime bien rire et s'amuser.

Mon père m'aide à faire mes devoirs et j'apprécie. **Je ne veux pas qu'on me traite comme un enfant** ou bien comme si j'avais six ans, mais je veux qu'on s'intéresse à moi.

Mais ma mère me critique toujours et elle est jalouse de ma belle-mère. Maman a oublié sa jeunesse; c'est triste.

Cécile me respecte et me parle comme si j'étais adulte. On a beaucoup de choses en commun, on se respecte tous les deux. Je trouve ça génial.

Qu'est-ce que je devrais faire? Je ne veux pas faire de mal à ma mère, mais je trouve qu'elle est trop mûre!

Sébastien

Chère Tante Monique,

Vous devez en avoir marre des problèmes, alors je vous écris pour vous dire que chez moi, **on s'entend bien! On discute ensemble**, en fait, on discute beaucoup à la maison.

On se dispute très rarement. Je m'entends bien avec mon père **parce qu'il** est compréhensif et il a le sens de l'humour. Il m'aide à faire mes devoirs aussi. Ma maman est plus sérieuse, mais **elle me respecte et je la respecte** aussi. Je sais que j'ai de la chance et je voulais juste vous montrer que des fois, c'est possible de s'entendre avec ses parents.

Juliette

Décidez si la personne est heureuse  **ou malheureuse** **, et pourquoi. (1–5)**

Écoutez et lisez ces lettres et cherchez le sens des phrases en caractères colorés dans un dictionnaire.

Répondez aux questions dans la lettre de Sébastien.

		a	b	c
1	Sébastien s'entend mal avec	son père	sa mère	Cécile
2	Il trouve sa mère	vieux jeu	à la mode	moderne
3	En réalité Cécile est	grave	pénible	marrante
4	Sébastien ne veut pas être traité	comme un adulte	comme un enfant	comme un imbécile

Écrivez une lettre à Tante Monique en utilisant le vocabulaire dans l'exercice 2a. Un peu d'imagination!

On s'entend bien à la maison? Écoutez ces jeunes qui parlent de leur famille. (1–6) Copiez la grille et écrivez des notes en français.

	Rapports faciles	Rapports difficiles	Choses positives	Choses négatives
1	oui		a le droit de boire de l'alcool peut se confier à ses parents	doit rentrer avant 11h

À deux. Tu t'entends bien …? Posez une question et répondez en français.

Exemple:

- Tu t'entends bien avec ton père?
- Oui, je peux faire ce que je veux./ Non, il est autoritaire. Je ne peux pas fumer dans ma chambre …
- Et ta mère?
- Je ne m'entends pas bien avec elle. Elle me critique tout le temps./ Oui, je m'entends bien avec elle. Je peux me confier à ma mère.
- Et …?

Le détective

Direct object pronouns

Don't be put off by the name. They're very easy:

je **le** considère *I consider him …*
je **la** considère *I consider her …*
je **les** considère *I consider them …*

The direct object pronoun appears before the verb, literally:

'I him consider (I consider him)'

With negatives, just sandwich the negative round the verb and the pronoun as normal:

Je **ne** le respecte **pas**

For verbs beginning with a vowel, **le** *or* **la** *become* **l'**.

Exemple: Je **l'**adore *I love him or her, depending on the context.*

Pour en savoir plus ➡ page 215, pt 7.2

3 *Les qualités*

Talking about friends

Écrivez la lettre qui correspond à chaque définition.

1 Il a le sens de l'humour
2 Il a beaucoup d'imagination
3 Il a le sens pratique
4 Il a mauvais caractère
5 Il a beaucoup d'initiative

a Il est antipathique
b Il est créatif
c Il est rigolo
d Il est logique
e Il est indépendant

On sort ensemble
On discute
On fait tout ensemble
On rigole
On a beaucoup de choses en commun

Copiez et complétez les phrases avec les détails qui manquent.

1 Jérémy est ______. Il ne se prend pas trop au ______, il a ______.
2 Chloé est ______. Elle a ______. On a ______.
3 Aline est très ______. Elle a ______ et elle a ______.
4 Ce garçon a ______. Il peut être ______.

Lisez le texte suivant et corrigez les détails qui ne sont pas corrects.

La plupart de mes amis eh bien, ils sont cool. Je trouve que c'est bien de se disputer avec ses amis. Chacun devrait faire un effort pour se disputer. Mes parents me critiquent rarement, mais en général je m'entends bien avec eux. Par contre, je me dispute souvent avec ma meilleure copine vraiment pour rien. La plupart du temps elle est sage, mais des fois elle m'énerve, qu'est-ce qu'elle m'énerve. Je la connais depuis douze ans et je sors avec elle depuis quatre mois. J'ai de bons rapports avec son père. Mais en gros, ça va. Mon meilleur ami s'appelle Younus. Il est toujours là quand j'ai besoin de quelqu'un. On a peu de choses en commun et on se marre bien ensemble. C'est important pour l'amitié ça.

Rachid

Indiquez la bonne réponse.

1 Rachid pense que c'est important
a de se disputer avec ses amis
b de bien s'entendre avec ses amis
c de discuter avec ses amis

2 Avec ses parents, il s'entend
a plutôt bien
b plutôt mal
c très mal

3 Il trouve sa petite amie
a adorable
b embêtante
c antipathique

4 Ses rapports avec le père de sa petite amie sor
a sans problèmes
b problématiques
c faciles

Répondez à ces questions en français.

1 Comment sont les relations entre Rachid et sa famille?
2 Décrivez la petite amie de Rachid.
3 Qu'est-ce qu'il fait avec Younus?
4 Donnez trois adjectifs pour décrire Rachid.

Marianne, Juliette et Régis parlent du mariage. Que pensent-ils? Et toi, que penses-tu du mariage? Copiez la grille et remplissez-la en français.

Marianne	
Juliette	
Régis	
Moi	

Vous avez vu cet extrait dans un magazine et vous décidez d'y répondre.

Bien s'entendre avec des copains, c'est parfois difficile. Comment retrouver l'harmonie?
Écris-nous! Dis-nous:

Quelle sorte de personne es-tu?

Est-ce que tu t'entends bien avec tes copains? Pourquoi/Pourquoi pas?

Avec qui as-tu de bonnes relations? Pourquoi?

As-tu un petit ami ou une petite amie? Comment est-il/elle?

Qu'est-ce que tu fais avec tes copains?

Exemple:
Je m'appelle ...
Je suis ...
Mon meilleur ami/ Ma meilleure amie s'appelle ...

Il/elle est (description physique) ...
En général il/elle est ... mais quelquefois il/elle est ...
Il/Elle a ...
On ...

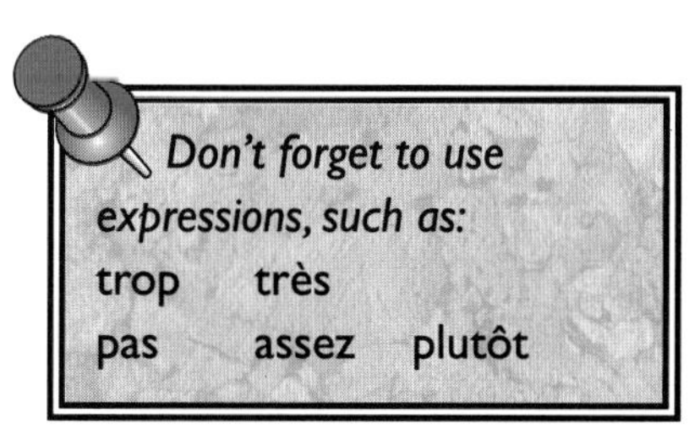
Don't forget to use expressions, such as:
trop très
pas assez plutôt

4 *Aider à la maison*

Talking about helping at home

1a **Qu'est-ce qu'ils font pour aider à la maison? Trouvez la bonne lettre. (1–6)**

1b **Écoutez une deuxième fois. Pourquoi aident-ils à la maison?**

J'adore travailler dans le jardin et on me donne de l'argent.

Ma maman travaille.

On me paie.

Ma mère me donne €7.50 par semaine.

Ça m'amuse.

Je reçois €15 par semaine.

Rappel

See page 221 for regular and irregular verbs in the present tense.

2a **À deux. Posez la question suivante et donnez des réponses.**

Qu'est-ce que tu fais pour aider à la maison?

Don't forget to give as much detail as possible. Short answers will get you nowhere. **You don't need to tell the truth!!**

2b **Écoutez le reportage sur une jeune fille au pair. Copiez et complétez les phrases.**

1 Julie s'occupe d'un ...
2 Le lundi, elle doit ...
3 Le mardi, elle doit ...
4 Le jeudi, elle doit ...
5 Tous les jours, Julie doit ...
6 Le week-end, elle ...
7 Julie trouve son travail très ...

Rappel

Remember *devoir* (to have to do something) is followed by the infinitive.

Exemple: *Elle doit passer l'aspirateur/faire la vaisselle/sortir la poubelle.*

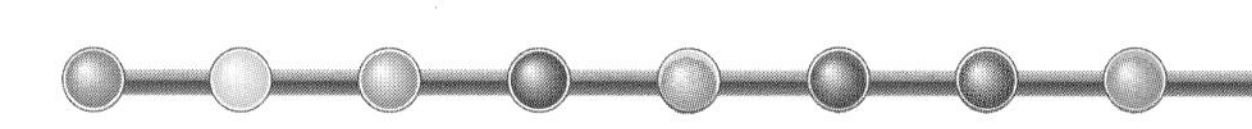

Lisez le texte. Puis copiez et remplissez la grille.

Aide un peu	
Aide quand il veut	
Aide beaucoup	
N'aide jamais	

Ma sœur aînée Nina aide énormément ma mère. Elle est très responsable et bien aimable. Elle fait la cuisine et les achats. Ma sœur Martine aide quelquefois. Elle doit mettre la table par exemple.
Michel ne fait rien: il est paresseux. Des fois il lave la voiture, mais seulement s'il fait beau. Il est vraiment casse-pieds!
Mon frère Antoine ne fait jamais rien non plus: il passe tout son temps à faire ses devoirs. Ma mère ne le gronde pas parce qu'elle veut qu'il réussisse!

Voici Polly Polie! Elle est TRÈS polie!! Que dit-elle à sa correspondante?

Exemple: 1a

You must give opinions to get a good grade at GCSE. Get marks by throwing in 'mais' and 'aussi' to create longer sentences. Use a mixture of tenses and verb constructions. Try this answer for size:
J'aide beaucoup à la maison. Je dois ranger ma chambre tous les jours. Je sors la poubelle et je mets aussi la table tous les soirs. Hier, j'ai gardé mon frère. La semaine dernière, j'ai lavé la voiture de papa parce qu'il me donne €15 si je le fais mais j'aime bien le faire.

Vous avez fait la fête! La fête était superbe mais la maison est maintenant en désordre. Qu'est-ce que vous devez faire pour ranger?

Exemple: Je dois ranger ma chambre. Ensuite …

ensuite | puis
après | le lendemain
une heure plus tard
en plus
je dois/on doit/nous devons + *infinitive*

Qui est le plus paresseux? Demandez auprès de vos amis pour savoir qui aide le moins à la maison.

Exemple:

Qu'est-ce que tu fais pour aider à la maison? Combien de fois est-ce que tu … par semaine?

You can use adverbs to lengthen your answers:
tous les jours … tous les soirs … une fois par semaine … deux fois par semaine … totalement … complètement

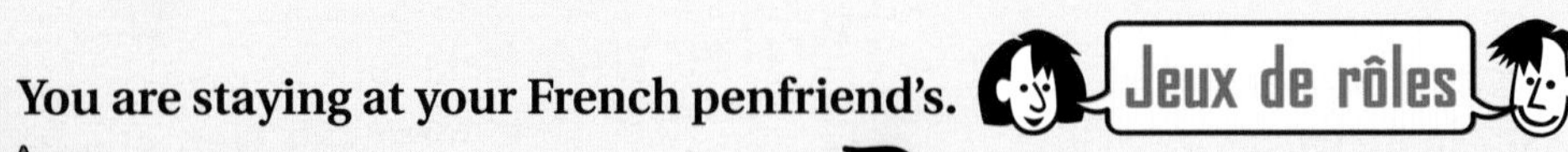
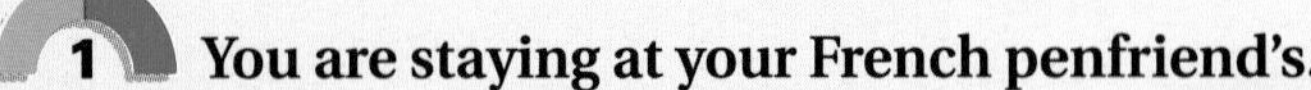

1 You are staying at your French penfriend's.

Jeux de rôles

- Tu fais beaucoup pour aider à la maison?
- Moi, j'essuie la vaisselle
- Non, j'ai une chambre pour moi. Tu as soif? Tu veux boire quelque chose?
- D'accord. Qu'est-ce qu'on fait ce soir?

- Say you do one of these things 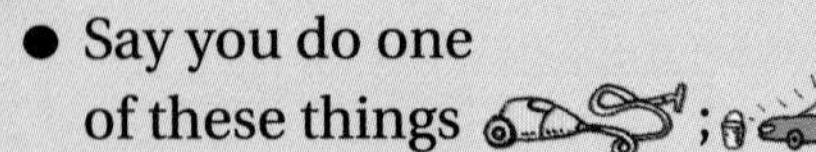
- Ask if your penfriend has to share their bedroom
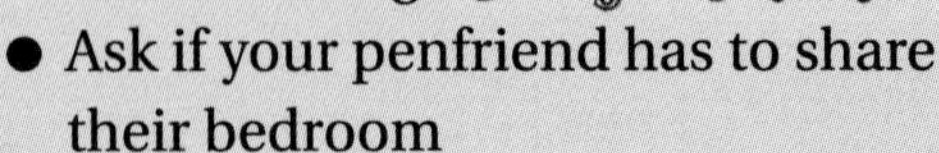
- !

- Say what you'd like to do  ;  ?

2 You are talking to your French penfriend about your family.

- Parle-moi un peu de ta famille
- Moi, j'ai une sœur
- Moi aussi. Tu vois souvent tes grands-parents?
- Je suis impatient(e) d'aller à l'université

- Say how many brothers or sisters you have
- Say you get on well with your dad
- !
- Say you hope to travel in the future

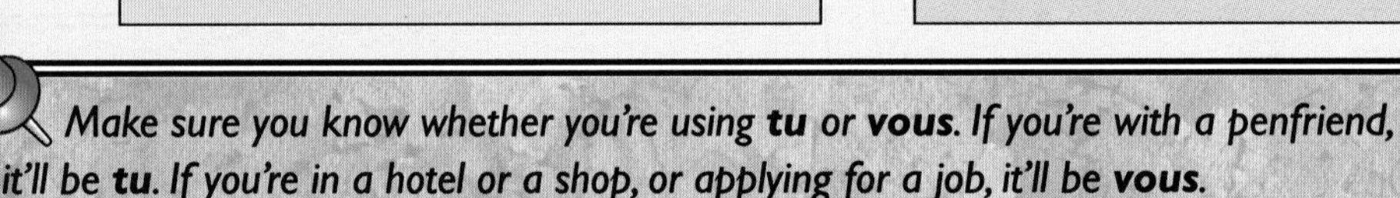
Make sure you know whether you're using ***tu*** *or* ***vous****. If you're with a penfriend, it'll be* ***tu****. If you're in a hotel or a shop, or applying for a job, it'll be* ***vous****.*

3 Prepare a 1-minute speech called 'Ma famille et moi'.

Ma famille
Ma mère
Mon frère/Ma sœur
Mon meilleur ami
Les rapports

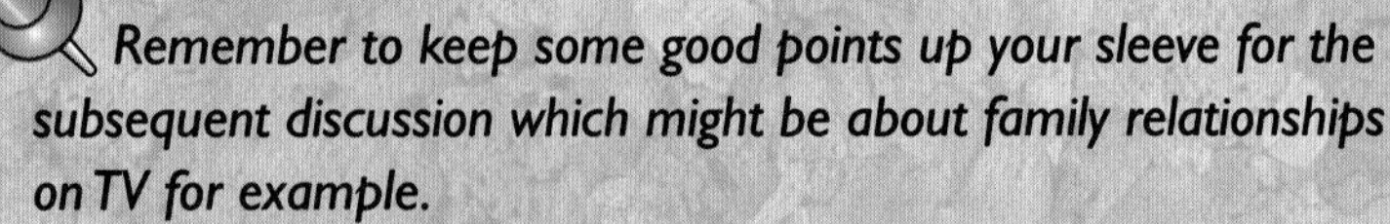
Remember to keep some good points up your sleeve for the subsequent discussion which might be about family relationships on TV for example.
Comment sont les personnages du point de vue du caractère?
Comment sont les rapports entre les personnages?

Your examiner may ask ...

1. Parle-moi un peu de ta famille.
2. Qu'est-ce que tu as fait hier soir pour aider tes parents?
3. Fais-moi la description d'une personne dans ta famille. Quelles sont ses qualités? Quels sont ses défauts?

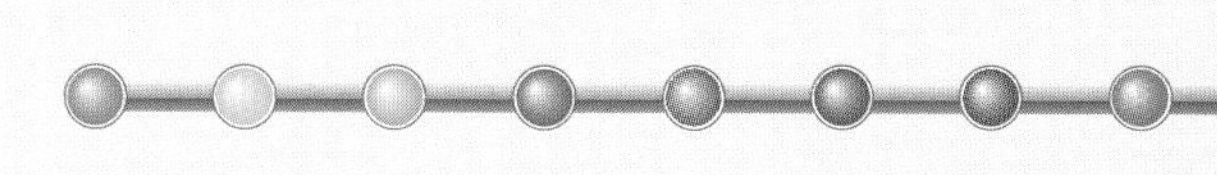

1 **Vous avez vu cette lettre dans un magazine. Écrivez une réponse de 150 – 170 mots.**

Chers lecteurs,

Je vous écris parce que j'ai un problème avec mon père et il me faut des conseils.

En général, je m'entends bien avec ma mère, qui a le sens de l'humour. Mais *mon père, c'est autre chose. Il ne veut pas me donner de l'argent de poche, et il insiste pour que je fasse tout le ménage –* ***c'est pas possible!*** *C'est l'esclavage!*

Il me critique tout le temps, et refuse de me donner la permission de sortir avec mes copains. Il n'aime pas mes vêtements. Il n'aime pas mes copains du tout et veut m'interdire de les voir.

J'ai 16 ans et j'en ai marre de ses réactions. Je suis très malheureuse ... Que faire?

Alice

There are three parts to this sentence, good use of *parce que* and a final expressive clause.

This sets the scene, there is good use of *qui* and *mais* which shows she is about to give the other side of the story.

This shows a reaction and an opinion – good!

Donnez-lui des conseils dans le présent sur:
- son comportement
- ses vêtements
- ses amis
- le ménage
- ses relations avec sa mère
- ses relations avec son père

Demandez-lui comment étaient ses relations avec son père dans le passé.
Faites une suggestion pour l'avenir.

Opinions are immensely important for your coursework. Here are a few suggestions.

To express agreement:
Je suis d'accord
Je suis du même avis

To express uncertainty:
Je ne sais pas
Ça dépend
Je ne suis pas entièrement d'accord
Il y a du pour et du contre

To express disagreement:
Ce n'est pas mon avis
Je ne suis pas du tout d'accord

To qualify remarks:
Ça c'est très important
Ça m'intéresse beaucoup
J'ai horreur de ça
Ça m'est égal

Go back through the chapter and pick out phrases that might be useful for you.

Try to adopt this approach to your own work, using longer sentences and always qualifying your remarks. Keep a list of phrases that you want to use to show off in your coursework.
Go to page 125 to check letter-writing formalities.

Mots

Personnalité	***Personality***
agréable	*pleasant*
aimable	*nice/kind*
antipathique	*unpleasant*
antisocial(e)	*antisocial*
arrogant(e)	*arrogant*
artistique	*artistic*
assez	*quite*
autoritaire	*strict*
bavard(e)	*talkative*
bête	*stupid*
bruyant(e)	*noisy*
calme	*calm*
casse-pieds	*annoying*
charmant(e)	*charming*
compréhensif/-ive	*understanding*
content(e)	*happy*
cool	*cool*
créatif/-ive	*creative*
désagréable	*unpleasant*
drôle	*funny*
dynamique	*dynamic*
égoiste	*selfish*
embêtant(e)	*annoying*
ennuyeux/-euse	*dull/boring*
équilibré(e)	*balanced*
extraverti(e)	*extrovert*
formidable	*great*
généreux/-euse	*generous*
gentil(le)	*kind*
idiot(e)	*silly*
impatient(e)	*impatient*
indépendant(e)	*independent*
intelligent(e)	*intelligent*
méchant(e)	*horrible*
ouvert(e)	*open*
paresseux/-euse	*lazy*
pas	*not*
patient(e)	*patient*
pénible	*exasperating*
plein(e) de vie	*full of life*
plutôt	*rather/quite*
poli(e)	*polite*
rigolo	*funny*
sage	*sensible*
sensible	*sensitive*
sérieux/-euse	*serious*
sévère	*severe*
strict(e)	*strict*
sympathique	*nice/likeable*
timide	*shy*
totalement/complètement	*completely*
travailleur/-euse	*hard-working*
très	*very*
triste	*sad*
trop	*too*
un peu	*a little bit*
vraiment/extrêmement	*really*

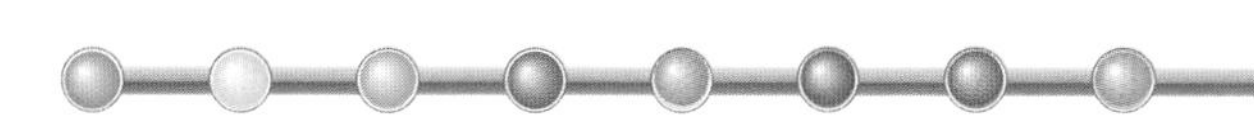

Les rapports	***Relationships***
l'alcool	*alcohol*
avoir des choses en commun	*to have things in common*
avoir le droit	*to be allowed to*
boire	*to drink*
un copain	*male friend*
une copine	*female friend*
critiquer	*criticise*
délicat(e)	*awkward/tricky*
se disputer	*to argue*
donner la permission (à)	*give permission*
énerver	*to annoy*
s'entendre (bien) avec	*to get on well with*
fumer	*to smoke*
gêner	*to bother*
libéral	*liberal*
la modération	*moderation*
un petit ami	*boyfriend*
une petite amie	*girlfriend*
protecteur/protectrice	*protective*
les rapports/relations	*relationships*
refuser	*to refuse*
se respecter	*to respect one another*
sortir	*to go out*
traiter	*to treat*
J'en ai marre de …	*I've had enough of…*

Qualités	***Qualities***
l'imagination	*imagination*
l'initiative	*initiative*
le sens de l'humour	*sense of humour*
le sens pratique	*common sense*
avoir mauvais caractère	*to be bad-tempered/ unpleasant*

Aider à la maison	***Helping around the house***
faire les achats	*to go shopping*
faire la cuisine	*to do the cooking*
faire le jardinage	*to do the gardening*
faire la lessive	*to do the washing*
faire la vaisselle	*to do the washing-up*
mettre la table	*to lay the table*
nettoyer la salle de bains	*to clean the bathroom*
passer l'aspirateur	*to vacuum*
ranger sa chambre	*to tidy your room*
sortir la poubelle	*to put the dustbin out*

Quand?	***When?***
après	*after*
ensuite	*next*
le lendemain	*the following day*
puis	*and then*
tous les jours/soirs	*every day/evening*
une/deux/trois fois par semaine	*once/twice/three times a week*
une/deux heure(s) plus tard	*an hour/two hours later*

Temps libre

Qu'est-ce que tu fais comme passe-temps?	
Je lis	
Je nage	
Je joue à l'ordinateur	
Je vais à la pêche	
Je fais	du sport
	du vélo
	de la musculation
	du ski nautique
	du surf
	du skate
	du roller
	du théâtre
	de la gymnastique
	de la danse
	de la natation

1a **Faites correspondre l'activité et l'image.**

***Exemple:** Je fais du vélo* = **f**

Rappel

Remember, *le*, *la* and *les* change when they follow *de* or *à*.

masculine	*du*	*au*
feminine	*de la*	*à la*
nouns beginning with a vowel	*de l'*	*à l'*
plural	*des*	*aux*

1b **Remplacez les symboles avec les mots corrects.**

Normalement le week-end je  et j' [ ] Le samedi matin, je 
Je [ ] et je [ ] Quelquefois je [ ] avec mes copains ou je [ ] .
Le dimanche, je  à la piscine, et je [ ] des magazines.
Souvent je [ ] ou je [ ] .

1c **Notez l'activité et l'opinion en français. (1–8)**

	Activité	☺	😐	☹
1				

À deux. Faites des phrases.

Exemple:  lun. 20h 

Je joue au foot le lundi soir. C'est …

1  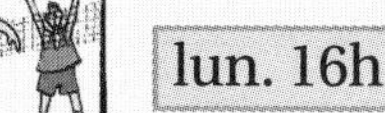	lun. 16h 	5 	mer. 21h 
2 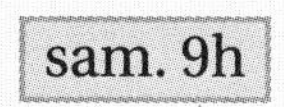	sam. 9h 	6	ven. 19h 
3	sam./dim. 	7 	sam. 20h 
4 	dim. 15h 	8 	sam./dim. 

Indiquez si les phrases sont vraies ou fausses.

1. Le ski nautique est le sport le moins populaire.
2. Le tennis est plus populaire que le handball, mais moins populaire que le foot.
3. Le hockey est aussi populaire que le cyclisme.
4. Les jeunes préfèrent le patin à roulettes au rugby.
5. Les activités les plus populaires sont la natation, le football et le volley.
6. La gymnastique est plus populaire que la planche à voile.

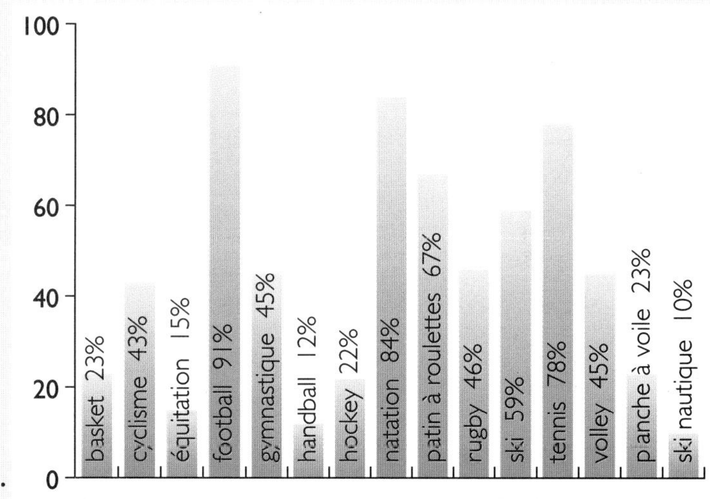

Le détective

To say something is more or less popular, use plus *or* moins. *If you want to say something is more popular 'than' something else, the word that you need for than is* que.

Exemple: Le tennis est **plus** populaire **que** le handball.

Pour en savoir plus ➡ page 213, pt 6.5

À deux. En français:

A

- Ask your partner if they play basketball
- Say no, you don't go horse-riding, it's awful. Ask your partner what they do at the weekend
- Say you go to the cinema on Saturday afternoon

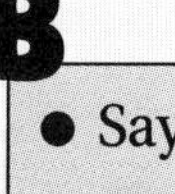

B

- Say you play basketball, once a week, it's great. Ask your partner if they go horse-riding
- Say you go fishing on Sunday morning. In the afternoon, you listen to music

Déjà vu Déjà vu Déjà vu Déjà vu Déjà vu Déjà vu Déjà vu Déjà vu

3b Copiez et complétez. Mettez les détails qui vous correspondent.

Le week-end, je ______. Comme sports, j'aime ______, c'est ______, mais je n'aime pas ______ *(write in the sports with* le *or* la *in front)*, c'est ______.

Je joue ______, c'est ______ et je fais ______, c'est ______ *(write in the sports you do, and when you do them with* au, à la, du, de la*)*.

4a Des amis parlent des clubs qu'ils aiment. Remplissez la grille en français. (1–4)

	Activité	Opinion
Lise		
Cédric		
Éric		
Maude		

4b Écoutez une deuxième fois et indiquez si les phrases sont vraies ou fausses.

1 Lise est favorable aux clubs.
2 Cédric participe, mais sans le vouloir.
3 Éric est plutôt contre les clubs.
4 Maude est plutôt pour les clubs.

5 C'est où? Notez P(piscine), CS(centre sportif), C(cinéma) ou F(festival).

PISCINE MUNICIPALE
Ouvert tous les jours (sauf le mardi) de 7h30 à 21h
Prix d'entrée adultes €1,90, enfants (moins de 12 ans) €1,30

CENTRE SPORTIF 6 courts de tennis (dont 2 à l'intérieur), terrain de jeux illuminé, 2 courts de squash, gymnase, piste de ski artificielle, cours de danse, d'aérobic et arts martiaux. Ouvert du lundi au samedi de 6h30 à 22h, dimanche et jours fériés ouvert de 8h30 à 19h. Prix selon l'activité choisie.

FESTIVAL DE LA BANDE DESSINÉE
À partir du 2 juillet, grand festival de la bande dessinée, Hôtel de Ville. Heures d'ouverture : de 9h à 19h, fermé le dimanche. Gratuit. Animations aussi le soir, place du marché jusqu'au 20 juillet.

CINÉMA LE VOX
Séances à 13h, 15h30, 18h et 20h30. Prix d'entrée €6,40 par adulte, €1,90 par enfant, réductions le lundi après-midi.

1 On peut y faire du ski.
2 Il y a des réductions le lundi.
3 Ça commence le 2 juillet.
4 Il y a 4 séances par jour.
5 Un enfant de 10 ans paie €1,30.
6 C'est fermé le dimanche.
7 Un adulte paie €6,40.
8 Ça ferme à 21h.
9 Ça ne coûte rien.
10 On peut y apprendre à danser.
11 Ça a lieu à l'hôtel de ville.
12 Ça ouvre à 8h30 le 14 juillet.

Répondez aux questions en français.

1 Qu'est-ce qu'on passe au cinéma ce soir?
2 C'est quelle sorte de film?
3 Le film dure combien de temps?
4 La dernière séance commence à quelle heure?
5 Quels acteurs jouent dans le film?
6 Quelle est la mission de James Bond dans le film?
7 Combien de films de James Bond est-ce qu'il y a au total?
8 Comment sont les effets spéciaux?

LE MONDE NE SUFFIT PAS (2h08)

Séances à 14h, 16h45, 19h30, 22h15

Film d'aventures avec:

Pierce Brosnan, Robert Carlyle, Sophie Marceau

James Bond a pour mission de protéger King, un grand industriel. Mais l'homme est assassiné par une mystérieuse tueuse. Sa fille, Elektra King, rejette la faute sur James Bond et veut venger son père.

Pour ce 19ème épisode, James Bond fait le tour du monde. Il est toujours entouré des plus belles filles du globe et les effets spéciaux sont formidables.

Suivant le modèle de James Bond, écrivez une critique d'un film.

Copiez et complétez la grille en anglais.

	When?	Where?
1		
2		

1 Rendez-vous demain matin chez moi.

2 Rendez-vous chez Anne-Claire jeudi prochain à midi.

3 On se retrouve aujourd'hui dans deux heures à la piscine?

4 On se rencontre devant le cinéma après-demain à 20h.

5 Rendez-vous chez toi ce soir vers 19h.

Le détective

Les questions

On peut poser une question avec sa voix:

Tu veux aller au cinéma?

On peut inverser le verbe et le sujet:

Veux-tu aller au cinéma?

On peut ajouter 'est-ce que …'

Est ce que tu veux aller au cinéma?

Pour en savoir plus ➡ page 211, pt 4.2

1 *Au cinéma*

Understanding information about the cinema and other entertainment

Écoutez ce programme de cinéma. Copiez la grille et remplissez les détails qui manquent en français.

Nom du film	Séances	Prix	Autres détails

Faites 3 conversations en suivant ces modèles.

Tu veux aller au cinéma ce soir?
Qu'est-ce qu'on joue?
'La neige tombait sur les cèdres', c'est une histoire d'amour.
Ça commence à quelle heure?
À 20h10.
Et ça finit à quelle heure?
Vers 23 heures.
Un ticket d'entrée c'est combien?
€5,35.
D'accord, on se voit où et à quelle heure?
19h45 chez moi.

Tu veux aller au concert ce soir?
Qu'est-ce que c'est comme concert?
C'est NTM, c'est du rap.
Ça commence à quelle heure?
À 21h.
Et ça finit à quelle heure?
Je ne sais pas, vers minuit.
Un billet d'entrée c'est combien?
€30,50.
Oui, je veux bien, on se voit où et à quelle heure?
À 20h devant la station de métro.

1 cinéma – 'Le journal d'Anne Frank' dessin animé sur la guerre – 20h30 – 22h10 – € 6,80– devant le cinéma – 20h15
2 concert – Les Ejectés du ragga – 20h30 – 23h – €22,90 – devant le théâtre – 20h
3 cinéma – 'Les rois du désert' film de guerre – 18h30 – 20h45 – €6,10 – au café du lycée – 18h.

Écrivez les 3 conversations ci-dessus.

Faites correspondre le problème au bon symbole.

1 *On ne peut pas aller à la piscine à 21h. Elle ferme à 20h.*

2 *Finalement, ce n'est pas possible ce soir, la boîte est fermée.*

3 *Je ne veux pas aller au cirque ce soir, je préférerais aller en ville.*

4 *Je veux bien aller au cinéma, mais mon père me le défend.*

a

b

c

d

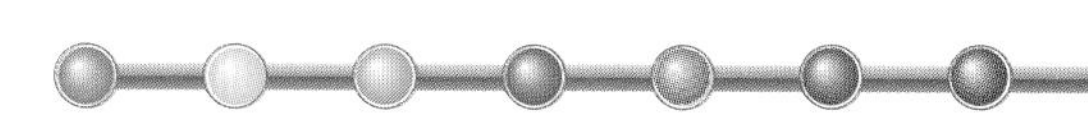

3 ÉCOUTER **Faites correspondre les symboles aux bonnes heures.**

9h 14h 12h 20h 10h 8h30

4a LIRE **Regardez ce programme. Choisissez une activité pour ces personnes.**

1 Tamir s'intéresse à l'antiquité.
2 Justine s'intéresse à la musique africaine.
3 Haroun fait beaucoup de randonnées et de courses.
4 Christine joue de la clarinette et de la guitare.
5 Yolande aimerait passer tout son temps à la plage.

DU 3 AU 8 Juillet a
Musique: 'Les tombées de la nuit' à Rennes. Youssou N'Dour, marins bretons, tambours sénégalais … Gratuit.

À PARTIR DU 4 JUILLET b
Incas: Pérou millénaire', trois mille ans d'art. Expo à Biarritz. €1,52 pour les moins de 14 ans.

À PARTIR DU 5 JUILLET c
Animations: 'Défis Nesquick' sur toutes les plages. Nombreuses activités et jeux pour les moins de 12 ans.

7 JUILLET d
Athlétisme: Meeting de Paris (Golden League), un rendez-vous de haute volée. Et aussi une répétition générale avant les jeux Olympiques de Sydney (Australie), en septembre.

7–9 JUILLET e
'Pamparina', un festival spécial guitare, à Thiers. Concerts gratuits (Wriggles, Jean-Félix Lalanne, etc.).

4b ÉCOUTER **Copiez cette grille et remplissez les détails. (1–6)**

Activité	Dates	Prix	Autres détails
festival de rock à Évreux	30/6, 1/7	€14,50–€24,50	Massilia

Tu veux + *infinitive*
Si on allait au / à la / en
Ça te dirait de + *infinitive*
Tu as envie de + *infinitive*
On pourrait aller …
Si on sortait ensemble …
sortir = *to go out*

4c PARLER **À deux, faites des conversations.**

Exemple: 1 *Tu veux aller au théâtre demain soir à 19h avec moi?*

1  tomorrow evening at 7 pm — with me

2  tonight at about 8 pm — with me and Jacques

3  next Tuesday at 3 pm — with my family

4  on Sunday afternoon — with friends

5  next week perhaps Friday or Saturday at 9 pm — with the group of French penfriends

6  day after tomorrow — with us

Rappel

To say 'on Sunday', you don't need a word for 'on', just say *dimanche*

2 Les opinions

Saying what you like or don't like doing

Décidez si les gens aiment ou n'aiment pas. Faites deux listes des adjectifs: positifs/négatifs. (1–8)

Don't forget: très ... trop ... assez ... un peu ... extrêmement

Que pensez-vous de ces activités? Donnez votre opinion.

Exemple: *Le tir à l'arc – c'est passionnant, mais c'est dangereux.*

Répondez à ces questions en anglais.

1. Why might people decide to take up martial arts? *(2)*
2. What things influence people's choice of hobby? *(4)*
3. What do the following people do and why?
   - Annick *(5)*
   - Rahel *(3)*
   - Charles *(3)*

Rappel

pour + infinitive = in order to

À deux, faites des phrases.

Exemple: 1 *S'il fait beau on fait du surf, c'est fantastique.*

1. **sunny – surf – fantastic**
2. **snows – winter sports – great**
3. **rains – read – exciting**
4. **cold – ice skating – funny**
5. **rains – training – good for health**
6. **hot – roller blading – not too expensive**

Rappel

Je m'intéresse à is a very useful phrase:

je m'intéresse à la politique
je m'intéresse à la cuisine
je m'intéresse aux arts martiaux
je m'intéresse à l'informatique

Trouvez la bonne lettre.

1 Je fais du tricot. Je sais que c'est un peu exceptionnel, mais j'adore faire ça.
2 J'adore faire de l'escalade. On dit que c'est dangereux, mais moi je trouve ça génial.
3 Je m'intéresse à la philosophie. On arrive à comprendre des concepts fantastiques si on s'y met.
4 Je collectionne des timbres. Mes amis se moquent de moi en me disant que c'est nul, mais si on arrive à trouver un timbre rare, ça peut être très avantageux.
5 Moi, je fais du surf. C'est impressionnant quand on est seule avec les vagues.
6 J'aime regarder des feuilletons moi. S'il y a un feuilleton à la télé je reste cloué devant l'écran.

Look at the sentences in the reading exercise above. Many of them use the formula – **je … mais …** *this makes for a good answer, use it yourself.*

Le tricot ou le parachutisme, que préférez-vous? Écrivez un article de 50 mots pour un magazine. Répondez à ces questions:

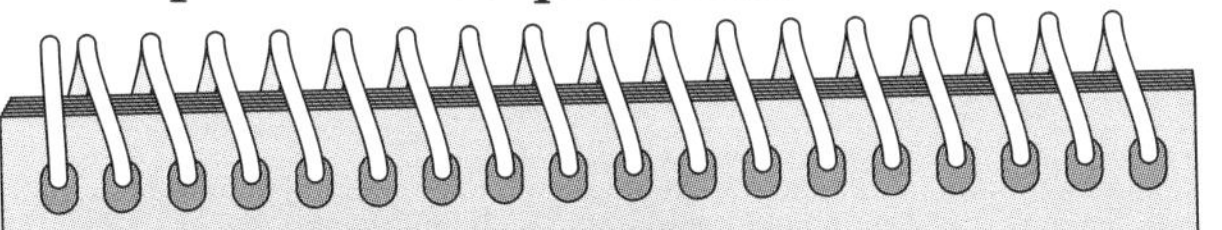

Quel genre de sport préférez-vous? Donnez des raisons.
Pourquoi est-ce qu'on aime les sports dangereux?
N'oubliez pas de donner des opinions!

Lisez le texte et indiquez si ces phrases sont vraies ou fausses.

1 Les loisirs seront plus importants dans le futur.
2 En général, on veut oublier le travail.
3 Les jeunes veulent plus de devoirs.
4 Les choses dangereuses sont populaires.
5 Le danger est une grande attraction.

Le vingt-et-unième siècle royaume des loisirs

Oubliez la semaine des trente-cinq heures! À la fin de ce siècle les loisirs joueront un rôle encore plus important dans notre société. Pourquoi jouent-ils un rôle si important à présent? Les loisirs sont importants pour tout le monde. Chacun a besoin de se détendre.

On entreprend des activités différentes pour oublier le travail, pour échapper à la vie de tous les jours. Les jeunes choisissent leurs passe-temps pour échapper aux devoirs.

De nos jours, il y a beaucoup de possibilités, on peut faire des choses dangereuses – tout est possible. On peut frôler la mort. Les sports comme la parapente – c'est dangereux, mais on s'y intéresse. C'est le goût du risque qui attire les gens.

3 *On prend rendez-vous ...*

Making arrangements

Pour chaque conversation, notez les détails qui manquent. (1–4)

Allô, ici **a**.
Bonjour, madame/monsieur. Vous ouvrez à quelle heure, aujourd'hui?
À **b**.
Et vous fermez à quelle heure?
À **c**.
Merci. C'est combien par personne?
C'est **d** pour les adultes, et **e** pour les enfants.
Est-ce qu'il y a une réduction pour les étudiants?
f.
Merci beaucoup. Au revoir, madame/monsieur.

À deux. Répétez la conversation pour ces distractions.

Swimming pool
Opening hours 7.30am to 9pm.
Price £2.50 for adults,
£1.50 for children,
students £2.20.

Sports Centre
Opening hours 8.30am to 10pm.
Price £3.00 adults,
£2.20 children and students.

Museum
Open 9am–5pm.
Free entry.

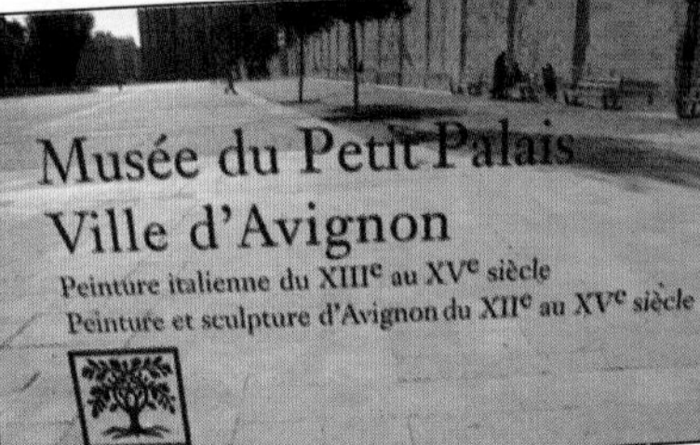

À deux. En français:

- Say you would like a ticket for 'Napoléon'
- Ask what time the first performance begins
- Say you would like a seat near the screen

B

- Say that will be €7,70. Say the film is in French
- Say at 20h30
- Ask if row b is okay

- Say you would like two tickets
- Ask what time the concert starts
- Ask how long the concert will last

B

- Say here you are
- Say at 21h30
- Say it will last two and a half hours

près de | l'écran
loin de
au balcon
la rangée
à l'orchestre
en version originale
interdit aux moins de 15 ans

Faites correspondre la bulle et l'image.

a *Tu sais, la musique, j'aime pas trop. Tu veux pas aller au cinoche ou au théâtre?*

b *Qu'est-ce qu'il fabrique? Les garçons, c'est pas possible des fois.*

c *Salut Nabila, tu veux pas venir chez Cédric avec moi? Il y aura toute la bande. Il fait une soirée antillaise.*

d *Non, ça ne me dit rien. On pourrait aller manger quelque chose ensemble?*

e *Tiens, voici Joël, j'ai toujours voulu sortir avec lui. Je vais tenter ma chance!*

f *J'en ai marre d'attendre. Allez, on y va!*

g *Oui, je veux bien si c'est une pizza.*

h *Joël, ça va? Écoute, t'as envie d'aller au concert de Ziggy Marley au Parc des Princes ce soir?*

i *D'accord, on se voit à l'arrêt d'autobus à vingt heures.*

j *Ouais, à plus tard …*

k *À tout à l'heure!*

Rappel

N'oubliez pas les différentes formes!

il y avait → there was/there were

il y aura → there will be

il y aurait → there would be

Mettez ces phrases dans le bon ordre.

1 dirait te ça d'aller ce boîte soir en?
2 au jazz veux de concert tu aller?
3 on chez tard allait Nicole si plus?
4 pour retrouve ville tard se on en plus aller?
5 au ne pas veux avec tu venir cinéma moi?
6 sortait ce si soir on?

Le détective

y

y *is a very useful little pronoun that we know from the phrase* il y a *(there is/there are).*
It literally means 'there':
On y va? *Shall we go (there)?*
Tu veux y aller? *Do you want to go (there)?*
As with other pronouns, y *comes before the verb* → J'y vais

Pour en savoir plus  **page 217, pt 7.4**

À deux. Proposez 10 activités. Vous avez 60 secondes.

4 Les rencontres

Meeting people and accepting invitations

Lisez l'article et répondez aux questions en anglais.

1 What three suggestions are given for outings if you are rather shy? *(3)*
2 Why are these places a good idea? *(1)*
3 What three places are suggested for chatting and dancing? *(3)*
4 Why is a day out in town or the country a good idea? *(2)*
5 What awaits you if you get a positive reaction? *(2)*
6 What should you do if you get a negative reaction? *(2)*
7 What excuse does the last speech bubble give? *(1)*
8 Which English proverb is the equivalent of "Un(e) de perdu(e), dix de retrouvé(e)s"? *(1)*
9 Which four details should you make sure you sort out for your date? *(4)*
10 What do the last two words of the article say? *(1)*

ÊTES-VOUS TROP TIMIDE?

C'est le 14 juillet, et on fait la fête. Vous rencontrez le garçon/la fille de vos rêves ... mais avez-vous le courage de lui demander de sortir avec vous?

1 INVITATIONS

Vous pouvez lui proposer:

? d'aller à un concert ou au théâtre, ou aller voir un film: idéal si vous êtes un peu timide, parce qu'on ne peut pas parler pendant le spectacle ou le film ...

? d'aller à une boum, à un club de salsa ou en boîte: vous avez l'occasion de bavarder ensemble mais aussi de danser tout près l'un de l'autre ...

? de sortir ensemble en ville ou faire une randonnée à la campagne: il y a beaucoup à voir et à faire pendant la journée, et, si tout va bien, vous pouvez continuer la soirée ensemble ...

2 RÉACTIONS

Quelle est la réaction à votre invitation?

! Ah oui, je veux bien, on se rencontre où?
Félicitations! Vous avez bien joué! L'amitié, ou même l'amour, vous attend peut-être ...

! Ah, quel dommage, je suis désolé mais je ne peux pas.
Ne soyez pas trop triste. Posez la question 'Pourquoi pas?'. Si l'excuse est bonne, essayez une autre date ou une autre heure.

! Sortir avec toi? Ah non merci, je regrette mais je dois me laver les cheveux ...
Vous perdez votre temps ... tant pis, un(e) de perdu(e), dix de retrouvé(e)s!

3 DÉTAILS

Si vous avez du succès, n'oubliez pas de fixer: l'heure et la date du rendez-vous; le lieu du rendez-vous; et comment vous allez rentrer chez vous après!

Bonne Chance!

Écrivez ces invitations en français. Commencez comme ceci:

On se rencontre ...

1 ... at my house at about 

2 ... in front of the stadium tomorrow at 

3 ... next mer. at your house.

4 ... 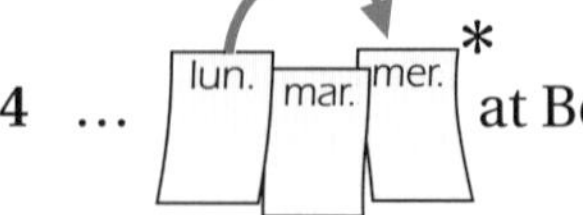

* at Benjamin's house.

5 ... in one hour at the .

6 ... today at about 

* après-demain	*the day after tomorrow*
vers	*at about*

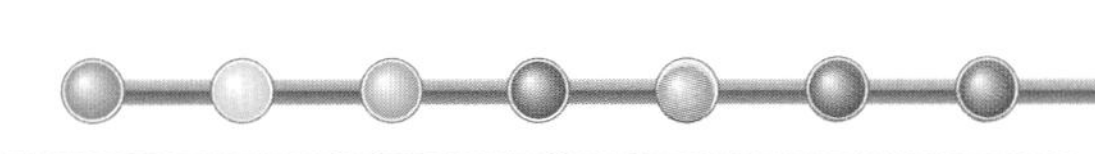

Invitations

J'aimerais …	+ *infinitive*
On pourrait …	
Tu voudrais/Tu veux …?	
On se retrouve plus tard pour …?	
Tu as envie de … ?	
Ça te dirait de …?	

Si on sortait/allait …

Qu'est-ce qu'on fait cet après-midi?

***Modal verbs** are very useful indeed in all sorts of different tenses. They are:*

devoir	*to have to*	*+ infinitive*
vouloir	*to want to*	
pouvoir	*to be able to*	
savoir	*to know how to*	

As the translation suggests, they are followed by the infinitive form of the second verb. Look at pages 221–2 to see all the forms of these verbs. In the context of going out, we are particularly interested in:

On pourrait …	*We could …*
Tu voudrais …?	*Would you like to …?*
Tu veux …?	*Do you want to …?*
Je dois …	*I have to …*

Pour en savoir plus ➡ page 202, pt 3.1

Traduisez ces phrases en français.

1. I have to do my homework.
2. Would you like to go swimming?
3. We could listen to some music.
4. Do you want to come to my house?
5. Would you like to eat with us later?

Pour chaque conversation, notez l'invitation. Combien de personnes acceptent l'invitation? (1–8)

Écoutez une deuxième fois et notez les excuses.

Est-ce qu'on vous a déjà posé un lapin? Pensez à la pire excuse qu'on puisse inventer.

Réactions

On accepte:	D'accord, bien sûr, je veux bien, bonne idée, avec plaisir
On s'excuse:	Je suis désolé(e), je regrette, je m'excuse, c'est dommage, je dois + *infinitive*
On refuse:	Je ne peux pas, ça ne me dit rien, je ne suis pas libre

Exemple:

5 *Le week-end dernier*

What you did last weekend

ÉCOUTER **1** **Qu'est-ce qu'il a fait le week-end dernier? Mettez les images dans le bon ordre.**

LIRE **2a** **Un week-end bizarre! Faites deux colonnes: normalement/le week-end dernier, et catégorisez ces phrases.**

Il a regardé un concours de ménage.
Il va au club de basket.
Il mange un hamburger.
Il boit un coca.
Il a promené son éléphant à la campagne.
Il regarde le foot au stade.
Il a bu du jus de chaussettes.
Il est allé au club de saut à l'élastique.
Il fait ses devoirs de maths.
Il a lu l'annuaire téléphonique.
Il a fait ses devoirs de jardinage.
Il promène son chien à la campagne.
Il a mangé un aspirateur.
Il lit des magazines d'ordinateur.

2b **Écrivez au moins six phrases comme ceci:**

Normalement, je ... mais
le week-end dernier, ...

Le détective

*The **perfect tense** is made up of two parts:*

The first is taken from the verb **avoir** *or* **être**.

J'ai vu/**J'ai** passé/**Je suis** monté(e)

The second is the past participle of the required verb.

J'ai **vu**/J'ai **passé**/Je suis **monté(e)**

Common past participles:

***-er** verbs like* **téléphoner:**

téléphon~~er~~ → téléphon**é**

***-ir** verbs like* **finir:**

fini~~r~~ → fini

***-re** verbs like* **attendre:**

attend~~re~~ → attend**u**

bu = *drank*	dû = *had to*
eu = *had*	voulu = *wanted to*
lu = *read*	fait = *made/did*
vu = *saw*	pris = *took*
pu = *could*	

The majority of verbs will take **avoir** *in the past tense, however a number of exceptions to this rule take* **être**.

Pour en savoir plus ➡ page 204, pt 3.3

Trouvez un(e) correspondant(e) pour les personnes ci-dessous.

1 Didier est aventurier. Il aime faire des promenades.
2 Doushan cherche une fille qui n'a pas peur de la technologie.
3 Sandrine est folle de foot. Elle aime garder la forme.
4 Chantal s'intéresse à toutes sortes de musique. Son auteur préféré est JK Rowling.

À deux. Faites une description pour votre partenaire. C'est qui?

Exemple:

- *Elle est membre d'un orchestre, elle a joué de la guitare, …*
- *C'est Fabienne!*

Relevez tous les verbes qui sont au passé composé et traduisez-les en anglais.

À deux. Faites la conversation suivant les modèles. Écrivez une description.

Exemple:

- *Qu'est-ce que tu as fait pendant le week-end?*
- *Je suis allé(e) au cinéma …*

Il/Elle est allé(e) au cinéma …

Écoutez attentivement, lisez ce texte et corrigez les détails qui ne sont pas corrects.

Le week-end dernier

Alors le week-end dernier, je suis allée au cinéma. On jouait 'La fille de D'Artagnan' – je l'ai trouvé génial. Le dimanche, j'ai passé une journée tranquille chez moi. J'ai écouté des cassettes et des CD – j'adore tout ce qui est rap, funk, jazz, techno et reggae. Ensuite, j'ai surfé un peu sur internet afin de trouver des sites sympa. Avant de me coucher, j'ai joué aux jeux vidéo avec mon frère. Je gagne toujours – ça l'énerve.

Stéphanie

Moi j'ai passé un week-end plutôt actif. C'était super. Je suis parti avec les scouts et on a fait des randonnées, de l'escalade et du VTT. Le dimanche on a même pu faire de la moto. On s'est très bien amusé! Le soir on a discuté – c'était un week-end idéal, mais maintenant, j'ai vraiment envie de me reposer!

Gilles

Je fais partie d'une équipe de foot et la semaine dernière je me suis entraîné avec eux. On a fait de la musculation et des arts martiaux. J'étais crevé à la fin. Je trouve ça très important de faire du sport. C'est bien de faire partie d'un club. Mon ambition c'est de faire du parapente. J'ai hâte d'en faire.

Nourdine

Le week-end dernier, j'ai fait un stage de musique. Je suis membre d'un orchestre et il y avait un peu de tout. J'ai joué de la guitare, de la musique classique et pop. On a répété puis on a dansé. J'ai eu des moments libres où j'ai fait de la lecture ou bien on s'est baladé. J'adore lire des romans – ça me passionne. Je suis allée en ville aussi pour faire du lèche-vitrines et des achats.

Fabienne

These are very useful phrases:
On s'est amusé – *we had a good time*
On s'est bien amusé – *we had a very good time*
Je me suis amusé(e) – *I had a good time!*

Le week-end prochain j'ai participé à un festival de rock à Marciac. Mon lycée a préparé toute une équipe pour y aller. On a dansé sur la place principale avec un groupe portugais. J'ai trouvé leur musique formidable. Plus tard on a grimpé sur la tribune. On a été logé chez des religieux – ils étaient très sympas. On a passé un très bon moment là-bas. C'était super!

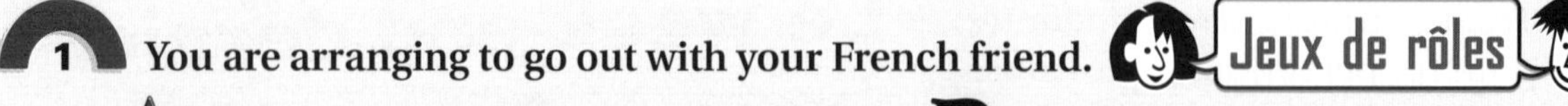

1 **You are arranging to go out with your French friend.**

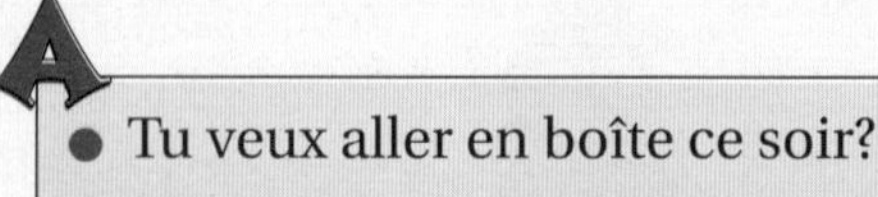

A
- Tu veux aller en boîte ce soir?
- Comment s'appelle ton ami(e)?
- D'accord, qu'est-ce que tu vas mettre?
- On y va comment?

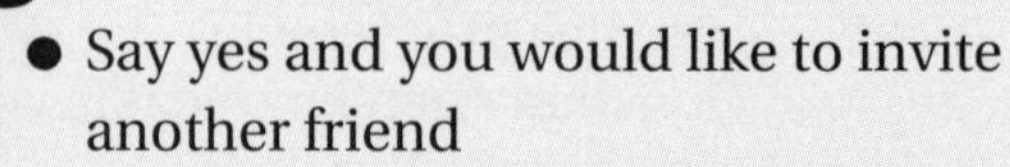

B
- Say yes and you would like to invite another friend
- Reply and suggest where and when to meet
- !
- !

2 **You have booked theatre tickets in France and have arrived to pick them up.**

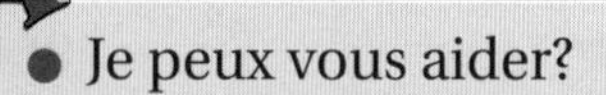

A
- Je peux vous aider?
- Quand exactement avez-vous fait cette réservation?
- D'accord. Je l'ai trouvée
- 3 heures.
- Il y en a 2. Voici vos billets

B
- Say you have reserved tickets for 4 to see 'Une désolation'
- !
- Ask how long the play lasts
- Ask if there is an intermission

3 **Prepare a 1-minute speech called 'Mes loisirs'.**

You must be able to show that you can talk in different tenses in the oral exam. In the conversation, watch out for key words which flag up the perfect tense.

Qu'est-ce que tu fais comme loisirs?
Où?
Quand?
Avec qui?
C'est comment?
S'il fait beau ...? S'il pleut ...?
Est-ce que les loisirs sont importants?
Qu'est-ce que tu as fait le weekend dernier?

Your examiner may ask ...

1 Qu'est-ce que tu vas faire ce soir?
2 Est-ce que tu fais partie d'un club?
3 Tu sors le week-end avec tes amis? Qu'est-ce que tu fais?
4 Tu es sorti(e) samedi soir? Qu'est-ce que tu as fait?
5 Tu es déjà allé(e) en France?
6 Qu'est-ce que tu as fait pendant ton séjour?

It is a good idea to write out your general questions on revision cards, to check them regularly and to update them when you have learnt new vocabulary and structures.

Écrivez le texte d'un entretien imaginé avec une personne célèbre. Vous devez écrire 150 – 170 mots.

Il faut mentionner:

- ce qu'il/elle aime faire le plus comme passe-temps
- une soirée typique pour lui/elle
- le week-end dernier
- ses projets pour la semaine à venir
- avec qui il/elle fait ses passe-temps et pourquoi

Make sure you are using those little words that add a certain je ne sais quoi *to your work:*

trop très un peu peut-être

You must break time up as well.

'On Monday … in the week … at the weekend …'

Here are five points to help you in using time frames.

1. *Say what you usually do to prove your mastery of the present.*
2. *Give an exception to show off your perfect tense.*
3. *But, next week … to show off the future.*
4. *Perhaps sometimes you … and present tense again.*
5. *You do different things at different times –* le matin …, le soir …, l'après-midi …

Tous les jours …, mais un jour … – *change the routine!*

Don't forget to give opinions on all activities mentioned – where they do them and who with. You've got a lot to say!

Get your tenses right – remember past, present and future! Look at page 206 for the near future and page 204 for the perfect tense.

Voici une réponse modèle pour vous aider:

Oui, je fais partie d'un club de basket. J'y vais 2 fois par semaine. J'adore jouer et aussi, c'est bien parce qu'il y a tous mes amis. Je pense que c'est bien de faire partie d'un club. Les loisirs sont importants, on peut se détendre. Aussi, j'aime bien être avec mes amis. Le week-end dernier, nous avons joué dans un tournoi et nous avons gagné. Le week-end prochain, on va jouer à Paris – génial!

…

quelquefois/des fois	*sometimes*
souvent	*often*
de temps en temps	*from time to time*
en général	*in general*
la plupart du temps	*most of the time*
pour la plupart	*for the most part*
de moins en moins	*less and less*
en fait	*in fact*
un soir	*one evening*
de plus en plus	*more and more*
toujours	*always*
cette fois	*this time*
au moins	*at least*
d'habitude	*usually*
d'abord	*first*

Mots

Activités	*Activities*
1) Les sports	***Sports***
Je fais du/de la …	*I do …*
Je joue au/à la …	*I play …*
les arts martiaux	*martial arts*
le cyclisme/le vélo	*cycling*
l'équitation	*horse-riding*
le foot	*football*
la gymnastique	*gymnastics*
la musculation	*body-building*
la natation	*swimming*
le roller	*rollerblading*
le skate	*skateboarding*
le ski nautique	*water-skiing*
le surf	*surfing*
2) Les passe-temps	***Leisure activities***
Je fais du/de la …	*I do …*
Je vais au/à la …	*I go to …*
le cinéma	*cinema*
la cuisine	*cooking*
écouter	*to listen*
l'informatique	*computing*
jouer	*to play*
lire	*to read*
l'ordinateur	*computer*
la pêche	*fishing*
la randonnée	*rambling/hiking*

Les opinions	*Opinions*
bon(ne) pour la santé	*good for you*
chouette	*great*
dangereux/-euse	*dangerous*
fantastique	*fantastic*
marrant(e)	*good fun*
passionnant(e)	*exciting*
pas trop cher/chère	*not too expensive*

Les invitations	*Invitations*
1) Inviter	***Inviting***
Ça te dirait de …?	*How about …?*
On pourrait …	*We could …*
Si on allait …?	*How about going …?*
Si on sortait ensemble …?	*How about going together to …?*
Tu as envie de …?/ Tu veux …?	*Do you want to …?*
Tu voudrais …?	*Would you like to …?*
2) Accepter	***Accepting***
d'accord	*OK/fine*
avec plaisir	*with pleasure*
bien sûr	*of course*
bonne idée	*good idea*
Je veux bien.	*I'd love to.*
3) S'excuser	***Making excuses***
C'est dommage …	*It's a shame …*
Je m'excuse/ Je regrette/ Je suis désolé(e)	*I'm sorry*
4) Refuser	***Saying no***
Ça ne me dit rien.	*I don't want to./ I don't feel like it.*
Je dois …	*I have to …*
Je ne peux pas.	*I can't.*
Je ne suis pas libre.	*I'm busy.*

Réserver	***Booking***
au balcon	*in the dress circle*
billet/ticket d'éntrée	*ticket*
C'est combien?	*How much is it?*
Combien de temps ... ?	*How long ...?*
commencer	*to start*
durer	*to last*
l'écran	*screen*
finir	*finish*
loin de.../près de...	*not too close to/close to*
à l'orchestre	*in the stalls*
une séance	*performance/showing*

Quand?/Où?	***When and where?***
à côté de	*near/next to*
ce soir	*this evening*
le centre sportif	*sports centre*
chez moi	*at my place*
chez toi	*at your place*
chez Benjamin/Natalie	*at Benjamin's/ Natalie's (place)*
demain soir	*tomorrow evening*
devant	*in front of*
le lendemain	*the following day*
lundi/jeudi prochain	*next Monday/Thursday*
samedi/mercredi après-midi	*on Saturday/ Wednesday afternoon*
la semaine prochaine	*next week*
le stade	*stadium*

Le week-end dernier	***Last weekend***
J'ai lu/vu ...	*I read/saw ...*
Il/Elle a lu/vu ...	*He/She read/saw ...*
Je suis allé(e)/parti(e) ...	*I went to ...*
Il/Elle est allé(e)/ parti(e) ...	*He/She went to ...*
boire (bu)	*to drink*
danser (dansé)	*to dance*
écouter (écouté)	*to listen to*
s'entraîner (je me suis/ il/elle s'est entraîné(e)	*to train/practise*
faire (fait)	*to do*
jouer (joué)	*to play*
lire (lu)	*to read*
passer (passé)	*to spend (time)*
répéter (répété)	*to rehearse*
surfer sur Internet (surfé)	*to surf the Internet*
voir (vu)	*to see*

Au boulot

Notez le métier et les autres détails que vous comprenez en français. (1–10)

> *English: my sister is **a** secretary*
> French: ma sœur est secrétaire

Écrivez en français.

Exemple: *Ma sœur est secrétaire.*

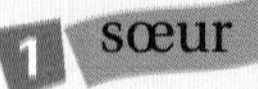

3 belle-mère

4 grand-père

5 copain

6 oncle

7 mère

8 frère

ÉCOUTER **1c** **Choisissez un emploi pour chaque personne. (1–8)**

serveur/serveuse

infirmier/ière

vendeur/euse

technicien/ne de laboratoire

jeune garçon/fille au pair

jardinier/ière

vétérinaire

opérateur/trice d'ordinateur

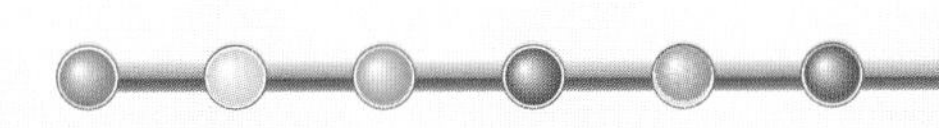

Faites une lettre de demande d'emploi pour l'un des postes dans cet hôtel en utilisant la lettre d'Alice comme modèle. Vous devez changer les mots en caractères colorés.

HÔTEL FORMULE 444

Nouvel hôtel **
(ouverture dans 6 mois)
à Surgères en France.

Nous recherchons le personnel suivant pour notre équipe:

chefs de cuisine **serveurs**
réceptionnistes
femmes/hommes de chambre

Veuillez écrire (avec CV) à Adeline Giraud, Hôtel Formule 444, 17700 Surgères, FRANCE.

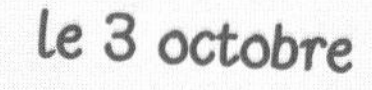

le 3 octobre

Madame,

J'ai vu votre annonce dans le journal aujourd'hui, et je vous écris pour vous demander un poste dans votre hôtel. Je voudrais un poste comme serveuse, parce que j'aime travailler avec les gens.

J'ai déjà travaillé dans un restaurant pendant mon stage en industrie, et j'ai un petit boulot dans un café de la région le week-end.

Je suis travailleuse et sérieuse, mais j'ai aussi un bon sens de l'humour et je m'entends bien avec mes collègues et mon patron.

Veuillez trouver ci-joint mon CV.

J'habite en Grande-Bretagne, mais j'apprends le français depuis 4 ans et je parle bien français.

Amicalement,

Alice Smith

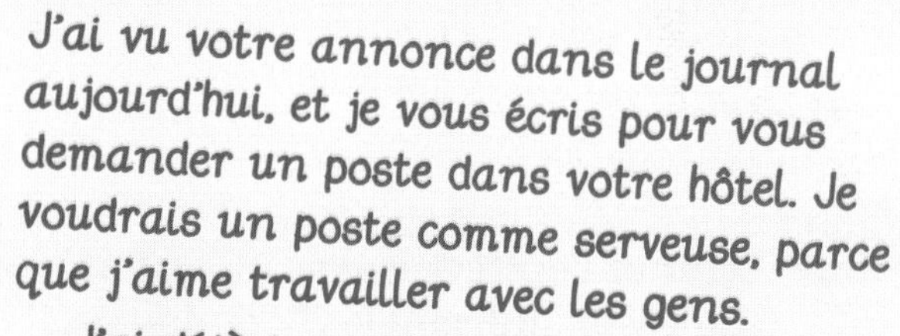

Copiez cette fiche et mettez les détails au bon endroit.

- 6 rue des lilas, Angoulême
- stage dans une école primaire
- Paris
- Lycée de l'Image et du Son d'Angoulême
- Franck
- Théâtre/cinéma
- Provost
- 3/07/1983
- français, histoire, géographie, maths, anglais, sciences, théâtre

CV

Nom:

Prénoms:

Adresse:

Date de naissance:

Lieu de naissance:

Éducation:

Matières étudiées:

Expérience:

Loisirs:

Écoutez l'entretien avec Alice. Puis complétez son CV en utilisant le CV ci-dessus.

2d Écrivez un CV pour vous-même suivant le modèle.

3 Remplissez les blancs.

1 Comme je suis sociable, je voudrais être ______.

2 Puisque je suis pratique, je voudrais être ______.

3 Moi, j'aime les sciences, je voudrais être ______.

4 J'adore le sport, je voudrais être ______.

- entraîneur
- hôtesse de l'air
- maçon
- prof de sciences

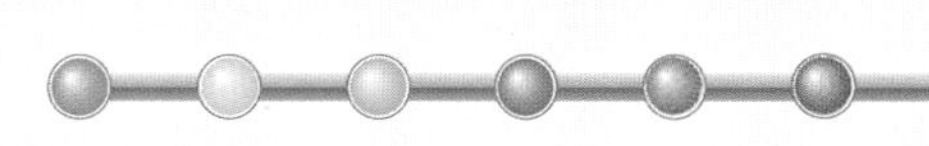

Faites correspondre les questions aux réponses correctes.

1 À quelle heure est-ce que tu commences?

2 À quelle heure est-ce que tu finis?

3 Tu as combien de temps pour déjeuner?

4 Est-ce que tu travailles tous les jours?

5 Tu travailles combien d'heures par semaine?

6 Tu gagnes combien d'argent?

7 Est-ce que tu penses que c'est bien payé?

8 Tu aimes ton travail?

9 Comment vas-tu au travail?

a Normalement, je finis à trois heures.

b Oui, assez bien.

c Je travaille cinq heures par semaine.

d J'ai une heure pour déjeuner.

e Je commence à neuf heures.

f En général, je travaille le week-end.

g Oui, mais quelquefois je m'ennuie.

h J'y vais à pied.

i Je gagne 3 livres 50 de l'heure.

LIRE **4b** **Lisez ce texte. Copiez la lettre et remplissez les blancs avec les mots à côté.**

J'ai un job ______ Auchan. Je dois arranger les rayons et de temps en temps je travaille ______ la ______. Je commence très ______ à sept heures du matin, mais comme je ______ à midi, c'est pas mal. Je ______ €4.60 par heure, c'est assez bien payé. J'aime bien mon boulot. Mon patron s'appelle Lionel. Il est ______.

caisse, gagne, gentil, termine, à, tôt, chez

Distribuer les journaux
Faire du baby-sitting
Livrer le lait
Travailler dans | un restaurant / un supermarché / un garage / un magasin
Travailler comme | moniteur / monitrice
Garder des enfants

ÉCRIRE **4c** **Utilisez le texte ci-dessus comme modèle pour écrire 100 mots sur votre petit boulot. Si vous n'en avez pas, en inventez un!**

N'oubliez pas de donner des opinions: Mon patron est gentil, aimable, antipathique, affreux …

1 *Avez-vous un job?*

Talking about part time jobs and work experience

1a Copiez et complétez la grille en français.

	Valérie	Fanch	Coralie
Job			
Heures			
Trajet			
Salaire			
Opinion(s)			

1b À deux. Posez les questions dans l'interview. Répondez en utilisant les détails à côté:

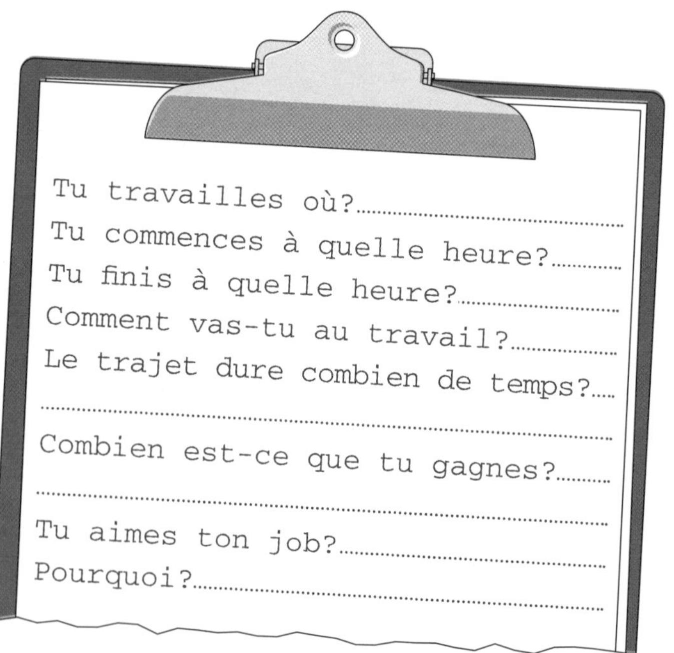

Tu travailles où?

Tu commences à quelle heure?

Tu finis à quelle heure?

Comment vas-tu au travail?

Le trajet dure combien de temps?

Combien est-ce que tu gagnes?

Tu aimes ton job?

Pourquoi?

1c Copiez le texte et remplissez les blancs.

Oui, j'ai fait un ______ dans une entreprise. J'ai dû organiser beaucoup de choses, faire des ______. En fait j'ai appris beaucoup de ______. Je me suis levée ______ à six heures du matin, c'était affreux. Vers dix heures je devais préparer le café. Pendant les quinze jours j'ai ______ le fax, et le traitement de textes. À part ça j'ai répondu au téléphone, et j'ai classé les ______. Le travail était un peu monotone, c'était ______ avant tout et je n'ai pas touché un ______!

1d **Que dites-vous? Parlez de votre boulot.**

Les opinions possibles sur le travail: c'était ...

monotone	difficile	ennuyeux	dur
intéressant	facile	agréable	varié

Le détective

The ***perfect tense*** *with* ***reflexive verbs.***
Reflexive verbs take être *and must agree!*

Exemple: se lever = ***to get up***

je me suis levé(**e**) *I got up*
tu t'es levé(**e**) *you got up*
il s'est levé *he got up*
elle s'est levé**e** *she got up*
on s'est levé *we got up*
nous nous sommes levé(**e**)**s** *we got up*
vous vous êtes levé(**e**)s *you got up*
ils se sont levé**s** *they got up*
elles se sont levé**es** *they got up*

Pour en savoir plus ➡ page 205, pt 3.3

2a **Lisez les comptes-rendus et indiquez si ces jeunes sont pour ou contre les stages.**

Je trouve que c'est bien de faire un stage. On peut faire l'expérience du monde adulte et c'est une bonne chose, ça. Des fois on reçoit même une offre d'emploi à la fin.
Julie 16 ans

Pour moi, c'était raté: je préparais le café et c'était tout. Il n'y avait rien d'autre à faire; une perte de temps totale.
Marcel 15 ans

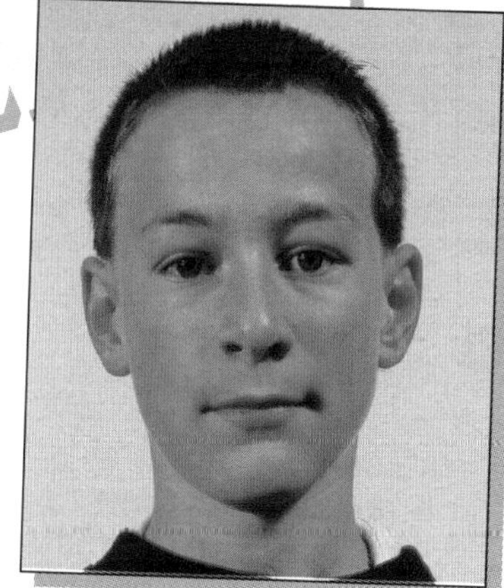

Mon stage a été un succès énorme! Je n'aime pas du tout la vie scolaire, mais mon stage m'a appris que je dois travailler au collège pour avoir un boulot qui me plaît à l'avenir. J'ai travaillé avec des enfants dans un hôpital, c'était génial. J'y retourne tous les week-ends pour voir tous mes amis.
Ousmane 17 ans

2b **En utilisant le texte 1c comme modèle, écrivez environ 75 mots sur un stage que vous avez fait.**

2 La communication

Using the phone, fax and e-mail

1a **Regardez ces numéros de téléphone: sont-ils corrects? Corrigez les erreurs.**

a Cachin
04 78 73 15 13

b Atelier Gill
02 35 71 93 14

c Association Clément
01 45 67 67 42

d 01 99 77 64 96
Gérard Darel

e au coin du feu
05 62 66 71 56

f La nef
02 87 71 85 48

g Hôtel Yaka, Biarritz
05 59 04 33 55

h Office du tourisme
04 89 27 29 49

Avec un partenaire, donnez les numéros de téléphone de l'exercice 1a.

Exemple:

Ici Cachin, zéro quatre, soixante-dix-huit, soixante-treize, quinze, treize.

Rappel

French phone numbers are always given in pairs, not in one long number as we often do in English.

Voici des messages – qui a téléphoné?

1 M. ______ est désolé. Il ne peut pas vous voir aujourd'hui. Il a dû aller en Amérique pour voir un autre client.

2 Madame ______ a raté son train et il n'y a plus de trains aujourd'hui. Elle ne pourra donc pas venir à la réunion.

3 Madame ______ a téléphoné, elle a oublié une autre réunion qu'elle avait aujourd'hui à 14 heures, et ne pourra pas venir. Elle voudrait prendre rendez-vous pour demain.

4 *M. ______ doit s'occuper de son fils qui est malade, et doit rester chez lui aujourd'hui. Il ne viendra pas à la réunion, et il présente ses excuses.*

5 Mme ______ a perdu les clefs de sa voiture!!!!!

6 Monsieur ______ regrette mais il est malade et ne peut pas vous voir aujourd'hui. Il est désolé mais il va rester au lit.

M. Dubois

M. Nouget

M. Flies

Mme Pinaud

Mme Jouve

Mme Chancellé

3a **Copiez et remplissez la grille selon les messages. (1–5)**

Exemple:

Nom	Alalain
Numéro de téléphone	02 45 75 89 23
Rappellera?	à partir de dix heures et demie
Message	la réunion de demain

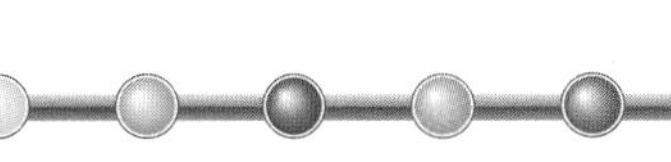

3b Faites correspondre l'anglais au français.

a I would like to speak to ...
b Can I speak to ....
c Who is calling please?
d Can I leave a message?
e Can you give me your phone number please?
f Can you repeat that?
g It's Richard speaking
h What is it about?

1 Quel est votre numéro de téléphone, s'il vous plaît?
2 C'est Richard à l'appareil.
3 Puis-je parler à ...
4 C'est de la part de qui?
5 Pouvez-vous répéter?
6 Est-ce que je peux laisser un message?
7 De quoi est-ce qu'il s'agit?
8 Je voudrais parler à ...

3c Avec un partenaire, faites 4 conversations suivant ce modèle en changeant les détails en caractères soulignés.

Rappel

You know the difference between *tu* and *vous*.
In a work context, it is fairly rare for people to *tutoyer*. *Vouvoyer*, to say *vous* to someone, is the norm. The French also use *monsieur* and *madame* fairly frequently. Be polite!

- **Allô, Maison Albin.**
- **Bonjour mademoiselle, je voudrais parler à Monsieur Chraibi, s'il vous plaît.**
- **Ah, je regrette, Monsieur Chraibi n'est pas là. Vous voulez laisser un message?**
- **Oui, s'il vous plaît, de la part de Monsieur Hamad.**
- **Pouvez-vous épeler ça, s'il vous plaît?**
- **H-A-M-A-D**
- **Merci. Et votre message?**
- **Est-ce qu'il peut me rappeler?**
- **Oui, quel est votre numéro de téléphone?**
- **01 45 29 58 35**
- **C'est noté monsieur, merci de votre appel.**
- **Merci mademoiselle, au revoir.**

1
Hôtel Chantauvent
Mme David
M. Roeder
02 98 86 05 60

2
Relais du parc
M. Ducasse
Mme Vincent
01 43 35 31 71

3
Auto conduite
Mme Lavergne
M. Rugani
04 75 06 43 58

4
Carlton
Mme Issautier
M. Chabasse
05 76 23 01 48

4 Vous voulez contacter Mme Rieux pour déjeuner à la brasserie L'Hôtel de Ville le 9 juillet à 12h30. Écrivez un fax suivant ce modèle.

FAX

À l'attention de: Mme Quehen

Je suis libre le 15 juin et vous propose un rendez-vous à 18 heures à Boubonne les Bains, à la brasserie L'Hôtel de Ville.

Veuillez confirmer si cela vous convient.

Cordialement, Hélène Guillot

3 *Qu'est-ce que vous voulez faire dans la vie?*

Talking about your future career

Lisez les projets d'avenir de ces 5 jeunes. Puis, répondez aux questions. Qui:

1 est fort en sport?
2 adore les langues?
3 travaillera dans le tourisme?
4 ne s'est pas encore décidé?
5 cherchera un emploi dans l'informatique?
6 ira à l'université?
7 sera dehors pour son travail?
8 voyagera autour du monde?

Le détective

***The future tense** is formed using a future stem (which you must learn) + the following endings:*

pronouns	***regular stems***		***endings***
je	*parler*	*parler-*	***ai***
tu	*finir*	*finir-*	***as***
il/elle/on	*répondre*	*répondr-*	***a***
nous			***ons***
vous			***ez***
ils/elles			***ont***
pronouns	***irregular stems***		***endings***
je	*être*	*ser-*	***ai***
tu	*avoir*	*aur-*	***as***
il/elle/on	*aller*	*ir-*	***a***
nous	*faire*	*fer-*	***ons***
vous	*pouvoir*	*pourr-*	***ez***
ils/elles	*venir*	*viendr-*	***ont***

Pour en savoir plus ➡ page 207, pt 3.7

LIRE **1b** **Identifiez tous les verbes au futur dans l'article 'Projets d'avenir'.**

Projets d'avenir

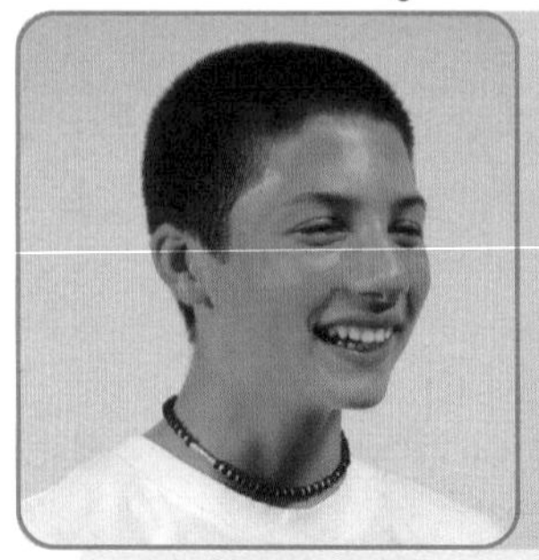

Romain – Je ne sais pas encore ce que je ferai. Je voudrais voyager, je chercherai donc un métier qui me permettra de voyager dans le monde entier.

Yoann – Ce qui me plaît le plus, c'est les ordinateurs. Je ferai un diplôme au lycée technique, et puis, je chercherai du travail dans un bureau, peut-être pour une grande entreprise.

Anne – Si j'ai de bonnes notes, j'irai en faculté après le lycée pour étudier l'anglais et l'espagnol, parce que j'espère devenir interprète.

Hassiba – Comme j'aime beaucoup être en plein air, je travaillerai comme gardienne dans un camping situé pas loin de chez nous.

Luc – Moi, je serai joueur de foot professionnel, si tout va bien. Je fais déjà partie de l'équipe junior de Monaco, et je continuerai à jouer pour eux, j'espère.

Copiez et complétez la grille. (1–4)

Prénom	Nom	Emploi/carrière	Éducation	Salaire
Valérie	Fossey	rédactrice de magazine	-	$40 000

Traduisez les phrases suivantes en français.

1. I will work in a bank.
2. I will travel round the world.
3. She will go to Hong Kong.
4. He will have lots of money.
5. They will be unemployed.

*In the future tense, **reflexive verbs** simply put the reflexive part in the same place.*

Exemples:

je **me** marierai

je **m'**amuserai

Pour en savoir plus ➡ page 207, pt 3.7

Que ferez-vous dans l'avenir? Préparez une petite présentation pour votre classe.

Faites correspondre les débuts et les fins des phrases.

Quand j'aurai dix-huit ans

heureuse

Quand j'aurai dix-neuf ans

en Italie

Quand j'aurai vingt-trois ans

j'irai à la fac

je vivrai

je toucherai

je travaillerai chez Dior

je serai

un gros salaire

je travaillerai comme au pair

Et vous, que ferez-vous?

Dans deux ans …
Dans dix ans …
Dans vingt ans …
Dans trente ans …

Rappel

Don't forget, there are other ways of expressing the **future**:

j'espère + infinitive

je désire + infinitive

4 *Les différents emplois*

Talking about different kinds of work

Faites correspondre ces personnes à leur emploi idéal. Il peut y en avoir plusieurs.

1 *J'aimerais aider les gens malades.*

2 *J'aimerais avoir de longues vacances.*

3 *Je voudrais travailler en plein air.*

4 *Je voudrais bien voyager.*

5 *Moi, je voudrais m'occuper d'animaux dans un zoo ou peut-être dans un parc safari.*

6 *Réparer les voitures, j'adore ça: c'est mon métier.*

7 *Personnellement, je voudrais travailler avec des enfants: avec eux, on ne s'ennuie jamais.*

8 *J'aimerais aider les personnes âgées; je trouve que c'est important pour la société.*

9 *Moi je voudrais gagner beaucoup d'argent. Je ne veux pas travailler tout le temps mais il me faut beaucoup d'argent.*

10 *Je suis assez solitaire. Je voudrais travailler seul à la maison.*

11 *Moi, j'aimerais travailler avec des gens, travailler en équipe.*

12 *Je voudrais simplement travailler dans un bureau: métro-boulot-dodo pour moi.*

Faites un sondage sur les emplois dans votre classe. Posez la question suivante:

Qu'est-ce que vous voulez faire plus tard dans la vie?

Faites un graphique avec les résultats.

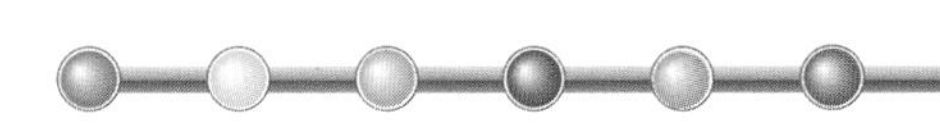

1c **Qui parle? Mettez ces bulles dans le bon ordre.** (1–5)

1 *Je préférerais travailler dans le domaine du marketing.*

2 *Je préférerais travailler dans le domaine de l'informatique.*

3 *Moi, c'est le secteur privé – le commerce – je pense que ce sera plus intéressant que le secteur public.*

4 *Pour moi, l'éducation c'est la chose la plus importante, je voudrais travailler dans le domaine de l'éducation.*

5 *Je voudrais apprendre beaucoup de langues et travailler dans l'industrie touristique.*

Le détective

*The **conditional tense** is an easy one after the future. Use the same future stem and add the following endings:*

je travailler**ais**
tu travailler**ais**
il/elle/on travailler**ait**
nous travailler**ions**
vous travailler**iez**
ils/elles travailler**aient**

Pour en savoir plus ➡ page 207, pt 3.8

2 **Écoutez ces personnes. Copiez et complétez les phrases avec les détails qui manquent.**

1 Élodie ne voudrait pas avoir un travail trop fatigant car ______.
2 Stéphane ne voudrait pas avoir un travail mal payé car ______.
3 Nadine ne voudrait pas travailler avec des personnes âgées car ______.
4 Richard ne voudrait pas rester en France car ______.

3a **Lisez cet article et répondez aux questions suivantes:**

1 Qui travaille à Londres? *(1)*
2 Pour quelles raisons les gens veulent-ils travailler à l'étranger? *(4)*
3 Que veut faire Michel Richet dans la vie? *(4)*
4 Pourquoi veut-il voyager? *(1)*

Travailler à l'étranger est tout à fait normal de nos jours. Avec la CEE, il y a beaucoup de Français qui viennent travailler à Londres et les Britanniques partent aussi. Les jeunes d'aujourd'hui ont l'esprit aventurier. Mais pourquoi partir?

Ça permet de perfectionner une langue étrangère, on apprend à connaître une autre culture, faire l'expérience d'un autre pays et c'est bien pour son CV.

Michel Richet explique son cas: 'Moi, je voudrais travailler avec des gens, mais l'argent est aussi important pour moi, alors je voudrais être P.D.G. Je pense que ce serait plus intéressant de travailler dans le marketing que dans le secteur public. Je ne voudrais pas travailler avec des enfants. Je pense que ce serait très monotone. Je voudrais voyager un peu et perfectionner mon anglais.'

Michel part après-demain – Allez-y! Partez! Le monde est à vous!

3b **Écrivez un paragraphe sur vos ambitions. Répondez aux questions suivantes:**

1 Qu'est-ce que vous voulez faire plus tard dans la vie? Pourquoi?
2 Quel travail est-ce que vous n'aimeriez pas faire? Pourquoi pas?
3 Aimeriez-vous travailler à l'étranger? Donnez trois raisons pour justifier votre réponse.

5 *Le monde du travail*

Taking a year out and issues to do with the world of work

Écoutez et répondez à ces questions en français.

1 Pourquoi est-ce une bonne idée de voyager? *(3)*
2 Elsa parle de quels problèmes? *(2)*

C'est bien de + *infinitive*

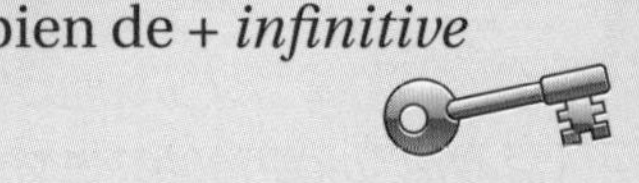

Mettez ces mots dans le bon ordre.

1 c'est | voyager | bien de
2 c'est bien de | avant de se lancer dans | faire | les études | une petite pause
3 gagner | avant d'aller | c'est bien de | un peu d'argent | à la fac
4 si on fait | on risque | une pause | de tout oublier
5 continuer, c'est | il vaut mieux | moins cher
6 vivre dans un pays francophone | c'est bien de | si on veut perfectionner son français

Indiquez si ces phrases sont positives ou négatives en ce qui concerne une année sabbatique.

1 *C'est bien de faire l'expérience d'un autre pays.*

2 *Je pense que ce serait dangereux de partir dans le tiers-monde.*

3 *On se fait des amis quand on voyage, c'est un privilège.*

4 *Je trouve qu'une année sabbatique élargit les horizons.*

5 *Ce serait dur de partir toute une année.*

6 *Ce serait peut-être difficile de trouver un logement.*

7 *On apprend beaucoup de choses pendant une année sabbatique sans mentionner l'expérience.*

Écrivez une réponse à cette petite annonce.

Exemple: **Moi, j'aimerais bien faire une année sabbatique parce que …**

Voulez-vous faire une année sabbatique?
Avez-vous le goût du risque?
Voulez-vous aider les gens et changer les choses?
Inscrivez-vous dès aujourd'hui!

3a Vous êtes journaliste! En vous servant d'un dictionnaire, traduisez ces titres en anglais pour la section *Jobs* de votre journal.

1 Il y a beaucoup de discrimination au travail

2 Le sexisme au travail – problème énorme

3 Mon père est chômeur. Il veut travailler, mais il ne peut pas ...

4 *Le travail c'est un droit humain*

5 Impossible de trouver un emploi!

6 Le chômage – problème très grave pour la société

7 Le chômage affecte la dignité

8 Pas d'emploi, pas d'argent

9 Les chômeurs nous font pitié. C'est bien dommage

10 Il existe beaucoup de gens qui ne veulent pas travailler

11 Le taux de chômage n'arrête pas d'augmenter

3b Avec un partenaire, faites un débat sur le chômage en utilisant les opinions ci-dessus. Une personne adopte un point de vue, l'autre s'y oppose.

Exemple:
- Je pense qu'il existe beaucoup de gens qui ne veulent pas travailler.
- Non, je ne suis pas d'accord, mon père est chômeur. Il veut travailler, mais il ne peut pas.

N'oubliez pas les opinions:
je pense que
je crois que
à mon avis
to disagree – je ne suis pas d'accord, au contraire

4 Traduisez ces phrases en français.

1 I think that …
2 Do you want to go with them(masc)?
3 I would like to work with him.
4 I would like to travel.
5 She loves animals, she would like to work with them.
6 Can I go with you(pl)?

Le détective

Emphatic pronouns
Moi, toi, lui, elle, nous, vous, eux, elles.
These pronouns are used to give emphasis and in contrast to je, tu *etc, they can stand by themselves.*
Moi, je pense que ...
Qu'est-ce que tu en penses, **toi**?

Pour en savoir plus ➡ page 218, pt 7.8

5 Écrivez un article de 100 mots au sujet du travail pour un magazine. Répondez à ces questions.

Avez-vous un petit boulot?
Avez-vous déjà fait un stage?
Aimeriez-vous travailler à l'étranger? Où et pourquoi?
Que pensez-vous du chômage?
Que ferez-vous dans dix ans?

L'ESPRIT du LARGE
Maison des Chômeurs et de la Solidarité

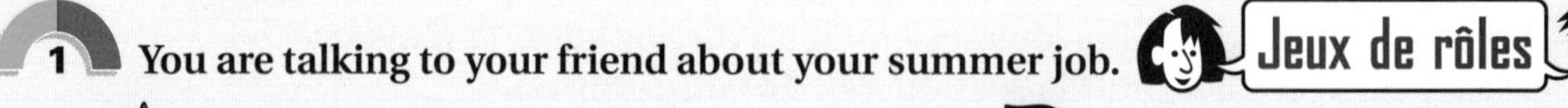

1 You are talking to your friend about your summer job.

A

- Ask if your partner has a job
- Ask if they do the cooking?
- Ask if it is well paid
- Ask what they spend their money on

B

- Say you work in the kitchen of a restaurant
- Say you do the washing up
- Say you earn € 4,55 per hour
- !

2 You have seen this advertisement and would like to apply for a job.

Parc Obélix Venez chez nous!

Il nous faut ...

Opérateurs de machine **Caissiers** **Animateurs**

Français essentiel – à bientôt!

A

- Allô, Parc Obélix, je peux vous aider?
- Oui, est-ce que vous avez de l'expérience?
- Pourquoi voulez-vous travailler au Parc Obélix?
- Vous serez logé sur place

B

- Say why you are calling
- !
- ! Ask where you would stay

When you are faced with role plays like this, you must take the initiative. Think what you could say in English and try to keep it as simple as possible.

Je vous téléphone ... *I'm ringing ...*
... parce que j'ai vu votre annonce dans le journal. ... *because I saw your ad in the paper.*
pour savoir/demander ... *to find out/to ask ...*
pour avoir des renseignements sur ... *to get information on ...*
Je voudrais perfectionner mon français. *I would like to perfect my French.*

3 Prepare a 1-minute speech about 'Mon job'.

Mon job: ______
Où? ______
Description: ______
Pourquoi? Salaire: ______
Le Patron: ☹, ☺ ______
Mes impressions: ______
L'avenir? ______

Your examiner may ask ...

1. Est-ce que c'est important de gagner beaucoup d'argent?
2. Qu'est-ce qu'il faut faire pour trouver un emploi?
3. Quand tu auras 40 ans tu travailleras toujours? Que feras-tu?
4. Que penses-tu de l'idée de faire une année sabbatique?

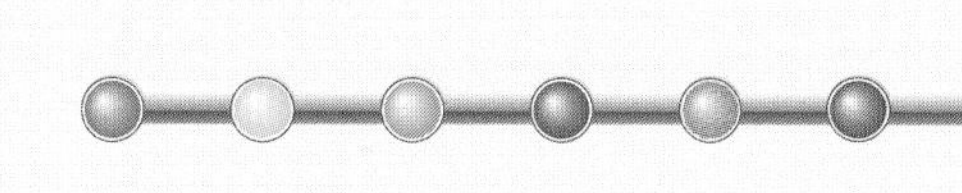

1 **Lisez la lettre d'Éric. Écrivez un article de 150-170 mots pour donner votre avis sur les stages professionnels.**

Quand est-ce que vous avez fait votre stage?
Qu'avez-vous fait?
Qui a organisé le stage?
Comment étaient vos collègues?
Quels sont les avantages et les inconvénients des stages professionnels à votre avis?
On vous a payé? Combien?
Qu'avez-vous pensé de votre stage?
Quel genre de travail choisirez-vous dans l'avenir?

L'année dernière j'ai fait un stage chez Télémag – le magazine qui publie des détails des émissions qui passent à la télé toutes les semaines. J'attendais à mon stage avec impatience, mais en réalité, ce n'était pas utile du tout.

J'ai dû distribuer le courrier et trier les documents. C'était ennuyeux! Je n'ai rien appris – j'aurais mieux aimé rester au collège tellement c'était nul.

La prochaine fois – s'il y en a – je vais demander quelque chose de plus actif. À mon avis, les stages ne servent à rien!

Éric

Try to use linking words and subordinate clauses in your article.

For work experience, I did … + perfect/imperfect
Every day … + present …
In the future I will …
Use beaucoup/extrêmement/trop/beaucoup trop *to nuance your opinions …*
Il y avait *there was/there were …*
C'était *it was …*
Never get these wrong!
Remember to use a variety of adjectives:
Je le trouve … *I find it …*
Je l'ai trouvé … *I found it …*

ennuyeux	passionnant
affreux	barbant
monotone	absorbant

Mots

Les métiers	*Careers and occupations*
un agent de police	*police officer*
un caissier/une caissière	*cashier*
un(e) chef de cuisine	*chef*
un coiffeur/une coiffeuse	*hairdresser*
un(e) dentiste	*dentist*
un(e) employé(e) de bureau	*office worker*
un entraîneur/une entraîneuse	*sports coach/trainer*
un fermier/une fermière	*farmer*
une hôtesse de l'air/un steward	*air hostess/flight attendant*
un infirmier/une infirmière	*nurse*
un instituteur/une institutrice	*primary school teacher*
un jardinier/une jardinière	*gardener*
un maçon	*stonemason*
un mécanicien/une mécanicienne	*mechanic*
un(e) médecin	*doctor*
un opérateur/une opératrice d'ordinateur	*keyboarder*
P.D.G.	*managing director*
un(e) professeur	*teacher*
un programmeur/une programmeuse	*computer programmer*
un(e) réceptionniste	*receptionist*
un(e) secrétaire	*secretary*
un serveur/une serveuse	*waiter/waitress*
un téchnicien/une téchnicienne de laboratoire	*lab technician*
un vendeur/une vendeuse	*salesman/saleswoman*
un(e) vétérinaire	*vet*

Un job	*Part-time job*
apprendre	*to learn*
distribuer	*to distribute*
une entreprise	*company/firm*
gagner	*to earn*
garder	*to look after*
les heures	*hours (of work)*
un hôpital	*hospital*
livrer	*to deliver*
un magasin	*shop*
organiser	*to organise*
préparer	*to prepare*
répondre au téléphone	*to answer the telephone*
un restaurant	*restaurant*
un salaire	*salary*
un supermarché	*supermarket*
un trajet	*journey (to work)*

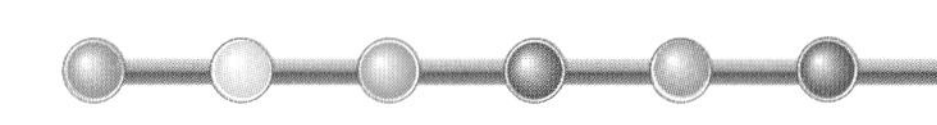

Opinions sur le travail	***Opinions about work***
agréable	*pleasant*
difficile	*difficult*
dur	*hard (work)*
facile	*easy*
ennuyeux	*boring*
intéressant	*interesting*
monotone	*repetitive*
varié	*varied*

Au téléphone	***On the telephone***
C'est de la part de qui?	*Who's calling?*
C'est Richard/Jeanne à l'appareil.	*It's Richard/Jeanne speaking.*
De quoi est-ce qu'il s'agit?	*What is it about?*
Je voudrais parler à …	*I'd like to speak to …*
laisser un message	*leave a message*
Pouvez-vous répéter/ épeler ça?	*Can you repeat/ spell that?*
Puis-je parler à …?	*May I speak to …?*
rappeler	*call back*

Projets d'avenir	***Future plans***
un bureau	*office*
chercher	*look for*
un emploi	*job*
la faculté	*university*
une grande entreprise	*big company*
l'informatique	*computing*
les langues	*languages*
perfectionner	*to perfect*
un stage	*training course*
le tourisme	*tourism*
voyager	*to travel*

Le monde du travail	***Work***
une année sabbatique	*a year's sabbatical*
le chômage	*unemployment*
un chômeur/ une chômeuse	*unemployed person*
la discrimination	*discrimination*
l'expérience	*experience*
le sexisme	*sexism*
le taux de chômage	*unemployment rate*

Ma ville

Toulouse

Alicia habite à Toulouse, la quatrième ville de France, et **la capitale** de la région Midi-Pyrénées. Toulouse se trouve **dans le sud-ouest** de la France, **à 730 kilomètres de** Paris, et il y a environ 700 000 habitants. Alicia n'habite pas en ville, mais dans **la banlieue**. Toulouse est **une grande ville** qui est **industrielle**, mais très **agréable** aussi, et très **historique**.

Le Morne-Rouge

Pierre habite dans **un petit village** qui s'appelle Le Morne-Rouge. Le Morne-Rouge se trouve dans le nord de la Martinique, **une île** aux Caraïbes qui est officiellement **une région** de la France. Le Morne-Rouge est situé **à 25 kilomètres de** Fort-de-France, la capitale de la Martinique. C'est un **joli** village **touristique**.

Florennes

Sébastien est belge. Il habite à Florennes, **une ville moyenne** de 10 000 habitants qui est située **dans le sud-est** du pays. Florennes est **à la campagne** dans une région **rurale**, mais très **animée**.

Qui (Alicia, Pierre ou Sebastien):

1 habite dans une grande ville?
2 habite en Belgique?
3 habite dans une ville de taille moyenne?
4 habite en France?
5 n'habite pas en Europe?
6 habite dans la capitale de sa région?
7 habite dans les faubourgs?

Copiez la grille. Catégorisez les mots en caractères gras dans les textes ci-dessus.

Où	Description
le sud-ouest	grande ville
la capitale	industrielle

Catégorisez aussi:

important **à la montagne** **vieux**

beau **calme** **au bord de la mer** **moderne**

ancien **un quartier** **typique**

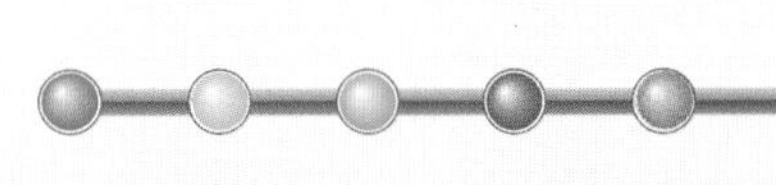

2a Où habitent-ils? (1–5)

2b Copiez et complétez les descriptions. Utilisez les mots dans la case.

Stirling	côte	Atlantique
Écosse	kilomètres	montagne
nord	historique	ville
petit	trouve	est
jolie	habitants	moyenne

1 York est une grande ______ située dans le ______ de l'Angleterre. C'est une ville ______. Il y a 90 000 ______.
2 Tillicoultry est un ______ village qui se ______ dans le centre de l'______ près de ______.
3 Albertville se trouve à la ______, dans les Alpes. C'est une ville ______ de 17 000 habitants, qui ______ située à 120 ______ de Lyon.
4 La Rochelle se trouve sur la ______, au bord de l'______. C'est une ______ ville.

It doesn't matter whether or not you know anything about the towns mentioned; you just need to look at the words, as only one can possibly make sense in each gap.

2c Faites une liste en français de ce qui existe dans ces villes/villages.

Exemple:
Albertville = une piscine, des magasins, ...

*Watch out for **pas**!*

1 J'habite à Albertville. Il y a une très belle piscine, des magasins et un hôpital. Il y a une gare et des églises, mais il n'y a pas de château.

2 J'habite dans un très petit village dans les Alpes. Il n'y a pas d'école, et il y a un seul magasin, c'est tout.

3 Dans ma ville, il y a un grand hôpital, un stade de foot et un musée. Il y a aussi une cathédrale magnifique!

4 Il n'y a pas de piscine dans mon village, mais il y a un grand parc et neuf ou dix magasins. Il y a aussi une église et une école.

5 J'habite Blois. L'hôtel de ville est très joli. Il y a un syndicat d'initiative pour les touristes, et un grand château. Il y a aussi beaucoup de magasins, bien sûr.

Rappel

Remember, most adjectives come **after** the noun:
Exemple: *une ville **industrielle**/ un village **historique***

But a few short, common adjectives come **before** the noun:
Exemple: *un **petit** village/une **jolie** ville*

3a Qu'est-ce qu'il y a dans ces villes? Notez en français. (1–6)

3b Regardez ces images. Qu'est-ce qui n'est pas mentionné dans chaque cas?

3c À deux. Regardez les illustrations ci-dessus. Choisissez une ville et décrivez-la. Votre partenaire doit nommer la ville.

À ... il y a ...
On peut visiter ...
On peut aller au/à la/à l' ...

3d Préparez une description de votre ville/village, et de 2 autres dans votre région.

Exemple:

Surgères *est* ***une ville*** *qui se trouve dans* ***l'ouest de la France****, près de* ***La Rochelle****. C'est* ***joli****,* ***touristique*** *et* ***tranquille****. Il y a* ***un centre commercial****,* ***une place****,* ***une gare****,* ***des parcs****,* ***un camping****. Vous pouvez visiter* ***le château*** *et* ***une belle église****.*

Identifiez la fête: le 14 juillet, Noël, ou Carnaval?

1 Le matin, on est allé à l'église. Il faisait très froid!

2 Je me suis déguisé en diable rouge: c'était très amusant!

3 J'ai reçu plein de cadeaux de ma famille et de mes amis.

4 *Les feux d'artifice étaient vraiment formidables!*

5 On a passé quatre jours à danser et à chanter.

6 En famille, nous avons mangé des huîtres: elles étaient délicieuses!

7 J'ai vu mille soldats dans le grand défilé. C'était assez impressionnant.

8 *Je suis allée à un marché spécial dans les rues de la ville.*

On fait la fête

À Toulouse, pour nous, la grande fête, c'est le quatorze juillet: c'est la fête nationale de la France. C'est un jour de congé pour tout le monde. Le matin, il y a un grand défilé militaire, qui se termine sur la place. Le soir, il y a des feux d'artifices sur la rivière: ça, c'est super. Après, il y a un bal sur la place, et on danse jusqu'à deux ou trois heures du matin.

Ce que j'aime bien à Florennes, c'est Noël. Il y a un marché spécial dans les rues, et on peut acheter de petits cadeaux pour la famille. Le jour de Noël, on va à la messe le matin. On ouvre les cadeaux le 24 décembre, si le Père Noël ne nous a pas oubliés ... Le jour de Noël, on mange des huîtres et du foie gras, et on boit beaucoup de champagne.

Aux Caraïbes, tout s'arrête pour notre Carnaval qui a lieu en février. Pendant quatre jours, on danse, on chante dans la rue et surtout on s'amuse. Pour Mardi Gras, on se déguise en diables rouges, et le lendemain, on enterre le Roi du Carnaval. C'est vraiment une fête extraordinaire.

On is a very useful word meaning 'you' or 'we' or 'one' or 'people'. It is easy to use: the verb follows the same pattern as for il/elle.

Qu'est-ce que vous faites chez vous pour faire la fête? Décrivez une fête qui existe dans votre région.

Exemple:
Chez nous la grande fête, c'est ...

Nous, on fête ... le ... (date) ...

Le matin	il y a	un défilé	et on	danse
L'après-midi		un marché		chante
Le soir		un bal		mange
		un concours		boit
		un concert		s'amuse
		des feux d'artifice		se déguise (en ...)
		un match de foot		joue (à ...)
		un spectacle		va (à ...)

1 Voici ma ville

Describing a town and understanding a brochure

Écoutez bien et remplissez les blancs dans le passage.

J'habite à la ________ et j'adore ça! Mon père est ________, nous habitons donc une ferme où il y a beaucoup d'animaux, des ________, et des ________. On a des ________. Je sais que j'ai beaucoup de chance d'avoir un ________; il s'appelle Cacahuète.

J'adore la ________, pour moi c'est la perfection, les ________ et les ________. Nous avons aussi un grand ________ sur notre propriété où l'on peut pêcher à la ligne. Les gens aiment faire ça. Je vois mes ________ et mes ________ tous les jours – moi, je n'y changerais rien!

vaches	lac	arbres
campagne	fleurs	cheval
moutons	chevaux	fermier
nature	champs	bois

Identifiez les sortes de logement.

1 On habite une maison individuelle à la campagne.

2 Nous, on habite une maison jumelée. Ça va, on aime bien les voisins.

3 J'habite une maison mitoyenne moderne avec ma famille.

4 J'habite un HLM dans une cité dans la banlieue.

5 J'habite un petit studio dans le centre-ville.

Écrivez une description de 75 mots de la ville ou du village où vous habitez.

Dans	mon village	il y a	beaucoup de	maisons individuelles
	ma ville		plein de	maisons jumelées
	mon quartier		pas mal de	maisons mitoyennes
	ma région		il n'y a pas de	HLM

3a Lisez ces textes. Copiez et complétez la grille.

Nom de la ville/région	Situation	Caractéristiques

En ***Midi-Pyrénées****, vaste région qui hésite entre la plaine et la montagne, à la frontière de l'Espagne et du Languedoc, choisissez les couleurs de vos vacances.*

Tout d'abord, ce sera le vert des montagnes de l'Ariège et l'eau profonde de ses lacs d'altitude. Ensuite, le blanc immaculé des sommets enneigés des Pyrénées centrales où les skieurs rassasient leurs envies de grands espaces. Puis le rouge rosé des villes de l'Albigeois et du Toulousain, lorsque la brique s'embrase aux rayons du soleil couchant.

Argelès-Gazost

Petite cité thermale et résidentielle qui s'est développée au 19e s. dans un bassin réputé pour la douceur de son climat, Argelès est une ville paisible, où il est agréable de séjourner. D'autant que sa situation permet d'explorer les vallées alentour et, ce qui ne gâte rien, d'y faire de savoureuses étapes!

Toulouse***

«Ville rose à l'aube, ville mauve au soleil, ville rouge au crépuscule»... Toulouse mélange les couleurs et les époques! Cette ancienne capitale des terres d'Oc et des capitouls, qui vole aujourd'hui vers l'avenir avec ses usines aéronautiques bien connues, ravit les touristes qui s'y arrêtent. En se promenant dans ses vieux quartiers, on y découvre de superbes cours Renaissance envahies de fleurs et de magnifiques maisons cachées derrière de lourdes portes. Il faut le dire, Toulouse est aussi une ville universitaire, dynamique et animée... Beaucoup de jeunes, de bars branchés, de terrasses, de boutiques...

Auch*

La capitale administrative de la Gascogne présente un attrait particulier pour les touristes à la recherche d'odeurs et de saveurs. Très animée dans la semaine, la ville se farde de multiples couleurs le samedi, jour de marché. Au-dessous de cette cité dynamique et active, le quartier épiscopal est une invitation à des flâneries silencieuses. Les secrets d'Auch se dévoilent à travers le labyrinthe de ses ruelles médiévales, typiques et fleuries où, dans le fond, il est bien agréable de se perdre...

La Bigorre***

Nous sommes au cœur des Grandes Pyrénées, une région authentique et rude qui captive ses visiteurs. Celles des cirques, des torrents dont la préservation relève du Parc national. La nature est à son paroxysme! Ici, vallées et montagnes se cotoient dans une mosaïque de couleurs.

3b Décidez si ces phrases sont vraies, fausses, ou pas mentionnées.

1 La région Midi-Pyrénées se trouve au bord de la mer.
2 Les sommets du Midi attirent un grand nombre de skieurs.
3 Il fait froid à Argelès – Gazost.
4 Auch est une ville de contrastes.
5 D'Artagnan est né à Auch.
6 La Bigorre est une région qui combine vallées, montagnes et rivières.
7 Toulouse est une ville industrielle, touristique et universitaire.

3c À deux. Vous travaillez pour le syndicat d'initiative d'une des villes ci-dessus. Persuadez votre partenaire de visiter cette ville.

Alors, Toulouse est une ville superbe! Il y a beaucoup de choses à visiter, par exemple ...
On peut ...
Il y a aussi ...

2 La ville et la campagne

Talking about the town versus the countryside

LIRE **1a** **Est-ce que ces phrases parlent de la ville ou de la campagne? Écrivez V (ville) ou C (campagne) pour chaque expression.**

a *Il y a beaucoup de distractions.*
b *Il y a plein de choses à faire.*
c *Il y a peu de choses à faire.*
d *C'est très animé.*
e *On peut sortir.*
f *C'est plus calme.*
g *C'est moins sale.*
h *C'est extrêmement ennuyeux.*
i *C'est moins pollué.*
j *On est plus près de la nature.*
k *C'est trop bruyant.*
l *Tout le monde est pressé.*
m *Il y a trop de pollution.*
n *C'est plus sain.*
o *C'est propre.*
p *Il y a plus de voitures.*
q *Il y a plus de gens.*
r *Il y a trop de voitures.*
s *Il y a moins de monde.*
t *Il y a moins de bruit.*
u *On peut se détendre.*

ÉCOUTER **1b** **Écoutez ces jeunes gens qui parlent de leurs préférences et notez les détails qui manquent.**

1 Hakim préfère ______ car c'est ______. Il n'aime pas ______ car c'est ______.
2 Rosalie veut ______ car il y a ______. Elle n'aime pas ______ car c'est ______.
3 Loïc préférerait ______ car c'est ______. Il n'aime pas ______ car c'est ______.

LIRE **1c** **Pour ou contre la vie à la campagne? Catégorisez les phrases. P(positif) ou N(négatif)**

a *Notre maison est entourée de champs et de bois, ce qui est très agréable.*
b *Je dois me lever à 6h pour aller au collège, car c'est à 30 kilomètres de chez moi.*
c *Il y a moins de bruit.*
d *Mes camarades habitent loin de chez moi.*
e *L'environnement est plus propre. Il y a trop de pollution en ville.*
f *Mes parents ont des moutons et des vaches, et j'ai un cheval à moi.*
g *Les transports en commun ne sont pas assez fréquents.*
h *On n'a pas tout ce qu'il faut pour s'amuser: aucun cinéma, aucune boîte, seulement le bar local.*
i *En ville, tout le monde jette ses déchets par terre, et les rues sont souvent sales.*
j *Il n'y a pas assez de magasins: on n'a pas de choix.*

À deux. L'un de vous est pour la campagne, l'autre est contre. Faites un débat. Servez-vous des phrases ci-dessous:

Je préfère habiter en ville, parce que … /Je préfère habiter à la campagne, parce que …
Je suis pour la vie urbaine parce que …
Je suis pour la vie campagnarde parce que …
Par contre …
L'avantage de vivre à la campagne, c'est que …
L'inconvénient de vivre en ville, c'est que …
Le mieux c'est de …
Le pire c'est de …
Si on habite en ville …
D'un côté … , d'un autre côté …

Le détective

Comparisons

le mieux c'est de … *the best thing is …*
le pire c'est de … *the worst thing is …*

Pour en savoir plus ➡ page 214, pt 6.5

Vous avez vu cette page dans un magazine. Écrivez au magazine. Répondez aux questions en français.

Ville ou campagne?

Préférez-vous habiter en ville ou à la campagne?
Quels sont les avantages d'habiter en ville?
Et à la campagne?
Où habiterez-vous plus tard dans votre vie?

Faites correspondre les débuts et les fins des phrases.

La ville idéale de Fadéla serait
Il y aurait
Elle aimerait habiter
Elle aimerait aussi être

beaucoup d'animation.
au bord de la mer.
près de la campagne.
tranquille.

Rappel

The **conditional tense** means 'would'.

J'irais … I would go …, *il y aurait* … there would be …, see page 207.

Écrivez un paragraphe sur votre ville idéale.

Ma ville idéale serait …
Il y aurait …
Je voudrais habiter une ville …

Le détective

This/that

These are just like my/your/his etc.

ce *masculine*
cet *masculine beginning with vowel or silent h*
cette *feminine*
ces *plural*

Pour en savoir plus ➡ page 214, pt 6.6

3 Les pays francophones

The French-speaking world

Accueil | La Guadeloupe | Culture | Agir | L'économie | Le Président | Le Conseil Régional | Actualités

LA GUADELOUPE

Située à 7000 km de la Métropole et 2700 km de New-York, par 16° de latitude nord et 60° de longitude ouest, la Guadeloupe est une région française appartenant à l'arc des Petites Antilles.

Elle forme un archipel de 1780 km^2, comprenant deux îles principales formant la Guadeloupe proprement dite et six autres îles appelées dépendances: l'archipel des **Saintes** avec **Terre-de-Haut** et **Terre-de-Bas**, **Marie-Galante**, **Saint-Martin** et **Saint-Barthélemy**.

La Guadeloupe est riche de par sa population aux milles visages, son histoire, son **environnement**, sa **gastronomie** et les multiples facettes de sa **culture**.

Entourée de **plages**, bordée de cocotiers et baignée d'une mer bleue cristalline, les Caraïbes l'avaient nommée **"L'île aux belles eaux"**. Mais on l'a surnommée aussi **"L'île d'émeraude"** pour sa végétation exubérante aux milles essences tropicales (voir **parc naturel**).

Elle est encore appelée **"le papillon"** compte tenu de sa forme ressemblant à celle d'un papillon aux ailes déployées.

Elle est composée de deux parties, séparées par un étroit bras de mer appelé **"Rivière Salée"** qui relie la **Grande Terre** (590km^2), région calcaire à la **Basse-Terre** (848 km^2), région volcanique (voir la **Soufrière**).

La **Grande Terre** à l'est est faiblement vallonnée. Le littoral méridionnal offre des **plages** de sable fin et blanc aux eaux limpides protégées de récifs

coralliens. C'est aussi le domaine du **tourisme**, puisqu'une grande partie des infrastructures touristiques y est principalement localisée. La ville principale est **Pointe-à-Pitre**, véritable carrefour économique de la Guadeloupe.

À l'ouest, la Basse-Terre de forme ovale, aux massifs montagneux, sommets élevés, plateaux, ravins, régions rocheuses, se prolonge jusqu'au littoral caraïbe. On y trouve la plus grande rivière de l'archipel, la **Grande Rivière à Groyave**, longue de 32 km. Son point culminant est le volcan de la **Soufrière** à 1467 m. La forêt est dense et humide. Elle reçoit beaucoup plus de pluie que la **Grande Terre**.

Lisez cet article et répondez aux questions qui suivent.

1 La Métropole, qu'est-ce que c'est?
2 Combien d'îles forment la Guadeloupe?
3 Selon l'article, quelles sont les richesses de la Guadeloupe?
4 Décrivez les plages de la Guadeloupe.
5 Traduisez les surnoms de la Guadeloupe 'l'île aux belles eaux' et 'l'île d'émeraude' en anglais.
6 Quelles sont les différences entre la Grande Terre et la Basse-Terre?

Vrai ou faux?

1 La Guadeloupe est une région française.
2 Il y a très peu de plages à la Guadeloupe.
3 Les îles guadeloupéennes ont la forme d'un papillon.
4 La Grande Terre est plate.
5 La Basse-Terre n'est pas montagneuse.
6 Il pleut plus sur la Grande Terre que sur la Basse-Terre.

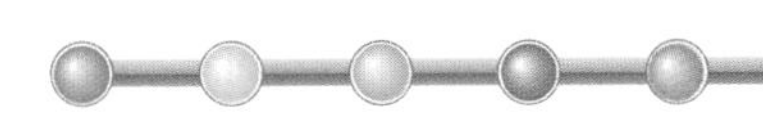

LIRE 2 **Lisez ce texte et remplissez les blancs. Puis écoutez pour vérifier vos réponses.**

La France est un pays ______. Les grandes ______ telles que Paris, Marseille, Lyon, Bordeaux sont importantes bien sûr, mais ______ compte et lorsqu'on visite la France on se rend compte que c'est un pays ______ avec un ______ très, très varié. Dans le nord, vous avez les plaines et les villes ______. Dans l'est vous avez des ______, les Vosges et les Alpes. Au milieu, vous avez le Massif central, et en bas, c'est un pays qui est bordé par les ______. Ensuite, il y a la ______ Méditerranée et l'Atlantique, et puis les îles: l'île d'Oléron, l'île de Ré, et n'oublions pas la Corse. Les grands ______, comme la Seine, la Loire et le Rhône forment les axes de l'industrie. Vous avez un ______ du sud chaud, ensoleillé, et un ______ du nord pluvieux, froid. Certains prétendent que c'est la même chose pour les gens, mais je n'en suis pas certain …

l'agriculture
climat
montagnes
Pyrénées
immense
climat
industrielles
paysage
mer
villes
rural
fleuves

En vous servant de l'article ci-dessus comme modèle, écrivez une description du pays où vous habitez.

Choisissez un pays francophone qui vous intéresse. Décrivez-le.

Vous devez mentionner:

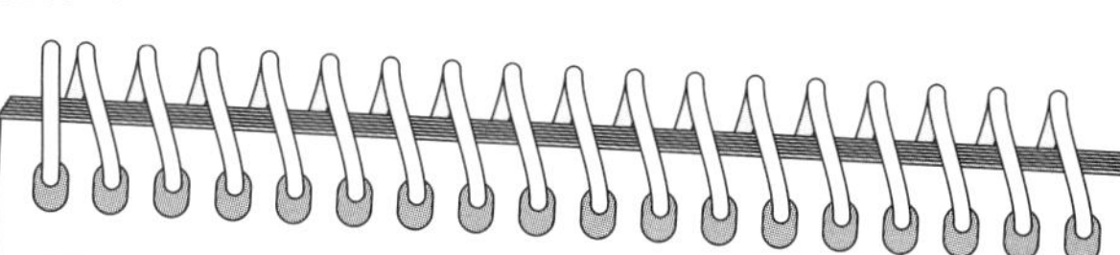

La position du pays:
Les habitants:
Le climat:
Les villes principales:
Les attractions principales:
Les industries importantes:
D'autres détails intéressants:

Il y a beaucoup de régions du monde où on parle français.
Exemple: La Réunion, le Québec, le Sénégal … il y en a beaucoup!
Vous pouvez utiliser www.yahoo.fr comme moteur de recherche.

Faites une présentation orale sur ce pays francophone. Servez-vous des phrases ci-dessous:

Je vais parler de ...
C'est un pays qui se trouve ...
Il y a … habitants.
En ce qui concerne le climat ...
Les villes principales sont ...
Les attractions principales sont ...
Les industries importantes sont ...
Je voudrais visiter ce pays car ...
Pour d'autres renseignements, visitez le site Internet ...

4 L'environnement

Discussing environmental issues

1a Copiez et remplissez la grille. (1–6)

	Problème principal	Détails
1	pollution	trop de voitures en ville
2		

1b À deux, classez ces problèmes par ordre d'importance pour vous.

Exemple:

Pour moi, la pollution est plus importante que l'emballage, la pollution c'est numéro un.

1 La pollution

2 L'emballage

3 Le gaspillage d'énergie

4 Le matérialisme

5 Le bruit

6 Les papiers par terre

2a Faites correspondre les images aux bulles. Qu'est-ce qu'il faut faire pour protéger l'environnement?

a

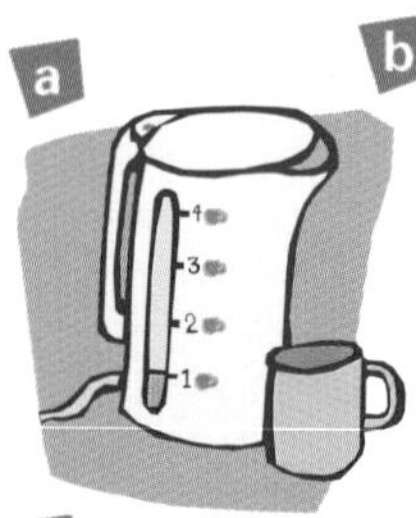

b

c

d

e

f

g

h

i

j

1 *Il faut acheter des produits verts.*

2 *Il faut utiliser des produits recyclés.*

3 *Il faut utiliser les transports en commun.*

4 *Il faut recycler les boîtes de conserve, le papier, les bouteilles, …*

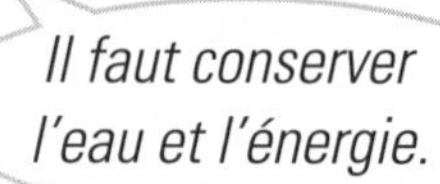

5 *Il faut conserver l'eau et l'énergie.*

6 *Il faut prendre le bus au lieu de la voiture.*

7 *Il faut trier les déchets pour le recyclage.*

8 *Il ne faut pas gaspiller les ressources de la terre.*

9 *Il faut éteindre la lumière.*

10 *Il ne faut pas jeter les papiers par terre.*

Rappel

Il faut + infinitive = it is necessary to/we must

Choisissez la bonne réponse.

1 Beaucoup de personnes optent pour:
  a la lumière
  b les produits verts
  c les transports en communs
2 Peu de gens:
  a éteignent la lumière
  b allument la lumière
  c recyclent la lumière
3 Beaucoup de gens recyclent:
  a les bus
  b les boîtes de conserve
  c l'eau
4 Il y a trop de: a bus b pollution c bouteilles
5 Il faut une attitude: a régionale b départementale c globale

L'environnement est très important de nos jours. On est conscient de la nécessité d'acheter des produits verts et d'utiliser des produits recyclés. Mais il y a trop de voitures particulières et donc trop de pollution. Nous ne voulons pas emprunter le bus, les transports en commun. Pourquoi pas?

En plus, certains pensent qu'éteindre la lumière n'est pas leur responsabilité. L'énergie est gaspillée. De même pour la conservation de l'eau. En plus, l'eau est souvent polluée par les déchets chimiques.

Beaucoup de gens recyclent les boîtes, le papier, et les bouteilles, mais ces mêmes personnes jettent des papiers par terre. Les papiers sont jetés partout! Il faut adopter une attitude globale, voilà la solution.

À deux. En français:

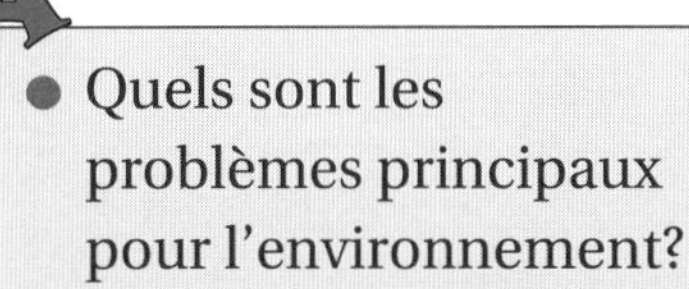

A
- Quels sont les problèmes principaux pour l'environnement?
- Qu'est-ce qu'il faut faire pour protéger l'environnement?

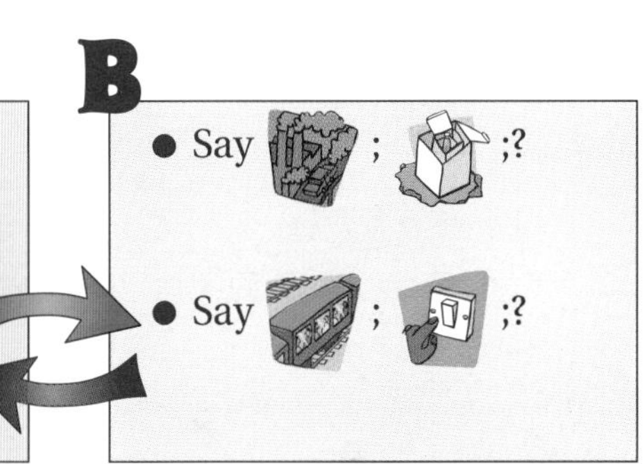

Faites un sondage auprès de votre classe. Posez la question suivante:

Quel est le problème principal pour l'environnement?

Puis écrivez 5 phrases sur les résultats, suivant ce modèle:

X% pensent que la pollution est le problème principal pour l'environnement.

Le détective

Most verbs that you have met so far have been active.

Example: *I drink tea/I listen to music*

The passive *is formed using* **être** *in the appropriate tense plus the past participle, which agrees with the thing that is having the action done to it.*

Exemple: L'énergie est gaspillée
Energy is wasted

Pour en savoir plus ➡ page 208, pt 3.11

Vous avez lu cet extrait dans un magazine. Écrivez en français au magazine.

Que faites-vous pour l'environnement?
Est-ce que c'est assez?
Dites quel problème sur l'environnement vous intéresse
Proposez une solution
Qu'est-ce que les gens pourraient faire autrement?

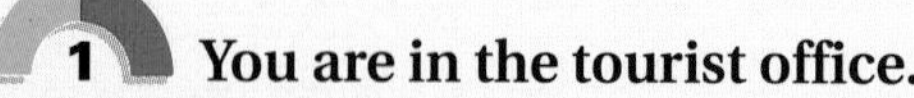

1 **You are in the tourist office.**

A

- Je peux vous aider?
- Il y a le château et le théâtre romain
- Non, à huit cents mètres à peu près Vous y allez comment?
- Vous êtes en vacances?

B

- Ask what there is to see in town
- Ask if they are far
- !
- Say yes and that you will be staying ☽☽☽☽; 7 × ☽; 14 × ☽

In French you say huit jours *for a week and* quinze jours *for a fortnight.*

2 **Prepare a 1-minute speech called 'Ma ville'.**

- Description de votre ville/village
- Situation
- Nombre d'habitants
- Caractère
- Choses à faire
- Préférez-vous la ville ou la campagne? Pourquoi?
- Votre ville idéale

Your examiner may ask ...

1. Quelles différences y-a-t-il entre la vie en France et la vie en Angleterre?
2. Parle-moi un peu des problèmes de la pollution.
3. Tu préfères habiter en ville ou à la campagne?

3 **Using the notes and pictures below give an outline of one day last year when you visited France.**

LE MATIN **1**

À quelle heure?
Le petit déjeuner
Quoi?
Se brosser les dents?

LA VISITE **2**

Visite guidée
Où?
Avec qui?
☹☺ Vos impressions?

L'APRÈS-MIDI **3**

Quoi?
Les magasins

LE SOIR **4**

Où?
Avec qui?

PLUS TARD **5**

À quelle heure?
Vos impressions de la journée?

This type of task is really narration – telling a story. Take the initiative and impress the examiner with things you know well. Don't just lift infinitives, remember to put them in the right tense.

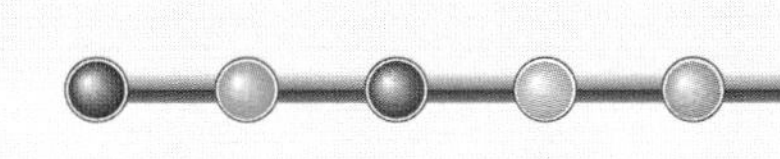

Votre ville jumelée Bourg le Roi vous a envoyé cette petite documentation.

BOURG LE ROI

***Bourg le Roi, petit village médiéval**, est une commune du nord de la Sarthe, Située à 38 km du Mans, à 12 km d'Alençon et à 4 km à l'Est de la R.N. 138. Il y a quelques temps encore desservie par le rail (Taxi TER, ligne Le Mans – Alençon), cette agglomération de 330 habitants se classe, avec sa superficie de 36 hectares, la plus petite commune de la Sarthe, la troisième plus petite des Pays de Loire et la dixième plus petite de France métropolitaine.*

***Le caractère fortifié** tient également aux deux portes médiévales de la ville. En complétant avec la motte féodale où subsistent les ruines du donjon du château, on comprend aisément que l'ensemble du site ait été **inscrit à l'inventaire supplémentaire des monuments historiques**.*

***Le caractère rural** du bourg a cependant été préservé. L'habitat est essentiellement composé de maisons anciennes rénovées, au milieu de jardins arborés. Ces maisons basses (très peu d'étages) sont accolées les unes aux autres, dans les rues principales.*

*Enfin, précisons que Bourg le Roi s'inscrit en complémentarité avec **un environnement attrayant** pour les amateurs:*

*– **d'histoire**, avec la proximité du site gallo-romain de Oisseau le Petit où l'on peut voir un Fanum reconstitué,*

*– **de nature**, (randonnée, pêche, V.T.T. etc...) puisque la commune voisine, Cherisay, a mis au point un réseau de circuits de petites randonnées, et que Bourg le Roi est traversée par le G.R.22C permettant de rejoindre notamment les Alpes Mancelles et le massif de la forêt de Perseigne tout proche.*

Les habitants de Bourg le Roi voudraient avoir des renseignements pareils sur votre ville ou village. Répondez en 150–170 mots.

Il faut mentionner:

- la population
- la situation géographique
- les maisons qui se trouvent chez vous
- les industries
- les spécialités régionales
- les attractions

N'oubliez pas de parler de l'histoire de votre ville ou village dans le passé. Mentionnez aussi les projets pour votre ville ou village dans l'avenir ...

When going through your coursework, make sure you have worked through this checklist.

- *Have you checked in the dictionary for any genders you're not sure of?*
- *Are you sure you have used the correct articles?*
- *Have you checked that all your adjectives agree in gender and number with the things they are describing?*
- *Have all your present tense verbs got the right endings?*
- *Have all your perfect tense verbs got the right auxiliary verb and the correct past participle?*
- *Are your future endings correct?*
- *Have you used the three tenses above?*
- *Have you included opinions?*

Mots

Situation	*Location*
à la campagne	*in the country*
à la montagne	*in the mountains*
au bord de la mer	*by the seaside*
dans une région	*in a region*
dans l'est	*in the east*
dans le nord	*in the north*
dans le sud-ouest	*in the south-west*
dans le nord-est	*in the north-east*
être situé(e)/se trouver	*to be situated*

Description	*Description*
à 20 000/100 000 habitants	*with 20 000/100 000 inhabitants*
la banlieue	*the suburbs/outskirts*
la capitale	*the capital*
la troisième/quatrième etc ville	*the third/fourth etc biggest town*
les faubourgs	*the suburbs*
une grande ville	*big town/city*
(de taille) moyenne	*medium-sized*
un quartier	*district*
il y a beaucoup de/ plein de/pas mal de	*there are a lot of…*
il n'y a pas de	*there aren't any*

Caractère	*What's it like?*
ancien(ne)	*old*
animé(e)	*busy*
beau/belle	*beautiful*
calme	*quiet*
historique	*historic*
industriel(le)	*industrial*
rural(e)	*rural*
typique	*typical*
vieux/vieille	*old*

Visiter une ville	*Visiting a town*
une cathédrale	*cathedral*
un château	*castle*
une école	*school*
une église	*church*
une gare	*railway station*
un hôpital	*hospital*
un hôtel de ville	*town hall*
un magasin	*shop*
un musée	*museum*
un parc	*park*
une piscine	*swimming pool*
un stade	*stadium*
un syndicat d'initiative	*tourist information centre*

Les fêtes	*Public holidays*
s'amuser	*to enjoy yourself/ to have fun*
un bal	*dance*
boire	*to drink*
un cadeau	*present*
chanter	*to sing*
un concert	*concert*
un concours	*competition*
danser	*to dance*
un défilé	*procession*
se déguiser (en …)	*to dress up (as …)*
les feux d'artifice	*fireworks*
jouer (à/à la/au)	*to play*
un jour de congé	*a day's holiday*
manger	*to eat*
marché spécial	*special market*
un spectacle	*show*

La campagne	***The countryside***
un arbre	*tree*
un bois	*wood*
un champ	*field*
un cheval/des chevaux	*horse/horses*
un fermier	*farmer*
une fleur	*flower*
un lac	*lake*
un mouton	*sheep*
la nature	*nature*
une vache	*cow*

Les sortes de logement	***Types of housing***
une cité	*housing estate*
un HLM	*council flat*
une maison individuelle	*detached house*
une maison jumelée	*semi-detached house*
une maison mitoyenne	*terraced house*
un studio	*studio flat*

La ville et la campagne	***Town vs countryside***
animé(e)/ennuyeux/-euse	*busy/dull*
bruyant(e)/calme	*noisy/quiet*
campagnard(e)/urbain(e)	*countrified/urban*
les distractions	*attractions/things to do*
pollué(e)/sain(e)	*polluted/healthy*
la pollution	*pollution*
sale/propre	*clean/dirty*
D'un côté …, d'un autre côté …	*On the one hand … on the other …*
L'avantage c'est de …	*The advantage is …*
L'inconvénient c'est de …	*The drawback is …*
Le mieux c'est de …	*The best thing is ….*
Le pire c'est de …	*The worst thing is …*

Décrire un pays	***Describing a country***
C'est un pays qui se trouve …	*The country is situated …*
En ce qui concerne le climat …	*The climate/weather is …*
Les attractions principales sont …	*The main places of interest are …*
Les industries importantes sont …	*The main industries are …*
Les villes principales sont …	*The major cities are …*

L'environnement	***The environment***
le bruit	*noise*
conserver	*to save*
les déchets	*rubbish*
l'emballage	*packaging*
le gaspillage	*wasting/squandering*
gaspiller	*to waste*
le matérialisme	*materialism*
les papiers par terre	*litter*
les produits recyclés	*recycled products*
les produits verts	*environmentally-friendly products*
protéger	*protect*
le recyclage	*recycling*
recycler	*to recycle*
les ressources de la terre	*natural resources*
les transports en commun	*public transport*
trier	*to sort out (rubbish)*

Aux magasins

1a Qu'est-ce qu'ils cherchent? Notez le nom du magasin en anglais et en français. (1–10) (Notez aussi la position si possible!)

Vous ouvrez à quelle heure?
Vous fermez à quelle heure?
Votre magasin est ouvert à partir de quelle heure?
Votre magasin ferme à quelle heure?

1b Indiquez le panneau correct. (1–5)

a Congé annuel

b Heures d'ouverture strictement limitées. Veuillez téléphoner au 04-08-87-00-53 pour prendre rendez-vous.

c 8h00 – 12h30
– Ouvert –
14h00 – 19h00

d *Hôtel le Vieux Moulin fermé du 23 déc. au 18 janv., jeudi midi et mercredi, d'octobre à avril.*

e Fermé le lundi

2a Complétez ces phrases avec une quantité.

1 un ______ de chips
2 un ______ de yaourt
3 un ______ de lait
4 200 ______ de fromage
5 une ______ de Coca
6 un ______ de raisin
7 une ______ d'eau minérale

Une boîte *can also mean a can or a tin or a box.*

boîte	bouteille
pot	grammes
litre	kilo
paquet	

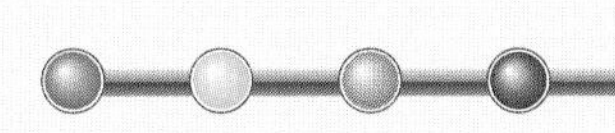

2b Formez des phrases logiques.

1 une boîte de
2 une bouteille de
3 une douzaine d'
4 200 grammes de
5 2 kilos de
6 un litre de
7 un paquet de
8 un pot de
9 un sac de

Rappel

After quantities, use ***de***

Exemple: a box of chocolates = *une boîte* ***de*** *chocolats*
lots of shops = *beaucoup* ***de*** *magasins*

2c Écoutez ces conversations à l'épicerie. (1–4) Notez les détails qui manquent.

Vendeuse: Bonjour, monsieur. Vous désirez?
Client: Avez-vous des **a** ?
Vendeuse: Oui, combien en voulez-vous?
Client: Donnez-moi **b** , s'il vous plaît.
Vendeuse: Voilà. Et avec ça?
Client: Je voudrais **c** de **d** , s'il vous plaît.
Vendeuse: **c** de **d** , voilà. Voulez-vous autre chose?
Client: Non, c'est tout. Ça fait combien?
Vendeuse: Ça fait **e** .

2d À deux. Faites des conversations en utilisant les modèles ci-dessus.

2e Préparez une liste pour un pique-nique pour votre classe entière.

Exemple:

6 baguettes
2 kilos de pâté ...

Qu'est-ce qu'ils veulent acheter?
Notez le vêtement, la couleur, et s'ils l'ont dans le magasin ou pas. (1–6)

> Je voudrais …
> Avez-vous …?
> Je cherche …
> Il n'y a plus de …

Préparez ces phrases en français:

1 Say you would like .

2 Ask if they have any  .

3 Say you are looking for  .

4 Ask if they have any  .

5 Say you would like  .

6 Say you are looking for 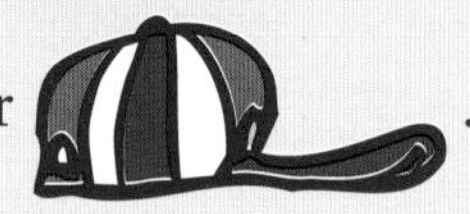 .

Lisez l'affiche et répondez aux questions en anglais.

BOUTIQUE SPORT

Le survêtement adulte bicolore SANTORINI
Blouson: 2 poches zippées
Jogging: 2 poches côtés
100% polyester
€67,70

Le bikini St Tropez
2 pièces avec fines bretelles
Un prix unique pour toutes les tailles
€18,30

Le sweat capuche adulte essentiel NPF
Poche kangourou. 100% coton
€43,50

La casquette N·E·W·J·O·Y
Blanc, beige, gris ou noir
€14,50

Les baskets voucher
Pour joueurs sérieux ou occasionnels, sur tous terrains.
Dessus cuir. Coussin d'air visible.
Commandez 1 pointure de plus que votre pointure normale.
€83

Le pull COL V
En vert clair, bleu clair ou bleu foncé
100% laine pure
€64,80

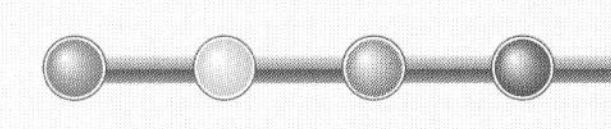

1 What colours of jumper are available? (3)
2 What are the trainers made of? (1)
3 I want a bikini. How much will it cost? (1)
4 How do I know what size trainers I should order? (1)
5 What is the jumper made of? (1)
6 What colour of baseball cap can I get? (4)
7 Describe the tracksuit. (4)
8 Are the trainers suitable for inside and outside use? (1)

C'est à quel étage?

1 Je cherche une robe.
2 Où est le rayon des CD?
3 Je voudrais acheter une carte d'anniversaire française.
4 Où sont les parapluies, s'il vous plaît?
5 Vous vendez des magnétoscopes?
6 Je voudrais changer des chèques de voyage.
7 Où est-ce qu'on peut acheter des provisions pour un pique-nique?
8 Je cherche un appareil-photo.

alimentation

Au rez-de-chaussée

accessoires parfumerie papeterie librairie souvenirs

vêtements pour femme
tout pour la maison
maison des cadeaux

Au deuxième étage

vêtements pour enfants
vêtements pour homme
chaussures

jouets
musique
électroménager/photo
bureau de change

1 *On fait des achats*

Going shopping

Lisez le texte et remplissez les blancs dans les phrases ci-dessous:

Guide touristique de Corbières en Minervois

Foires et marchés

Lundi matin	Saint-Laurent	Marché
Jeudi matin	Thèzan Corbières	Marché
Toute la semaine	Montredon	Marché

Épicerie La Rondelle, ouverte tous les jours sauf le mardi.
Charcuterie/Traiteur: La Bastide en face de l'église.
La Halle aux Chaussures: Route de Rieux

Printemps – renseignements pratiques

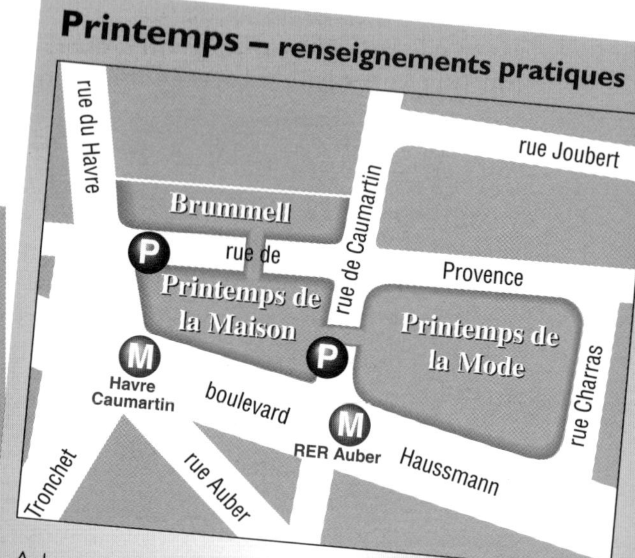

Adresse du magasin	64, boulevard Haussmann 75009 PARIS
Téléphone	01.42.82.50.00
Fax	01.42.82.45.22
E-mail	infos@printemps.fr
Métro	Havre-Caumartin
R.E.R.	Auber
Parking	rue Charras par le boulevard Haussmann, rue de Provence par la rue du Havre
Horaires d'ouverture	du lundi au samedi de 9h35 à 19h00, nocturne le jeudi jusqu'à 22h00

1 Si vous vous intéressez à la mode, vous irez au ▬▬▬.
2 Si vous voulez aller au marché le vendredi, vous irez à ▬▬▬.
3 Au Printemps, vous pourrez faire vos achats le jeudi jusqu'à ▬▬▬.
4 Si vous voulez acheter des baskets pour votre frère, vous irez à la ▬▬▬.
5 Si vous voulez acheter du pâté, vous irez ▬▬▬.
6 Si vous voulez acheter des légumes, vous irez ▬▬▬.

Look for the clues in the questions for reading. You don't have to understand every word. Sometimes, you can work the answers out.

Rappel

Remember, the **future tense** is formed with a future stem and the endings *-ai, -as, -a, -ons, -ez, -ont.*
In task 1 you can see two irregular forms ***aller*** → ***ir-*** and ***pouvoir*** → ***pourr-*** see page 221

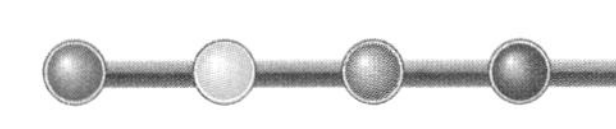

2a Écoutez bien et décidez s'ils sont pour ou contre les grandes surfaces, ou s'ils sont sans opinion. (1–4)

	Pour	Contre	Sans opinion
1			
2			

2b Écoutez une deuxième fois et prenez des notes en français sur les opinions des quatre personnes.

2c Vous êtes pour ou contre les grandes surfaces? Et le shopping le dimanche? Écrivez votre point de vue au magazine. Servez-vous des phrases à côté.

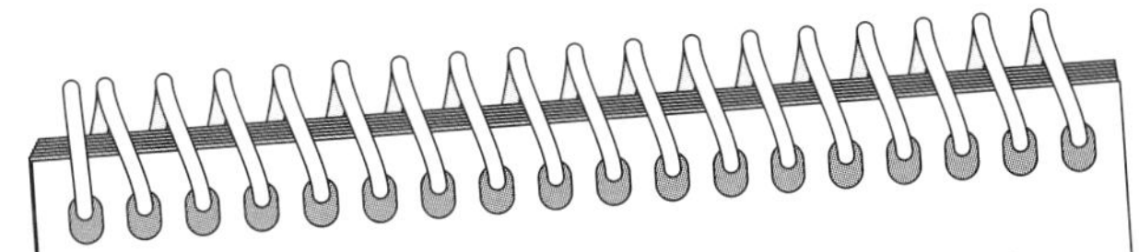

Je préfère les petits magasins ou les marchés,
- c'est plus intime
- il y a plus de choix
- c'est toujours rapide
- on peut garer sa voiture facilement
- c'est moins cher
- on peut goûter les produits
- c'est plus traditionnel
- il y a beaucoup de monde
- c'est plus humain
- j'ai horreur de faire la queue
- j'aime les caddies
- le rapport qualité-prix est meilleur

3a Copiez et remplissez la grille. (1–5)

	Lieu	Magasins	Produits
1			
2			

3b À deux. En français:

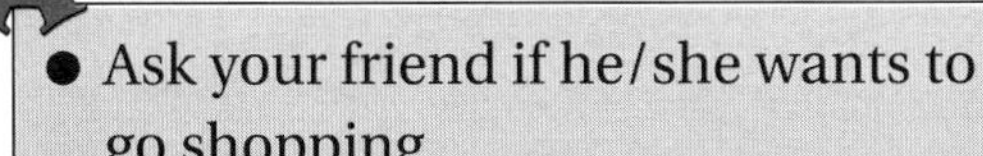

A	B
• Ask your friend if he/she wants to go shopping	• Agree to the suggestion
• Suggest a time to meet	• Suggest a different time. Ask where you should meet
• Say OK. Suggest you meet in front of Printemps	• Agree to the suggested rendez-vous
• Ask what your friend wants to buy	• Say what you are looking for

2 Les fringues

Shopping for clothes

1a Mettez les phrases dans le bon ordre pour faire une conversation au magasin de vêtements.

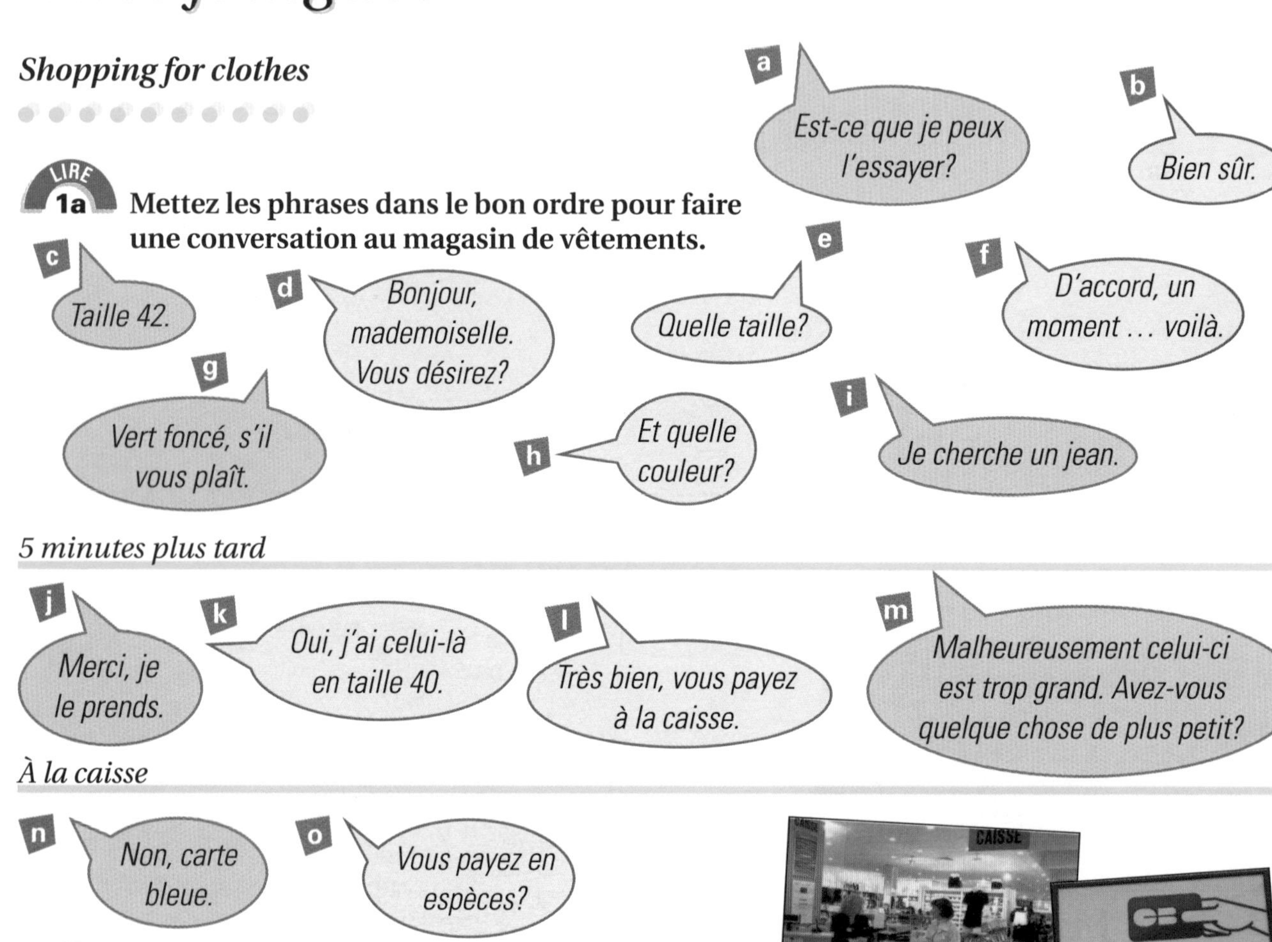

1b Écoutez la cassette pour voir si vous avez raison.

1c À deux. Faites cinq conversations suivant le modèle ci-dessus.

Rappel

*je **le** prends* = I'll take it
*je **la** prends* = I'll take it
*je **les** prends* = I'll take them
See page 215

Non, je ne l'aime pas
Je ne le prends pas
Non merci, je veux quelque chose de plus …

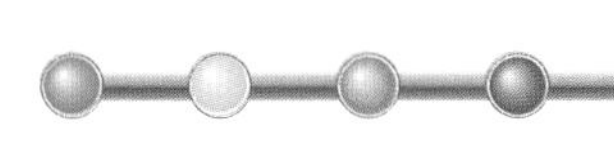

À trois. Vous faites du shopping avec un ami/une amie. Répétez cette conversation.

- **Je cherche un pantalon. J'aime bien celui-ci en jean délavé.**
- **Non, moi, je préfère celui-là en cuir. Il est super.**
- **Je peux vous aider?**
- **Oui, je voudrais essayer ce pantalon en jean délavé et celui-là en cuir.**
- **Vous faites quelle taille?**
- **Je fais du 44.**
- **Où est la cabine d'essayage?**
- **Au fond du magasin.**
- **Il te va bien celui en cuir?**
- **Non, il est trop petit.**
- **Dommage. Et celui en jean délavé?**
- **Oui, parfait.**
- **Alors?**
- **Je prends celui-là.**
- **D'accord. Vous payez en espèces?**
- **Oui … ah non, j'ai oublié mon porte-monnaie!**

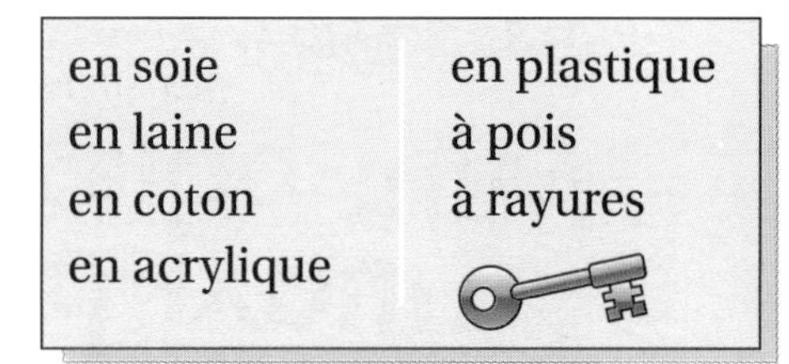

en soie	en plastique
en laine	à pois
en coton	à rayures
en acrylique	

Faites deux autres conversations. Changez les détails soulignés.

Le détective

To say this one, that one, these or those is easy:

masculine singular	celui	
feminine singular	celle	+ -ci
masculine plural	ceux	+ -là
feminine plural	celles	

You can be specific by saying:
Celle-ci ou celle-là? *This one or that one?*

Pour en savoir plus ➡ page 218, pt 7.10

Je peux l'échanger?
Pouvez-vous me rembourser?
Avez-vous le reçu?
Je pourrais vous donner un crédit

Écoutez ces conversations et choisissez la bonne image. (1–6)

ÉCRIRE 3b Écrivez un scénario dans un magasin d'enfer. Le vendeur est mal poli, les vêtements sont affreux …

3 *L'argent de poche*

Spending your pocket money

1a Voici votre liste. Quel produit choisissez-vous?

1 Boissons pour Brigitte qui fait régime
2 2 boissons pour la fête d'anniversaire d'Anne-Sophie (8 ans)
3 Boissons pour les pique-niques des jumeaux (4 ans)
4 Boissons pour les joueurs de tennis de la famille
5 Dessert pour soirée sophistiquée
6 Sorte de glace pour toute la famille
7 Repas végétarien pour Martin

EN RAYON CHEZ AUCHAN

Mini-boissons maxi-pratiques!

Avec des bulles
Délicieuse au goûter ou à tous moments de la journée, la limonade blanche Rik et Rok, 4 x 50cl, **9F 90** (1€ 51).

Pétillant!
Une délicieuse boisson au goût cc très appréciée des enfants: Planet Cola 4 x 50 ml, **13F 95** (2€ 13).

Briquettes
Idéales pour les petits, les briquettes de jus de fruit Rik et Rok orange-pêche-abricot ou ananas ou pomme, 6 x 20 cl, **9F 90** (1€ 51).

Idéale pour le sport
L'eau minérale naturelle Volvic, facile à boire grâce à son bouchon sport, 4 x 1l., **9F 95** (1€ 52).

Thé glacé?
Désaltérant, le thé glacé aromatisé à la pêche. Lipton Ice Tea light pêche, 6 x 33 cl, **16F 95** (2€ 58).

Pour la ligne
Recommandée à ceux qui surveillent leur ligne, l'eau de beauté Contrex, 6x33 cl, **24F 95** (3€ 80).

Babas au rhum
Deux babas imbibés d'un sirop de rhum, recouverts d'une onctueuse crème anglaise... De quoi fondre de plaisir! 280g: **9F 90** (1€ 51).

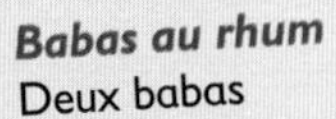

Sorbets
Offrez à toute la famille un peu de fraîcheur cet été en composant avec ces délicieux sorbets des desserts glacés aux saveurs variées. 1L: **16 F 90** (2€ 58).

Tropic
De délicieux bonbons acidulés fourrés aux arômes exotiques: ananas, citron vert, orange, banane, mandarine. 300g: **7F 80** (1€ 19).

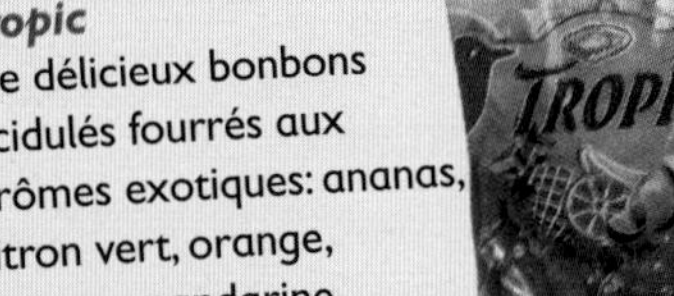

Multi frutti
Un assortiment de bonbons tendres aux arômes variés: citron, orange, fraise, pomme et cerise. 450g: **9F 40** (1€ 43).

Pizzas pâte crue 3 fromages
L'edamer, l'emmenthal et la mozzarella forment un savoureux mélange de fromages fondus à la cuisson. La pâte lève et cuit dans votre four, devenant moelleuse et croustillante. 580g: **19F 90** (3€ 03).

1b Écoutez les offres spéciales, cette semaine. Prenez des notes dans votre carnet. (1–10)

Exemple:

1 saumon de Norvège

2a Sondage au Printemps: qu'est-ce que tu fais de ton argent de poche?

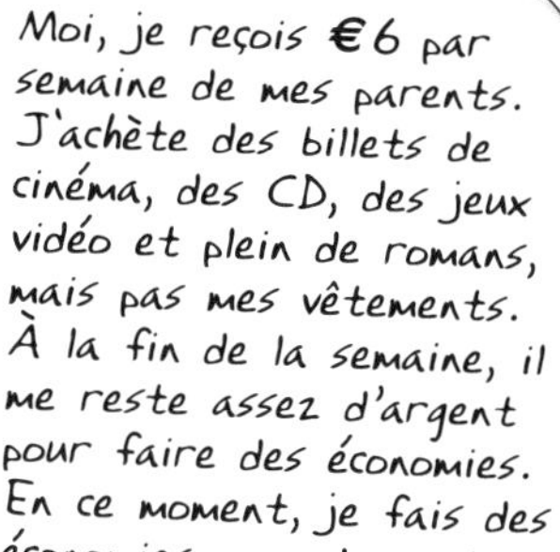

Je reçois de l'argent de poche de mes parents. J'ai €5 par semaine. Avec mon argent, j'achète des bonbons, des cadeaux, et des magazines d'ordinateur. Je fais des économies pour un portable et une moto. Je trouve que j'ai assez d'argent de poche, parce que mes parents me paient mes vêtements et mes billets de bus.

Olivier, 16 ans

Je viens souvent en ville pour dépenser mon argent de poche. Je reçois € 30 par mois de ma mère. Ce que j'aime acheter le plus, ce sont les vêtements. J'ai le droit de choisir ce que je veux, mais je dois les acheter toute seule. Ma mère m'achète des chaussures pour le collège, et c'est tout. J'achète aussi des bijoux, du maquillage, et des magazines de mode. Je fais des économies pour un appareil-photo. J'aimerais avoir un peu plus d'argent par mois, parce que les vêtements coûtent très cher.

Angélique, 15 ans

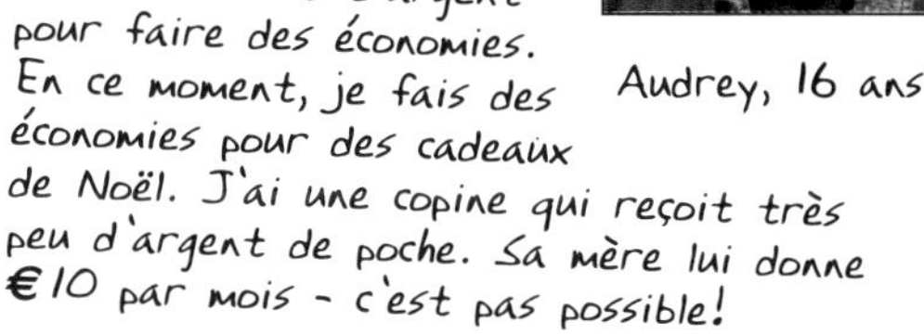

Moi, je reçois €6 par semaine de mes parents. J'achète des billets de cinéma, des CD, des jeux vidéo et plein de romans, mais pas mes vêtements. À la fin de la semaine, il me reste assez d'argent pour faire des économies. En ce moment, je fais des économies pour des cadeaux de Noël. J'ai une copine qui reçoit très peu d'argent de poche. Sa mère lui donne €10 par mois – c'est pas possible!

Audrey, 16 ans

Mon papa me donne €20 par mois. Ça ne me suffit pas. Je dois payer tout, y compris mes vêtements. Mon père m'achète le matériel pour le collège: mes cahiers, mes livres, mes crayons et le reste. Je trouve que ce n'est pas juste. Je ne peux pas faire d'économies car je n'ai pas assez d'argent.

Yann, 15 ans

Qui:

1. aime acheter du maquillage?
2. achète beaucoup de livres?
3. reçoit son argent de poche de son père?
4. reçoit le plus d'argent de poche?
5. font des économies?
6. ne sont pas contents de leur argent de poche?
7. achètent des magazines?
8. doivent acheter leurs vêtements?

Look at the verbs to see if the answer is one or more than one person.

Le détective

***Indirect object pronouns** translate as **to me**, **to her**, etc.*

Mon papa me donne €20
My dad gives me €20.
Sa mère lui donne €10 par mois
Her mother gives her €10 per month.

Pour en savoir plus ➡ page 216, pt 7.3

2b Copiez et complétez la grille en français. (1–5)

Prénom	Combien?	Quand?	De qui?	Achète?

2c Faites un sondage au sujet de l'argent de poche. Commentez vos résultats.

Exemple:

x personnes reçoivent entre x euros et x euros par semaine
x personnes dépensent leur argent en ...
x personnes font des économies pour ...
x personnes sont satisfaites/ne sont pas satisfaites

2d Préparez un paragraphe sur votre argent de poche (réel ou imaginaire).

4 À la poste et à la banque

Sending letters and making calls

1a À deux. Faites cette conversation.

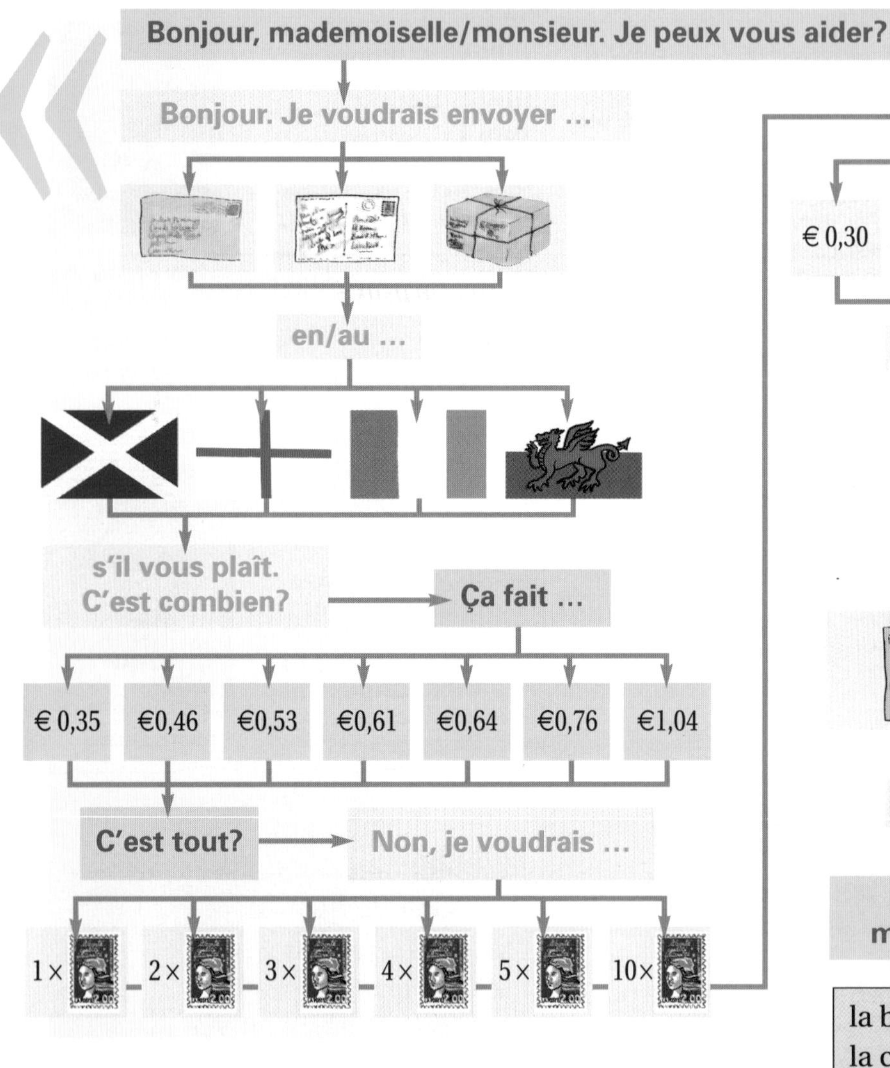

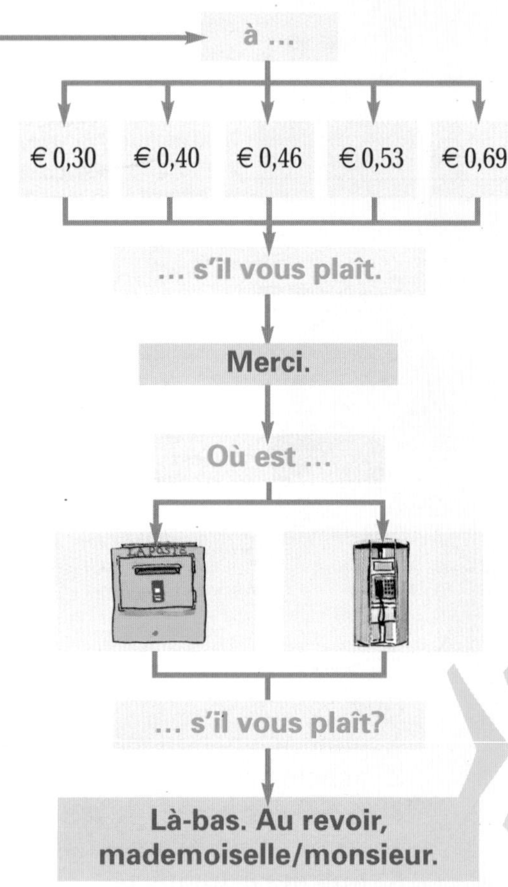

la boîte aux lettres
la cabine téléphonique

1b Qui parle? (1–6)

- Juliette
- Boris ?
- Anna
- Marie-Claire
- Yann ?
- Thomas

2a Mettez les instructions dans le bon ordre pour faire un appel téléphonique.

Décrocher …

1	attendre	la télécarte
2	introduire	l'indicatif du pays
3	composer	l'indicatif de la ville
4	faire	le numéro
5	faire	la tonalité

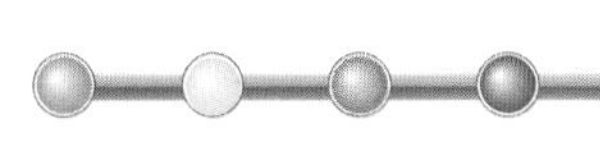

Écrivez des instructions en français sur le mode d'emploi d'un téléphone dans une cabine téléphonique britannique.

Vous êtes à la banque. Faites correspondre la question et la réponse.

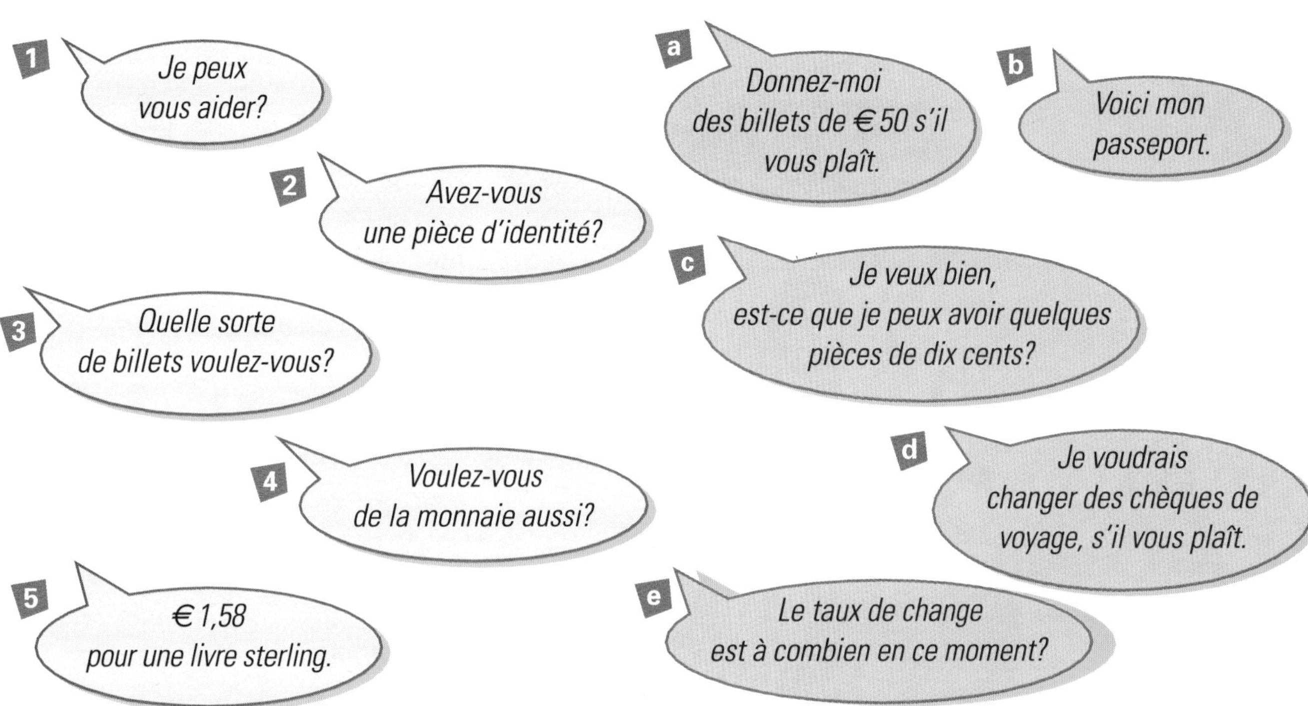

100 cents (centièmes) = € 1

À deux. En français:

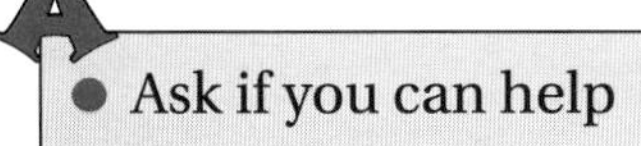

A

- Ask if you can help
- Ask how they would like the money
- Ask for some proof of identity
- Say it's not possible. Suggest using the cash machine

B

- Say you want to change some travellers' cheques
- Say you want € 50 notes and some 10 cent coins. Say you'd also like to change £50
- Say you've forgotten your passport
- Say thank you and goodbye

le distributeur automatique *cash machine*

Copiez et complétez la grille. (1–6)

	Veut?	Problème?
1	*acheter des timbres*	*ne vend pas de timbres*

5 *Je suis perdue!*

Reporting a loss

1a **Écoutez et lisez, puis trouvez le français pour les expressions suivantes:**

1 Where were you?
2 Everything was in it
3 I left it
4 What colour was the umbrella?
5 This morning at about ten

1b **Vous êtes Mimi. Écrivez des annonces afin de retrouver vos affaires.**

Exemple:

Perdu le 10 octobre dans l'autobus numéro 18 en provenance de la tour Eiffel à destination de l'Arc de triomphe - bonnet chic et cher.

2 **À deux. Regardez les images. Faites des conversations suivant le modèle ci-dessous.**

Exemple: **a**

- **Je peux vous aider?**
- **Oui, j'ai perdu mon appareil-photo.**
- **Vous l'avez perdu où?**
- **Dans le métro, je crois.**
- **À quelle heure?**
- **À dix heures.**
- **Votre nom s'il vous plaît?**
- ____________
- **Et votre adresse?**
- ____________
- **Nous vous contacterons si nous retrouvons votre appareil-photo.**

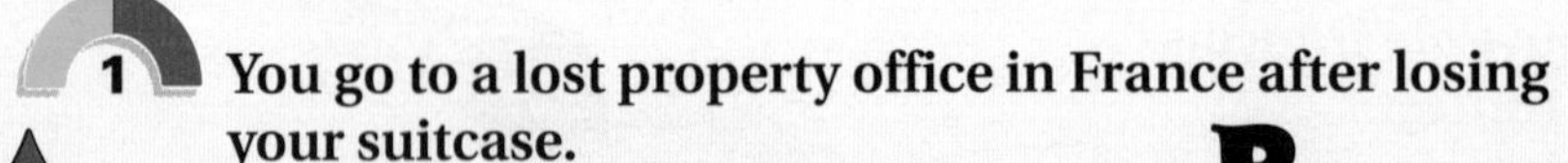

1 You go to a lost property office in France after losing your suitcase.

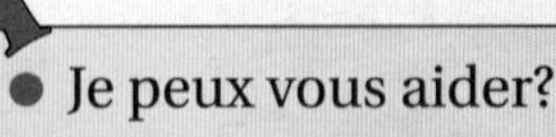

A

- Je peux vous aider?
- Quand est-ce que vous l'avez vue pour la dernière fois?
- Votre nom s'il vous plaît? Comment est-ce que je peux vous contacter?
- D'accord. Vous passez combien de temps en France?

B

- Say you have lost your suitcase. Give 4 details about the case and its contents
- Say when and where you lost it
- Give your name, spell it out and leave a telephone number
- Say how long you're staying for

2 You go to a shop to take back a faulty item.

A

- Ask if you can help
- Ask if they have the receipt
- Say that's not possible, but you can exchange the item
- Say fine, if they insist

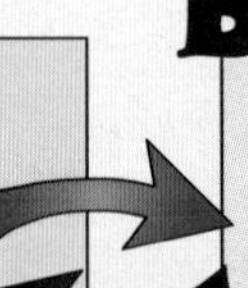

B

- Say you bought a pair of trousers; a shirt; **?** yesterday. Give 2 details of the problem
- Say yes. You would like your money back
- Ask to see the manager

3 Prepare a 1-minute speech about 'Une excursion pour faire le shopping'.

Your examiner may ask ...

1. Tu aimes faire les courses?
2. Où fais-tu les courses?
3. Tu as un magasin préféré?
4. Décris les magasins qui sont près de chez toi.
5. Tu es allé(e) faire les courses le week-end dernier?
6. Qu'est-ce que tu vas acheter avant de partir en vacances?
7. Tu préfères les supermarchés ou les petits magasins?
8. À ton avis, faire les courses, c'est intéressant ou ennuyeux?
9. Si tu avais beaucoup d'argent, où ferais-tu les courses?
10. Tu es pour ou contre le shopping de dimanche?

Où? Quand?
Pendant combien de temps?
Avec qui?
Quel était votre magasin préféré?
Qu'est-ce que vous avez acheté?
Est-ce qu'il y a eu des problèmes?

Préparez 10 questions pour faire un sondage sur le shopping. Puis écrivez 150–170 mots sur vos résultats.

Tout le monde aime le shopping ... c'est bien le cas non? Shopeurope vous propose un prix extraordinaire si vous voulez leur accorder un petit instant!

Pour gagner un week-end à Barcelone pour deux personnes avec un budget personnel de € 300 pour faire le shopping, vous n'avez qu'à formuler un sondage et nous envoyer les résultats!

Merci de nous envoyer votre rapport avant le premier janvier.

Barcelone sera pour le printemps!

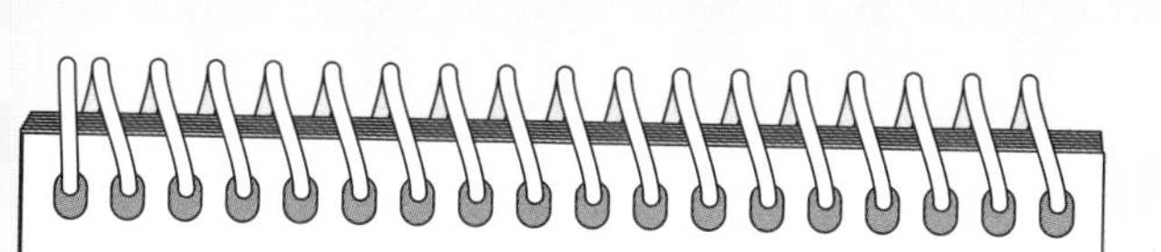

Il faut demander:

- l'opinion des gens sur les grandes surfaces – ils les aiment ou pas? Et pourquoi?
- s'ils sont pour ou contre le shopping sur Internet et pourquoi ...
- ce qu'ils pensent du shopping du dimanche
- ce qu'ils pensent des magasins dans leur ville
- comment ont-ils fait les achats dans le passé?
- comment feront-ils les achats au futur?

This piece of coursework includes a survey and a report. The question forms therefore need to be spot on. Go to page 43 to revise formation of questions. Remember to include questions in the past, present and future.

Use these phrases in your report:

X pour cent des gens interviewés pensent que ...
X *percent of people interviewed think that ...*
La plupart des gens pense que ... *most people think that ...*
Certains croient que ... *some people think that ...*
D'autres disent que ... *others think that ...*
Il est évident que ... *it is evident that ...*
Il est clair que ... *it's clear that ...*
Il y a du pour et du contre ... *there are arguments for and against ...*

Mots

Les quantités	*Quantities*
une boîte de …	*a tin of …*
une bouteille de …	*a bottle of …*
une douzaine de …	*a dozen …*
100/200 grammes de	*100/200 grams of …*
2/3 kilos de …	*2/3 kilos of …*
un litre de …	*a litre of …*
un paquet de …	*a packet of …*
un pot de	*a pot of …*
un sac de …	*a bag of …*
un sachet de …	*a sachet of …*

Les vêtements	*Clothes*
des baskets	*trainers*
un blouson	*jacket*
une casquette	*cap*
des chaussures	*shoes*
une jupe	*skirt*
un maillot de bain	*swimming costume*
un pantalon	*trousers*
un pull	*pullover*
un survêtement	*track suit*
un sweat capuche	*hooded sweatshirt*

Grand magasin	*Department store*
le sous-sol	*basement*
le rez-de-chaussée	*ground floor*
le premier étage	*first floor*
le deuxième étage	*second floor*
le troisième étage	*third floor*

Faire des achats	
un caddie	*shopping trolley*
le choix	*choice*
faire la queue	*to queue up*
garer la voiture	*to park the car*
goûter les produits	*to taste the produce*
une grande surface	*hypermarket*
intime	*intimate*
un petit magasin	*small shop*
rapide	*rapid*
le rapport qualité-prix	*quality-price ratio*
le shopping le dimanche	*Sunday shopping*

Acheter des vêtements	*Clothes shopping*
une cabine d'essayage	*changing room*
la caisse	*cashdesk*
chercher	*to look for*
un crédit	*credit note*
échanger	*to exchange*
essayer	*to try on*
à pois	*spotted*
à rayures	*striped*
en acrylique	*acrylic*
en coton	*cotton*
en laine	*woollen*
en plastique	*plastic*
en soie	*silk*
Je fais du 40/42/44	*I'm (a) size 40/42/44*
Quelle taille?	*What size?*
un reçu	*receipt*
rembourser	*give (sb their) money back*

L'argent de poche	***Pocket money***
acheter	*to buy*
un appareil-photo	*camera*
un billet de cinéma	*cinema ticket*
la bijouterie	*jewellery*
les bonbons	*sweets*
un CD	*CD*
dépenser … sur	*to spend … on*
faire des économies	*to save up*
un jeu-vidéo	*video game*
une magazine d'ordinateur/de mode	*computer/fashion magazine*
le maquillage	*make-up*
une moto	*motorcycle*
payer	*to pay for*
un portable	*mobile phone*
recevoir	*to get/receive*
un roman	*novel*

À la poste	***At the post office***
une boîte aux lettres	*letter box*
une cabine téléphonique	*telephone cabin*
une carte postale	*postcard*
l'indicatif du pays/de la ville	*country/area code*
le numéro	*telephone number*
une télécarte	*telephone card*
un timbre	*stamp*
la tonalité	*dialling tone*

À la banque	***At the bank***
un billet	*banknote*
changer	*to change (money)*
un chèque de voyage	*traveller's cheque*
la monnaie	*small change*
une pièce	*coin*
une pièce d'identité	*means of identification*
le taux de change	*exchange rate*

J'ai perdu …	***I've lost …***
dans l'autobus/le métro/le train	*in the bus/underground/train*
Il y avait tout dedans.	*Everything was in it.*
J'ai laissé …	*I've left …*
J'ai perdu …	*I've lost …*
une montre	*watch*
un parapluie	*umbrella*
un porte-monnaie	*purse*
un sac	*handbag*

En vacances

Recherchez le français pour ces pays dans un dictionnaire et notez s'ils sont masculins ou féminins.

Exemple: Great Britain = la Grande-Bretagne

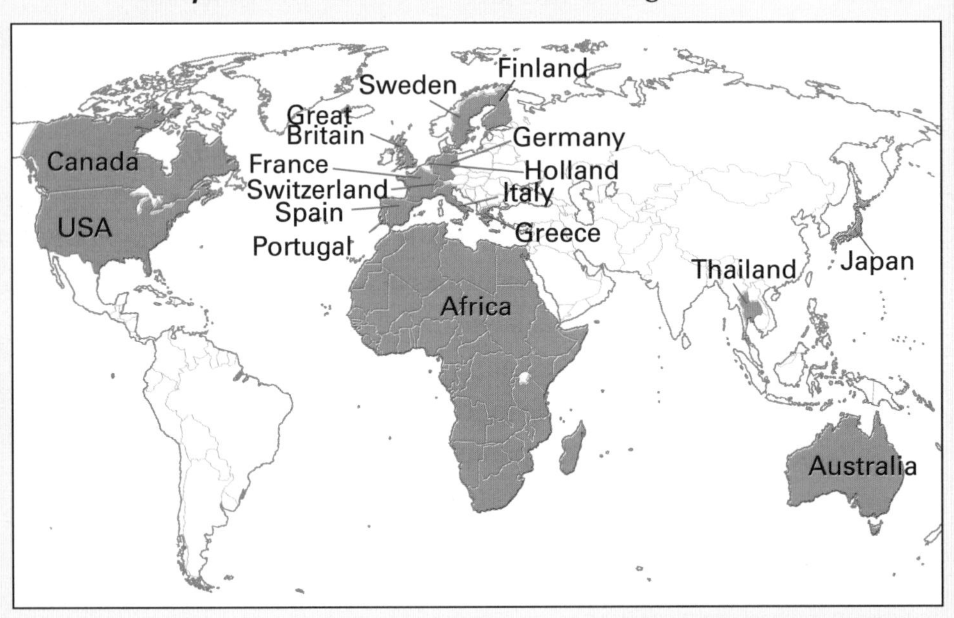

Où est-ce que vous passez vos vacances?

Je passe mes vacances …
en Grande-Bretagne
en Allemagne
en Espagne
en France
en Grèce
en Italie
en Hollande
en Suisse
en Finlande
en Suède
en Afrique
en Australie
en Thaïlande

au Portugal
au Japon
au Canada

aux États-Unis
aux Canaries

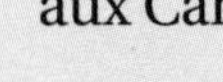

PARLER **1b** **Où est-ce que vous passez vos vacances? Demandez à votre partenaire.**

Le détective

in + feminine name of country = **en**
Exemple: en France
in + masculine name of country = **au**
Exemple: au Canada
in + plural name of country = **aux**
Exemple: aux États-Unis

Pour en savoir plus ➡ page 217, pt 7.5

Remplissez les blancs.

1 En général, les Japonais habitent ▬ ▬▬.
2 En général les Américains habitent ▬ ▬▬ ▬▬.
3 En général les Portugais habitent ▬ ▬▬.
4 En général les Allemands habitent ▬ ▬▬.
5 En général les Grecs habitent ▬ ▬▬.
6 En général les Suédois habitent ▬ ▬▬.

Notez le pays qu'ils préfèrent. (1–10)

Écoutez la météo pour ces régions, et notez le temps pour chaque région.

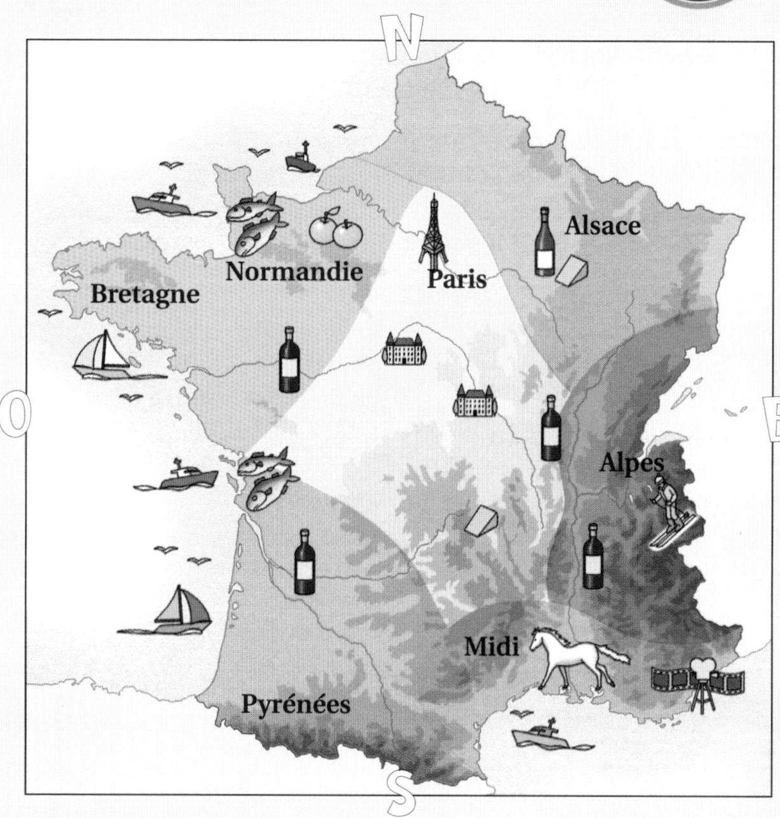

Quel temps fait-il?
il fait beau
il fait mauvais
il fait chaud
il fait froid
il fait du vent
il pleut
il neige
il y a du brouillard

LIRE 2b **Faites correspondre le français aux symboles.**

Il y aura:
1. des éclaircies
2. des averses
3. des orages

Le temps sera:

4. nuageux
5. brumeux
6. variable
7. pluvieux
8. ensoleillé
9. couvert
10. frais

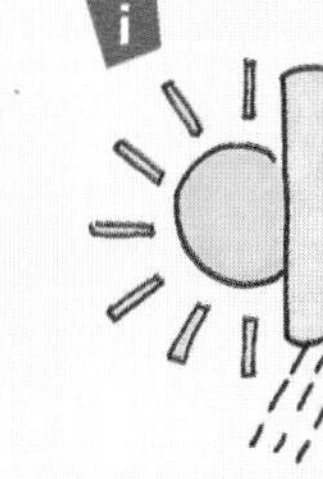

les températures seront	en hausse en baisse

Regardez la météo et décidez si ces phrases sont vraies ou fausses. Corrigez les phrases fausses.

1 Aujourd'hui, il y aura des nuages.
2 Il va pleuvoir dans l'après-midi.
3 Il y aura du brouillard en fin d'après-midi.
4 Mardi il y aura du soleil.
5 Mercredi et jeudi le vent va disparaître.
6 Le soleil se couchera à 6h56.
7 Le jeudi en montagne il y aura de la neige.
8 Aujourd'hui, à Perpignan il fera très froid.

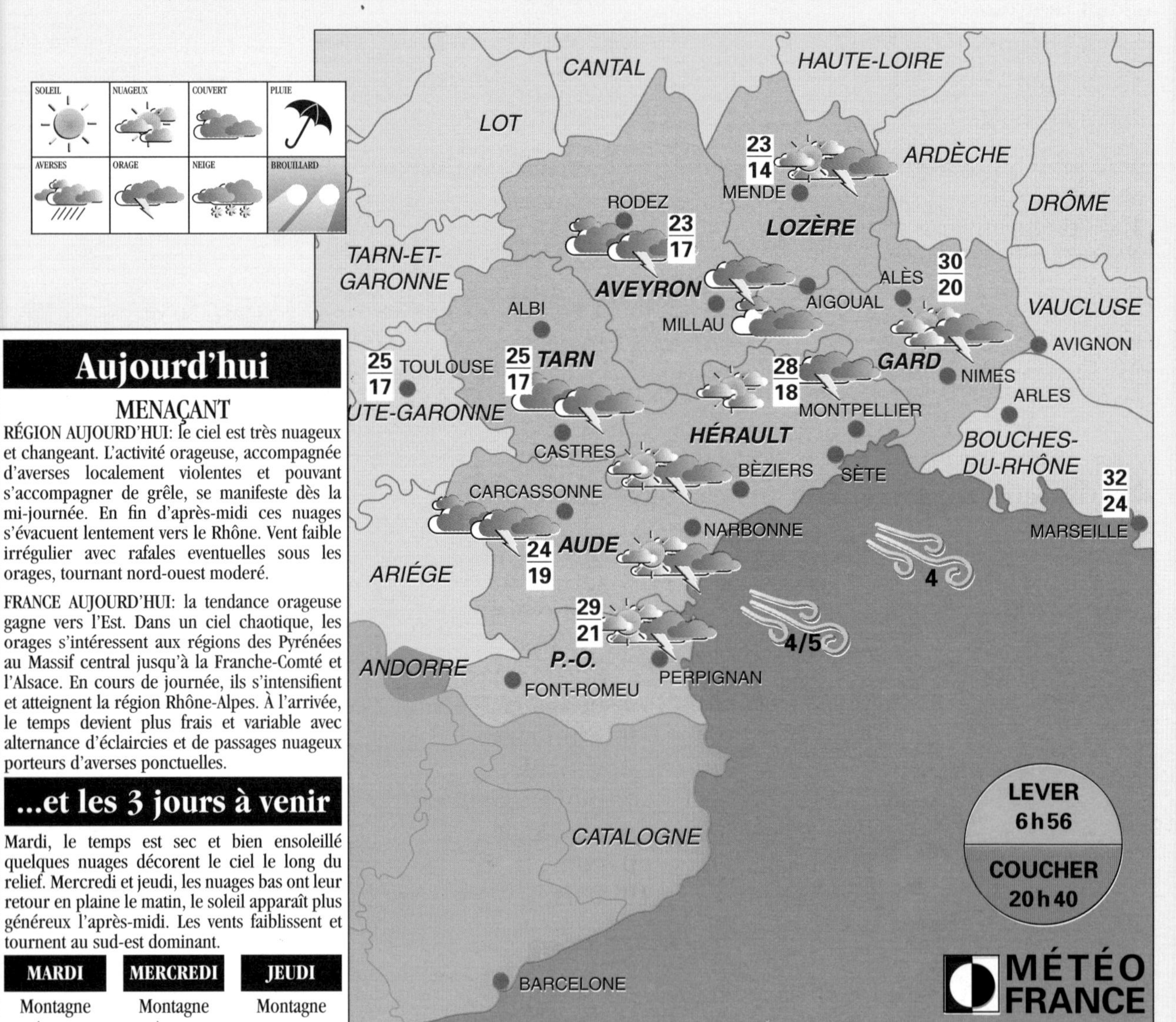

Aujourd'hui

MENAÇANT

RÉGION AUJOURD'HUI: le ciel est très nuageux et changeant. L'activité orageuse, accompagnée d'averses localement violentes et pouvant s'accompagner de grêle, se manifeste dès la mi-journée. En fin d'après-midi ces nuages s'évacuent lentement vers le Rhône. Vent faible irrégulier avec rafales eventuelles sous les orages, tournant nord-ouest moderé.

FRANCE AUJOURD'HUI: la tendance orageuse gagne vers l'Est. Dans un ciel chaotique, les orages s'intéressent aux régions des Pyrénées au Massif central jusqu'à la Franche-Comté et l'Alsace. En cours de journée, ils s'intensifient et atteignent la région Rhône-Alpes. À l'arrivée, le temps devient plus frais et variable avec alternance d'éclaircies et de passages nuageux porteurs d'averses ponctuelles.

...et les 3 jours à venir

Mardi, le temps est sec et bien ensoleillé quelques nuages décorent le ciel le long du relief. Mercredi et jeudi, les nuages bas ont leur retour en plaine le matin, le soleil apparaît plus généreux l'après-midi. Les vents faiblissent et tournent au sud-est dominant.

MARDI	MERCREDI	JEUDI
Montagne	Montagne	Montagne
Plaine	Plaine	Plaine
Littoral	Littoral	Littoral

Faites correspondre le texte à l'image correcte.

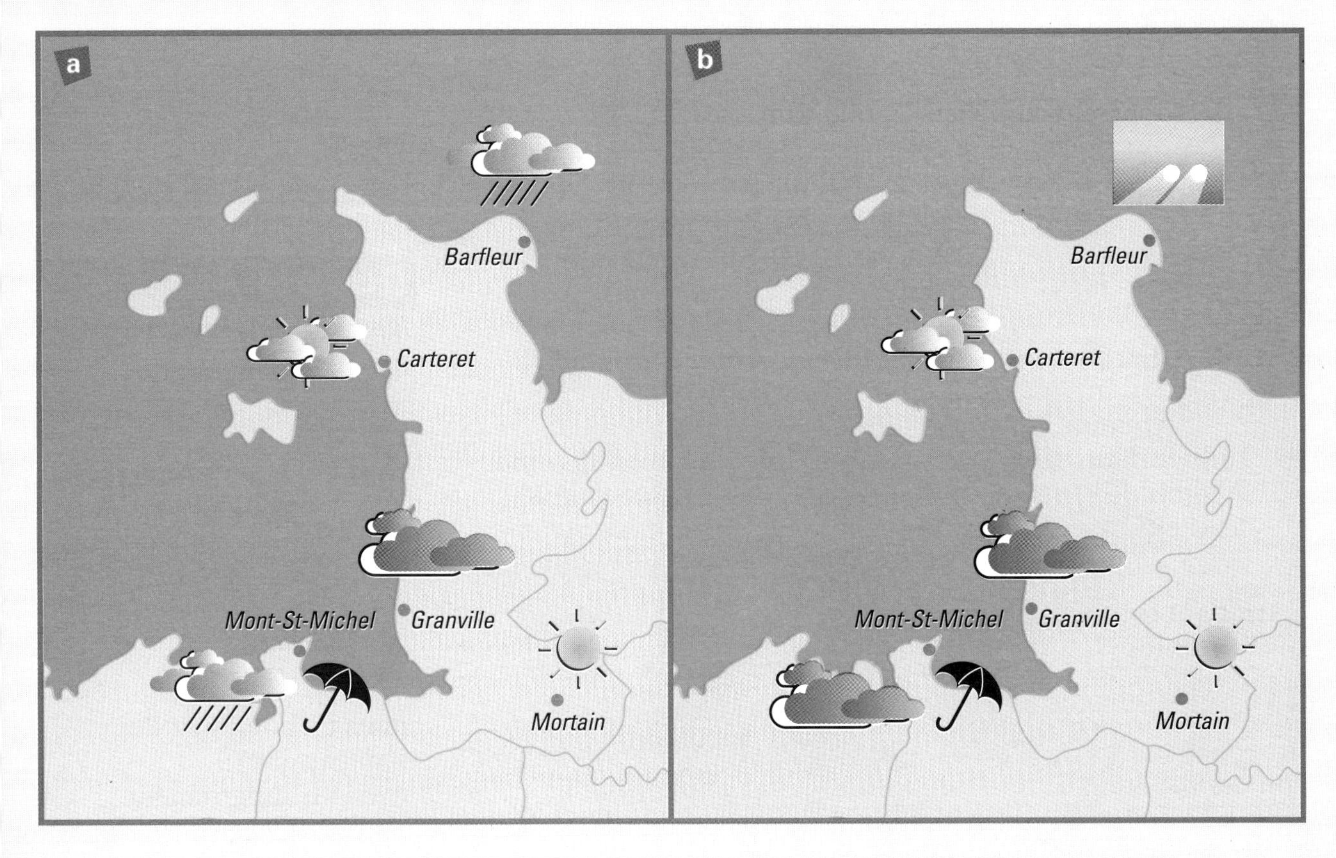

Cotentin: des averses dans le nord-est sur Barfleur, tandis que sur la côte ouest, il y aura des éclaircies à Carteret. Un peu plus bas, encore plus de soleil à Mortain, mais le soleil n'arrivera pas jusqu'à Granville où le temps sera nuageux et au Mont-Saint-Michel, la pluie s'y ajoutera!

Écrivez la météo pour l'autre carte.

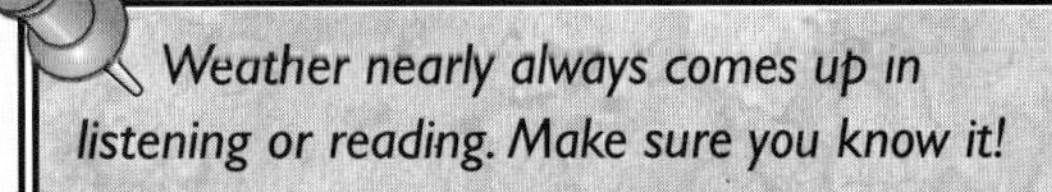

À deux. Choisissez la carte a ou b. Chacun de vous pose la question:

- Quel temps fait-il à …?
- À … il …

en été
en automne
en hiver
au printemps

Écrivez des commentaires destinés aux touristes sur le temps anglais pour les différentes saisons.

1 *Souvenirs de vacances*

Past holidays

ÉCOUTER **1a** Copiez et complétez la grille en français. (1–6)

	Où?	Avec qui?	Resté où?	Combien de temps?	Temps?	Opinion?
1						
2						

Rappel

Revise which verbs take ***avoir/être*** in the **perfect tense**.

See page 204.

1b À deux. Inventez des vacances. Ajoutez des détails.

les vacances passées

Quand?
l'année dernière
au mois de juillet
le week-end dernier

aux États-Unis
en Écosse
en Irlande
en Espagne

Où?
au bord de la mer
à la montagne
à la campagne
dans un petit village

Avec qui?
ma famille
mes grands-parents
mes copains
tout(e) seul(e)

Pendant combien de temps?
8 jours
15 jours
trois semaines
un mois

Logé où?
dans un hôtel 4 étoiles
dans un gîte
dans un appartement
dans un village de vacances

Le voyage?
fatiguant | 10 heures en avion
ennuyeux | 24 heures en bateau

Opinion?
extra ennuyeux
génial affreux
nul

Le temps?
très beau
soleil
neige

Combien de fois?
un jour
tous les jours
tous les soirs

Activités?
ski
ski nautique
visite de monuments
concerts
randonnées

Exemple:

- **Où est-ce que tu as passé les vacances l'année dernière?**
- **L'année dernière, <u>je suis allé(e)</u> en Écosse.**
- **Où as-tu logé?**
- **<u>J'ai passé</u> mes vacances dans un petit hôtel au bord de la mer.**
- **Tu es parti(e) pendant combien de temps?**
- **<u>Je suis parti(e)</u> avec ma famille pendant 15 jours, <u>c'était</u> affreux.**
- **Qu'est-ce que tu as fait le soir?**
- **Un soir <u>on est allé</u> à un concert de musique classique, <u>c'était</u> nul.**
- **Tu as voyagé comment?**
- **<u>J'ai voyagé</u> en voiture. Le voyage a duré 12 heures, <u>c'était</u> barbant. En plus, <u>il a fait</u> un temps affreux. <u>Il a plu</u> tous les jours.**

Le détective

We already know some examples of the ***imperfect tense!***

c'était = *it was* il y avait = *there was*

The imperfect is used for description or to describe an action continuing in the past. It is formed by taking the nous *form of the present tense, removing the* -**ons** *and adding the following endings:* **Exemple**: **faire** = ***to make, to do*** → nous **fais**ons

Je	fais**ais** = *I was taking*	nous	fais**ions**
tu	fais**ais**	vous	fais**iez**
il/elle/on	fais**ait**	ils/elles	fais**aient**

Pour en savoir plus ➡ page 206, pt 3.5

1c Choisissez la bonne réponse à chaque question.

L'année dernière, au mois d'août, j'ai passé mes vacances au bord de la mer. On est allé à Carnac, en Bretagne, où on a loué une maison. On y est resté pendant 15 jours. Il y avait un grand jardin.

J'y suis allé avec ma famille: mon père, ma mère et mes deux sœurs. Pendant la deuxième semaine, des amis de mes parents sont venus nous voir avec leur chien, Rococo. On a joué au foot ensemble.

On a fait plein d'activités. On est allé à la plage tous les jours

pour se baigner, car il faisait du soleil et très chaud: 25 degrés. Un jour, j'ai appris à faire de la planche à voile, mais c'était très difficile.

On a visité le marché à Carnac où j'ai acheté des souvenirs, et on a vu les pierres levées. C'était impressionnant à voir.

Mes vacances étaient vraiment chouettes, et j'aimerais y retourner l'année prochaine, mais cette fois-ci, avec des copains, pas avec ma famille. Passer les vacances en famille, c'est ennuyeux.

Luc

1 Luc, où est-ce qu'il a passé ses vacances l'été dernier?
a en Belgique
b en Grande-Bretagne
c en France

2 Où est-ce qu'il est resté?
a dans une auberge de jeunesse
b dans un gîte
c dans un camping

3 Pendant combien de temps est-ce qu'il est resté?
a une semaine
b deux semaines
c un mois

4 Avec qui est-il parti en vacances?
a ses copains
b sa famille
c ses grands-parents

5 Quel temps faisait-il?
a il faisait beau
b il faisait mauvais
c il pleuvait tous les jours

6 Qu'est-ce qu'il a fait à la plage?
a il a joué au foot
b il a fait de la planche à voile
c il a fait de la natation et de la planche à voile

7 Qu'est-ce qu'il n'a pas fait à Carnac?
a il n'a pas fait d'achats
b il n'a pas visité de site historique
c il n'a pas fait de promenade en bateau

8 Qu'est-ce qu'il pense de ses vacances?
a c'était nul
b c'était formidable
c c'était ennuyeux

1d Écrivez un paragraphe sur vos vacances de l'année dernière.

2 *Au syndicat d'initiative*

Getting information at a tourist office

Qu'est-ce qu'on peut faire dans ces villes? Copiez et complétez la grille. (1–5)

	Activité	Détails
1		
2		

ÉCOUTER 2a **Écoutez la conversation au syndicat d'initiative, et remplissez les blancs.**

- une carte
- bonnes vacances
- une liste de restaurants
- un plan de la ville
- une liste de distractions
- un dépliant
- une liste d'hôtels

Touriste: **Bonjour, madame. Pouvez-vous me renseigner? Je voudrais a, s'il vous plaît.**

Employée: Oui, voilà. C'est gratuit. Je vous donne b sur notre ville, aussi, et c de la région.

Touriste: **Qu'est-ce qu'il faut voir?**

Employée: Il ne faut pas manquer le château – il est merveilleux.

Touriste: **Avez-vous d, madame? Pouvez-vous recommander un bon restaurant?**

Employée: Oui, voilà. Il y a e là-dedans aussi.

Touriste: **Merci beaucoup, madame. Qu'est-ce qu'on peut faire ici?**

Employée: Il y a f dans cette brochure.

Touriste: **Est-ce qu'on peut faire des excursions dans la région?**

Employée: Bien sûr, je vais vous donner une liste.

Touriste: **Est-ce qu'on peut jouer au golf?**

Employée: Oui, il y a un terrain de golf à 5 kilomètres!

Touriste: **Qu'est-ce on peut faire le soir?**

Employée: Eh bien, il y a le casino et beaucoup de boîtes aussi.

Touriste: **Oui, j'ai failli oublier, avez-vous un horaire des bus et des trains?**

Employée: Voilà. g !

À deux. Répétez cette conversation.

Écoutez cette description de Royan. Répondez oui ou non.

1 Est-ce que le musée est ouvert le lundi?
2 Est-ce qu'on peut jouer aux boules?
3 Est-ce qu'on peut faire des promenades en bateau?
4 Les Grottes de Matata, est-ce qu'elles sont ouvertes au mois de janvier?
5 Est-ce qu'on peut faire beaucoup de sports différents à Royan?
6 Est-ce que le Centre Marin est ouvert le 14 juillet?
7 Est-ce que le zoo ferme à 19 heures?
8 Est-ce que je peux faire du cheval quelque part?
9 Est-ce que le musée est ouvert le matin?
10 Est-ce qu'on peut louer une planche à voile?

LIRE
4a Faites correspondre les bulles aux annonces.

1 *Nous cherchons une petite maison pour 15 jours à partir de mi-juin.*

2 *Je voudrais louer une bicyclette.*

3 *On cherche une voiture. On voudrait louer une voiture, c'est possible?*

4 *Je voudrais louer un jet-ski. Pouvez-vous me renseigner?*

a
Location de VTT
02 33 48 17 56

b
Planches à voiles
Bateaux de toutes sortes
Location en face du
Café Régent

c
Autos classiques
Décapotables
4x4
Prix intéressants
05 67 98 12 63

d
Gîtes et caravanes à louer à partir du mois de mai, faites le 04 67 19 70 53

Lisez ce fax.

Suivez ce modèle, et écrivez deux autres lettres. Vous voulez réserver:

1 3 VTTs pour quinze jours du 1 au 15 août.
2 4 planches à voile pour 3 semaines à partir du 2 juillet.

Date: le 5 mai
Attention: Monsieur/Madame
De: Alex Smythe

Je serai en vacances à Nice cet été du 25 juillet au 8 août et je voudrais louer un bateau pour cette période.

Pourriez-vous m'indiquer le prix, ainsi que la disponibilité?

Je vais loger dans L'Hôtel Negresco.

Je vous prie d'agréer Monsieur/Madame, l'expression de mes sentiments les plus distingués.

3 Découverte vacances

Different types of holidays

1a Lisez ces 4 publicités pour des vacances différentes et remplissez les blancs.

1 Si vous vous intéressez au jardinage, vous irez en ______.
2 Si vous aimez le chemin de fer, vous partirez en ______.
3 Si vous voulez découvrir les belles villes de Delhi, Agra et Jaïpur, vous irez en ______.
4 Si vous vous intéressez à l'histoire médiévale, vous choisirez la ______.

Découverte de l'Inde du Nord

Inde 7850F*

Circuit 9 jours/7 nuits de Paris avec la Cie Air India

Partir en Inde:

C'est profiter de son histoire, de ses traditions et de sa culture. C'est profiter de sa cuisine délicieuse, de son artisanat riche et vivant, de son hospitalité légendaire.

- Entre montagnes et plaines, parcourez le Nord de l'Inde le temps d'un circuit inédit de 8 jours et découvrez notamment les trois plus belles cités de la région: Delhi, Agra et Jaïpur.
- Nos itinéraires, nos étapes et nos hôtels ont été sélectionnés avec soin. Vous serez accueillis dans des hôtels confortables, de qualité et de caractère. Ainsi vous ferez un voyage agréable et bien rythmé.
- Nos guides indiens parlent couramment français. Compétents, efficaces et très attachés à leur pays, ils vous le feront découvrir merveilleusement.

Glaciers Suisse

Vous découvrirez, au cœur de la Suisse, une nature à l'état pur. Deux célèbres trains sympathiques et confortables vous feront traverser des paysages fabuleux de montagnes et de glaciers. Vous passerez sur de nombreux ponts et à travers plusieurs tunnels par le col de la Bernina culminant à 2.254m.

Au départ des villes languedociennes
15 août et 19 septembre
À partir de
3 990 F

Au départ de votre région

Andalousie

Circuit Jet bus
7 jours/18 sept. et 30 oct
À partir de **3 990 F**

Dans cette région où les différentes civilisations qui se sont succédées ont laissé derrière elles des monuments prestigieux tels que l'Alhambra de Grenade, le Généralife (œuvre de Charles Quint), ou l'Alcazar. Tout au long de l'itinéraire les villes et les sites sont prestigieux: à Séville la tour de la Giralda, le Palais de l'Alhambra et les jardins de Murillo, à Cordoue la Grande Mosquée des Maures, à Elche l'immense palmeraie.

Carlson Wagonlit Travel **Midi Libre** *voyages* N° Azur 0 810 244 330

Croisière des 5 fleuves

Rhin/Neckar/Main/Moselle/Sarre

Vous partirez tranquillement à la recherche des nombreux châteaux et villages médiévaux et vous vous laisserez glisser au fil de l'eau vers le site légendaire de la Loreley.

Catégorie prestige
Au départ de votre région
11 jours/28 septembre
À partir de
6 990 F

1b Répondez aux questions en anglais.

1 Why go to India? *(6)*
2 Which towns would you visit in India? *(3)*
3 What sort of guide would you have? *(4)*
4 What natural features would you find in Switzerland? *(2)*
5 What important monuments would you find in Andalucia? *(3)*
6 What 5 rivers would you travel along on this German cruise? *(5)*
7 Name 2 things you would visit in Germany. *(2)*

J'aime les visites guidées.
J'aime voyager en autocar.
Je suis à la recherche de choses différentes.
Je veux apprendre à connaître une culture différente.
J'aime rester sur place.
J'aime faire des croisières.
J'aime les grandes aventures.

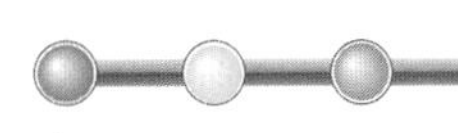

2 Copiez et remplissez la grille. (1–6)

	Aime	Raisons
1		
2		

3 Décidez si les phrases suivantes sont vraies ou fausses.

1 Le quatre juillet est la fête nationale de la France.
2 Le premier mai, on ne travaille pas.
3 La mirabelle est un fruit.
4 Le réveillon se mange lorsqu'on se réveille.
5 En Provence on mange douze desserts.

4 Répondez aux questions en français.

1 Où est-ce que Pierre aime passer ses vacances?
2 Qu'est-ce qu'il n'aime pas faire?
3 Quelle sorte de paysage préfère-t-il?
4 Qu'est-ce qu'il recherche dans ses vacances?
5 Pourquoi est-ce qu'il ne va pas en Inde?

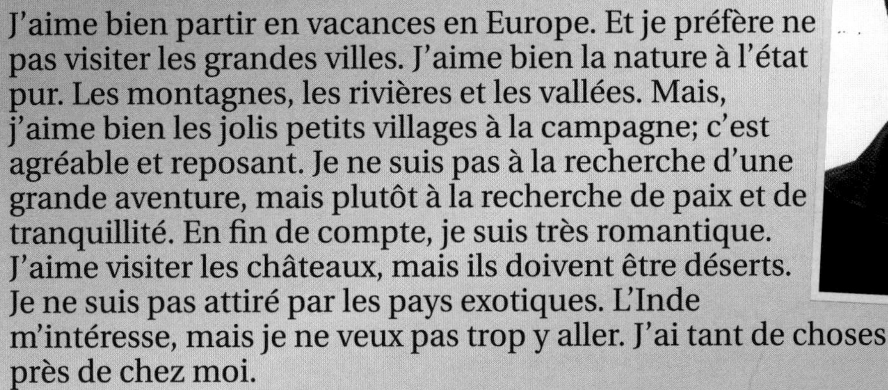

J'aime bien partir en vacances en Europe. Et je préfère ne pas visiter les grandes villes. J'aime bien la nature à l'état pur. Les montagnes, les rivières et les vallées. Mais, j'aime bien les jolis petits villages à la campagne; c'est agréable et reposant. Je ne suis pas à la recherche d'une grande aventure, mais plutôt à la recherche de paix et de tranquillité. En fin de compte, je suis très romantique. J'aime visiter les châteaux, mais ils doivent être déserts. Je ne suis pas attiré par les pays exotiques. L'Inde m'intéresse, mais je ne veux pas trop y aller. J'ai tant de choses près de chez moi.

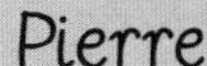

Pierre

5 À quatre. Regardez les publicités **1a** pour les vacances. Vous êtes 4 membres d'une famille et vous partez en vacances. Essayez de persuader les autres membres de votre famille de partir où vous voudrez.

Maman: vous voulez partir en Inde.
Papa: vous voulez prendre le train en Suisse.
Petit garçon: vous voulez visiter l'Espagne.
Petite fille: vous voulez prendre le bateau en Allemagne.

6 Écrivez un paragraphe de 75 mots sur le genre de vacances que vous préférez. N'oubliez pas de donner des raisons pour votre réponse.

4 *L'hébergement*

Talking about places to stay

1a Écoutez et lisez cette conversation.

Cliente: Avez-vous une chambre de libre, s'il vous plaît?

Employé: Ah non, je regrette, nous sommes complets. ... Attendez ..., quelle sorte de chambre voulez-vous?

Cliente: Je voudrais une chambre pour deux personnes avec salle de bains et un grand lit. Il nous faut un grand lit.

Employé: C'est pour combien de nuits?

Cliente: C'est pour trois nuits.

Employé: Ah non, je regrette. Je peux vous offrir deux nuits et c'est tout.

Cliente: Ah, je ne sais pas ... On peut voir la chambre?

Employé: Avec plaisir ...

Cliente: Et ... c'est combien par nuit?

Employé: C'est €28,70 par nuit.

Cliente: Très bien. C'est bon. Est-ce qu'il y a un restaurant?

Employé: Oui, au rez-de-chaussée.

Cliente: S'il vous plaît, le petit déjeuner est à quelle heure?

Employé: Le petit déjeuner est servi au restaurant à partir de 7h30 jusqu'à 10h.

Cliente: D'accord.

1b Notez les détails suivants pour chaque conversation (1–4).

1 la sorte de chambre

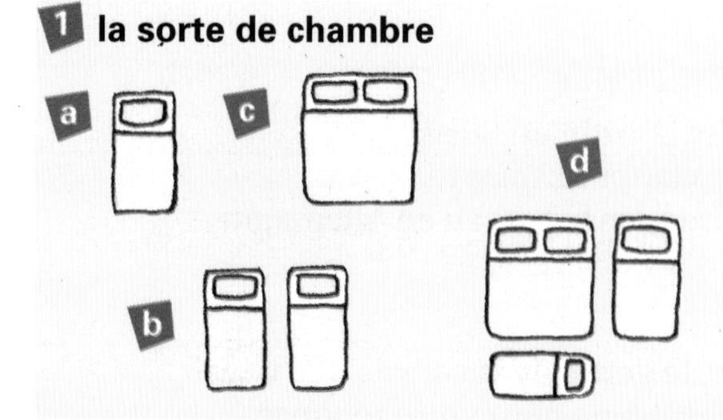

2 ce qu'il y a dans la chambre

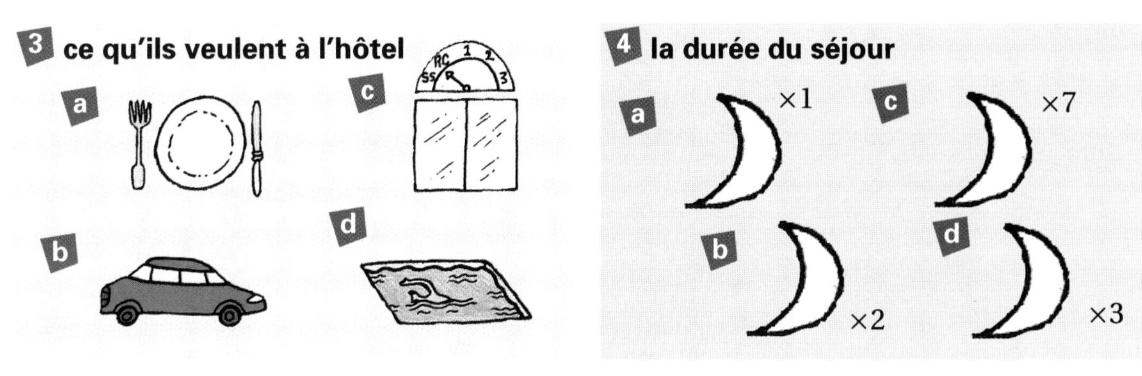

Faites ces conversations en utilisant la conversation 1a comme modèle.

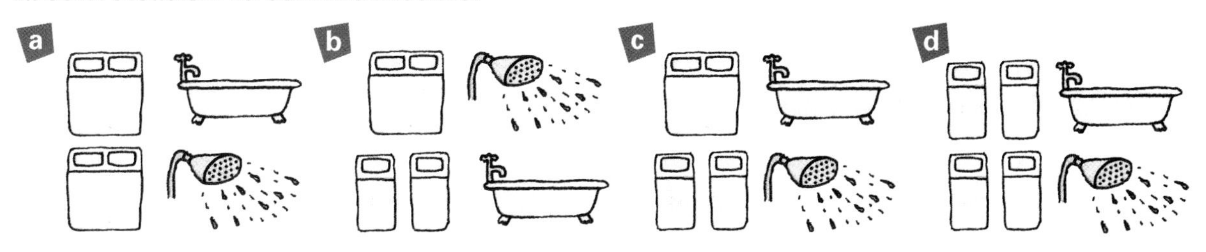

Écrivez deux lettres pour réserver des chambres en utilisant les détails ci-dessous.

Monsieur,

Je vous écris pour réserver des chambres dans votre hôtel.

Je voudrais réserver deux chambres: une chambre pour deux personnes avec un grand lit et une salle de bains, et une chambre pour deux personnes avec deux petits lits et une douche. Nous voudrions rester pour deux nuits, du 29 au 31 juillet.

Est-ce qu'il y a un restaurant à l'hôtel?

Voudriez-vous bien confirmer ma réservation, s'il vous plaît. Nous espérons arriver à l'hôtel vers 20h, le 29 juillet.

Amicalement

Janet Crook

5 *Les problèmes*

Accommodation problems

1a Faites correspondre le problème et l'image.

a Il n'y a pas de cintres
b Il n'y a pas de serviettes
c Il n'y a pas assez de couvertures
d Il n'y a pas de savon
e Le mini-bar est vide
f La chambre est sale
g Les W-C ne marchent pas
h La douche ne marche pas
i Il y a un problème avec le robinet
j La lampe ne marche pas
k Il y a des cafards dans le lit
l Il y a des punaises dans le placard
m Il y a de l'eau par terre dans la salle de bains
n Le bidet ne marche pas
o Il y a trop de bruit
p La chambre donne sur la rue
q Le téléphone ne marche pas

1b Écoutez la réaction de ce client dans l'Hôtel Chaos. Écrivez les lettres dans le bon ordre.

À deux. Vous êtes le/la réceptionniste dans l'hôtel. Votre partenaire est le/la client(e). Faites la conversation.

Exemple:

- Oui, je peux vous aider?
- Oui, je voudrais me plaindre, ma chambre est …
- Oh, je suis désolé(e), je vais …

Choisissez la bonne réponse.

1 M. Lenôtre veut
  - **a** porter plainte
  - **b** féliciter l'hôtel
  - **c** réserver une chambre

2 Sa chambre était
  - **a** satisfaisante
  - **b** sale
  - **c** problématique

3 La salle de bains était
  - **a** propre
  - **b** parfaite
  - **c** en désordre

4 Le personnel était
  - **a** poli
  - **b** mal poli
  - **c** accueillant

5 Sa note était
  - **a** incorrecte
  - **b** correcte
  - **c** à suivre

Paris, le 12 septembre 2001

Monsieur/Madame,

Je vous écris pour me plaindre de mon séjour dans votre hôtel au mois de juillet cette année.

D'abord, le personnel. À la réception, l'accueil n'était pas chaleureux. Les serveurs dans le restaurant étaient mal polis aussi.

Ma chambre n'était pas propre. Il n'y avait pas de lampe et la télévision ne marchait pas. La salle de bains était en désordre, et quand j'ai demandé de nouvelles serviettes, on ne me les a pas données!

Il y avait aussi une erreur dans la note.

Je serai curieux de connaître votre avis sur mon expérience, Monsieur/Madame.

Dans l'attente de vous lire dans les meilleurs délais, je vous prie d'agréer l'expression de mes sentiments distingués.

Benjamin Lenôtre

Rappel

A lot of these complaints are in the imperfect tense, describing the state of the room.
To revise the imperfect see page 206.

Écrivez une lettre dans laquelle vous vous plaignez de votre séjour dans un hôtel.

1 **You have been delayed on your way to a hotel in France.**

A

- Hotel Mont Redon
- Est-ce qu'il y a un problème?
- Ah, je comprends. Vous êtes où exactement?
- Et votre nom?
- Je vais informer le personnel. Vous arriverez vers quelle heure à votre avis?

B

- Say you will arrive late
- !
- !
- !
- Say you will be arriving after 22h

2 **The notes and pictures below give an outline of a family holiday last year in Brittany.**

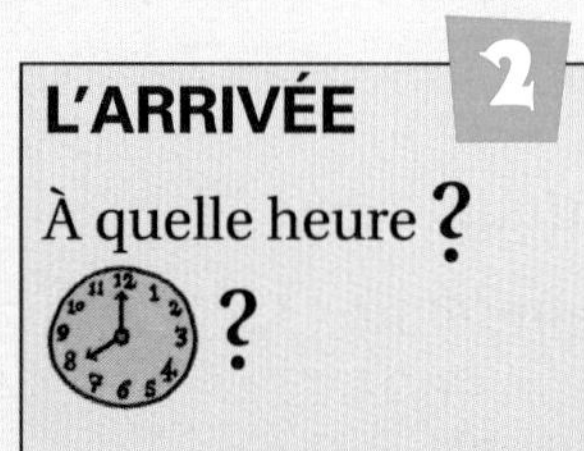

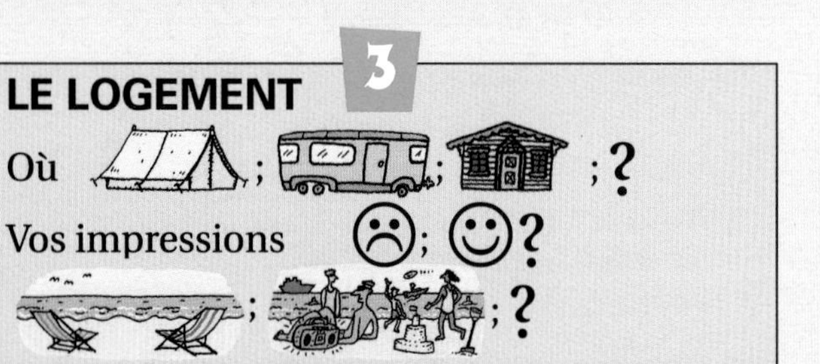

This is an excellent topic to show off your tense knowledge.
D'habitude … (***present***)
L'année dernière … (***perfect/imperfect***) … mais cet été … (***future***)
Think of vocabulary and phrases for each tense in answer to the following questions.

Où?
Avec qui?
Pendant combien de temps?
Qu'est-ce que vous avez-fait?
C'était comment?
Où avez-vous logé?
Aimeriez-vous y retourner?

Your examiner may ask …

1 Qu'est-ce qu tu fais d'habitude pendant les vacances de Noël?
2 Quels sont tes passe-temps préférés quand tu es en vacances?
3 Qu'est-ce qu'il y a d'intéressant pour les touristes en Grande-Bretagne?
4 Quel pays est-ce que tu voudrais visiter? Pourquoi?

Porter plainte ... Vous avez passé vos vacances dans l'hôtel ci-dessous et vous n'êtes pas satisfait(e). Écrivez une lettre de 150–170 mots où vous vous plaignez à la gestion de l'hôtel.

In this piece of coursework you should aim to use the perfect tense to say when you stayed in the hotel, the imperfect for description, the conditional to suggest what the management should do to appease you and the future to state that you will never be returning. It is a great piece of coursework in which to include lots of outraged opinions and show off the range of your vocabulary and your mastery of different tenses.

Il faut:

- mentionner les dates du séjour
- décrire l'état de la chambre
- parler d'autres problèmes
- dire ce que vous attendiez de l'hôtel
- inclure vos sentiments quand vous avez vu votre chambre
- commenter la réaction de votre famille
- demander une réponse
- dire où vous passerez les vacances l'année prochaine, suite à cette expéricnce

Informal letters begin Cher *(masculine)*/Chère *(feminine).*
As in English, there are lots of different ways to end a letter:

À bientôt *see you soon* — Amitiés *friendly greetings*
Bisous *love* — Bien amicalement *friendly wishes*

Often you will use tu *in these letters since they can be more familiar.*

Formal letters begin Monsieur/Madame,
Again, there are various ways to end. Here are two to learn:
Je vous prie d'agréer l'expression de mes sentiments les plus distingués.
Veuillez accepter, monsieur/madame, l'expression de mes sentiments les meilleurs.
You will need use vous.
Don't forget the date!
Generally you don't need the address as you will put this on the back of the envelope.

Mots

Les pays	***Countries***
Je passe mes vacances ...	*I'm spending my holidays ...*
en Afrique	*in Africa*
en Allemagne	*in Germany*
en Australie	*in Australia*
au Canada	*in Canada*
aux Canaries	*in the Canaries*
en Espagne	*in Spain*
aux États-Unis	*in the (United) States*
en Finlande	*in Finland*
en France	*in France*
en Grande-Bretagne	*in Great Britain*
en Grèce	*in Greece*
en Hollande	*in Holland*
en Italie	*in Italy*
au Japon	*in Japan*
au Portugal	*in Portugal*
en Suisse	*in Switzerland*
en Suède	*in Sweden*
en Thaïlande	*in Thailand*

Le temps	***Weather***
Quel temps fait-il?	*What's the weather like?*
Il fait beau.	*It's fine.*
Il fait chaud.	*It's hot.*
Il fait froid	*It's cold.*
Il fait mauvais.	*It's horrible.*
Il fait du vent.	*It's windy.*
Il y a du brouillard.	*It's foggy.*
Il neige.	*It's snowing.*
Il pleut.	*It's raining.*
Il est brumeux.	*It's misty.*
Il est couvert.	*It's dull.*
Il est ensoleillé.	*It's sunny.*
Il est frais.	*It's chilly.*
Il est nuageux.	*It's cloudy.*
Il est pluvieux.	*It's rainy.*
Il est variable.	*It's changeable.*
Il y aura des averses.	*There'll be showers.*
Il y aura des éclaircies.	*There'll be bright intervals.*
Il y aura des orages.	*There'll be thunderstorms.*
Les temperatures seront en hausse/en baisse.	*Temperatures will rise/fall.*

Les saisons	***Seasons***
en été	*in summer*
en automne	*in autumn*
en hiver	*in winter*
au printemps	*in spring*

Souvenirs de vacances	***Past holidays***
Le voyage	*The journey*
J'ai voyagé/Je suis parti(e) ...	*I travelled ...*
en avion	*by plane*
en bateau	*by boat*
en train	*by train*
en voiture	*by car*

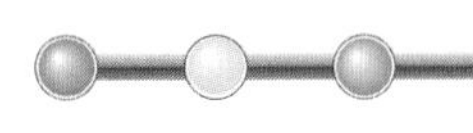

Le logement	***The accommodation***
Je suis resté(e) dans …	*I stayed in/at …*
un appartement	*holiday appartment*
une auberge de jeunesse	*youth hostel*
un camping	*camp site*
un gîte	*gite*
un hôtel 3/4/5 étoiles	*3/4/5-star hotel*
un village de vacances	*holiday village*

Activités	***Activities***
aller aux concerts/ spectacles	*to go to concerts/shows*
faire du cheval	*to go horse-riding*
faire de la planche à voile	*to go windsurfing*
faire des randonnées	*to go for long walks*
faire du ski/du ski nautique	*to go skiing/water skiing*
jouer au football/ aux boules	*to play football/boules*
louer une bicyclette/ une voiture/un VTT	*to hire a bicycle/car/ mountain bike*
visiter des monuments/ des musées	*to visit monuments/ museums*

Découverte vacances	***Different types of holiday***
J'aime faire les croisières.	*I like going on cruises.*
J'aime les grandes aventures.	*I like adventure holidays.*
J'aime les visites guidées.	*I like guided tours.*
J'aime rester sur place.	*I like staying in one place.*
J'aime voyager en autocar.	*I like travelling by coach.*
Je suis à la recherche des choses différentes.	*I'm looking for something new.*
Je veux apprendre à connaître une culture différente.	*I want to get to know a new culture.*
Je suis attiré(e) par …	*I like the idea of …*
Je ne suis pas attiré(e) par …	*I don't like the idea of …*
L'Inde m'intéresse.	*India interests me.*
Les visites guidées ne m'intéressent pas.	*Guided tours don't interest me.*

L'hébergement	***A place to stay***
à partir de (7h30) jusqu'à (10h)	*from (7.30) till (10 o'clock)*
du (16 juillet) au (8 août)	*from (16 July) till (8 August)*
pour 3 nuits/ une semaine	*for 3 nights/a week*
Je voudrais réserver …	*I'd like to reserve …*
Je voudrais rester …	*I'd like to stay …*
une chambre pour une/ deux personne(s)	*a single/double room*
une douche	*a shower*
un grand lit	*a double bed*
un petit lit	*a single bed*
une salle de bains	*a bathroom*

Les problèmes	
Il y a trop de …	*There's too much/ too many …*
Il n'y a pas de …	*There isn't any/ aren't any …*
Il y a un problème avec …	*There's a problem with …*
Le téléphone/La lampe ne marche pas.	*The telephone/lamp isn't working.*
un cintre	*hanger*
une couverture	*blanket*
donner sur	*to look out onto*
en désordre	*in a mess*
une lampe	*lamp*
un mini-bar	*mini-bar*
sale	*dirty*
le savon	*soap*
une serviette	*towel*
vide	*empty*
les W-C	*toilet*

Bienvenue en France!

À deux. Que dites-vous …

1 C'est l'anniversaire de votre ami
2 C'est vendredi soir
3 C'est la veille des vacances
4 Votre ami va partir en voyage
5 La réceptionniste à l'hôtel vous dit:
6 Le matin votre père vous dit:
7 Le premier janvier on vous dit:
8 Avant un examen, on vous dit:

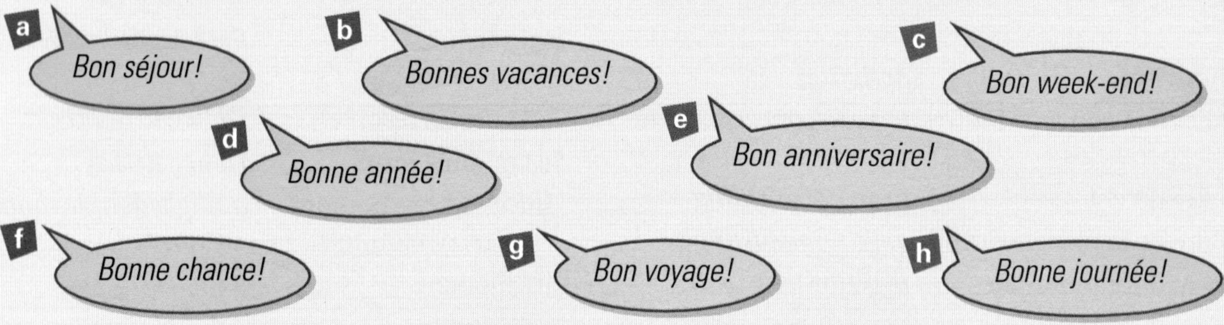

ÉCOUTER **1b** **Mettez les bulles dans le bon ordre.** (1–7)

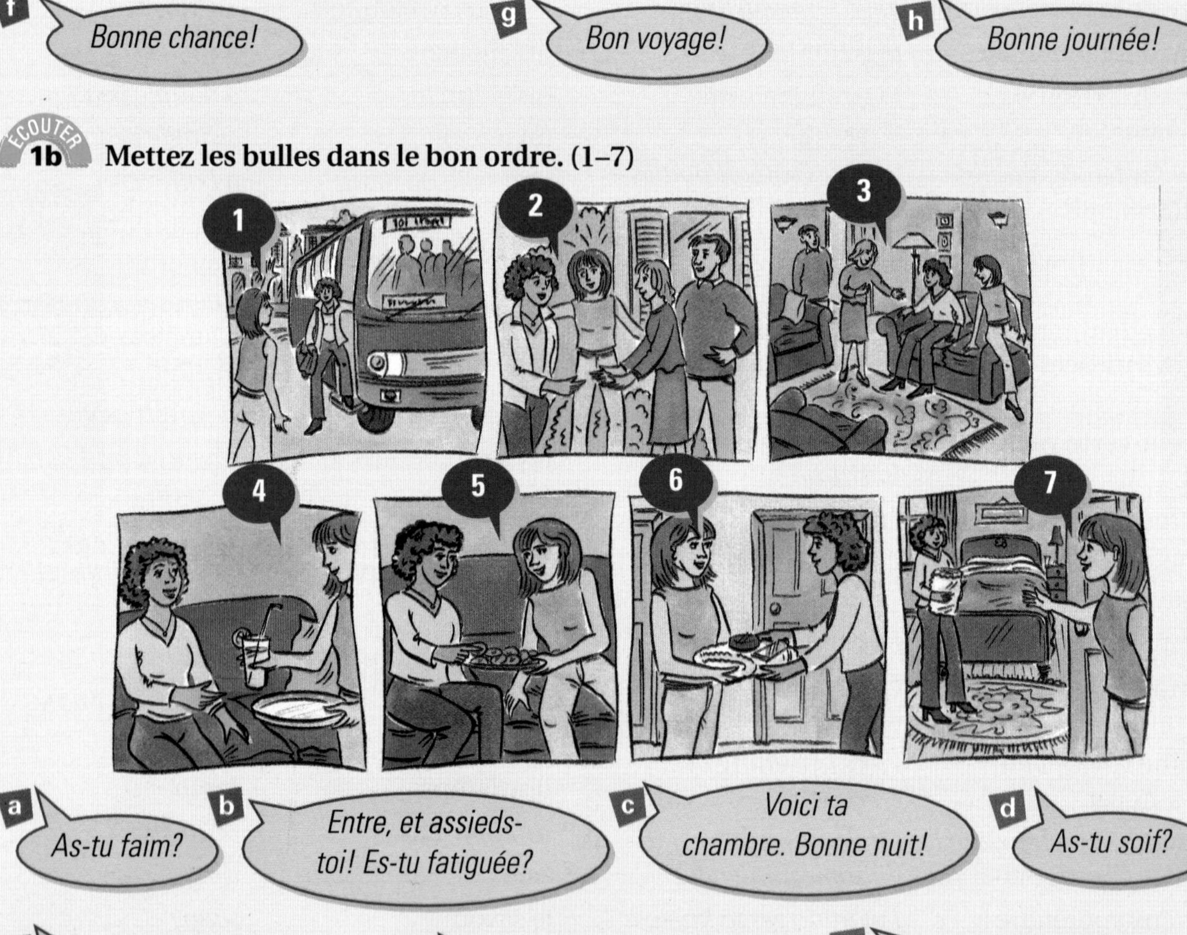

2a Copiez et complétez la lettre.

_____, j'habite à _____ dans une petite _____. Mon adresse, c'est le _____, 53, rue de la Poste. Dans ma maison, il y a sept _____. Au rez-de-chaussée, il y a le salon, la salle à _____, et _____ cuisine. Au _____ étage, il y a _____ chambres et la _____ de bains.

Sam

la	salle
pièces	Lyon
maison	numéro
manger	premier
bonjour	trois

2b Écrivez un paragraphe suivant le modèle ci-dessus sur votre maison.

2c À deux. En français:

A

- Tu habites dans une maison ou dans un appartement?
- Il y a combien de pièces?
- Quelle est ton adresse?
- Comment s'écrit le nom de ta ville?

B

- Say ; 
- Say 4; 8; ?
- ! Answer the question
- ! Answer the question

3a Mettez ces images dans le bon ordre.

3b Écoutez une deuxième fois, prenez des notes en français sur les différentes maisons. Est-ce que ces personnes sont contentes ou pas? (1–5)

Où	Aime/n'aime pas

Rappel

près de = near to → *J'habite près du parc*

loin de = far from → *J'habite loin d'un lac*

C'est près d'ici? On habite loin du centre.

C'est loin? Je n'habite pas très loin de la mer.

À deux. En français:

A
- Ask your partner where they live
- Ask what floor they live on
- Ask how many floors there are
- Ask how long they have lived there

B
- Say you live in a large apartment block in town
- Say you live on the seventh floor
- Say there are fifteen floors
- Say you have lived there for six years

Rappel

Depuis ... *+ present tense = have been doing something*
J'habite à Londres depuis cinq ans.
J'apprends le français depuis quatre ans.

Lisez les bulles, puis répondez aux questions.

J'habite à Bouliac, près de Bordeaux. C'est dans le département de la Gironde. J'habite au 45, route de Latresne. Mon code postal c'est 33270. C'est calme, mais pas trop calme.

Jeanne

Moi, j'habite au nord de Paris, entre Paris et Lille à Roye, dans le département de la Somme. C'est un peu ennuyeux. C'est à 112 kilomètres de Paris. J'habite Route des Rosières, au numéro 32. Mon code postal, c'est 80700.

Driss

Nous, on habite dans la banlieue de Toulouse sur la route d'Agen, tout près du canal. On n'est pas loin du centre, mais c'est très calme et ça me plaît.

Anne-Sophie

Mon adresse c'est numéro 94, boulevard Rabateau à Marseille. C'est le département numéro 13, les Bouches-du-Rhône. C'est dans le huitième arrondissement à Marseille - j'aime bien. Il fait beaucoup plus beau qu'à Paris.

Yannick

1 Qui habite
   a dans le sud-est
   b dans le sud-ouest (x 2)
   c dans le nord

2 Qui aime y habiter? Qui n'aime pas y habiter? Faites des phrases.

Exemple: Jeanne aime habiter à Bouliac, parce que c'est calme mais pas trop calme.

LIRE **4b** **Corrigez les erreurs dans ces phrases.**

1 Émilie fait un échange en Italie chez la famille Grimandi.
2 Sa correspondante s'appelle Louise.
3 Elle est logée dans une grande maison où il y a quatre étages, et dix-neuf pièces.
4 La salle de séjour est en haut, et les chambres sont en bas.
5 Il y a cinq chambres, et Émilie partage une chambre avec Madame Grimandi.
6 Il n'y a pas de moquette dans la maison.
7 Il y a une grande cave, et un lave-vaisselle.
8 Il y a un jardin devant la maison.
9 On prend le dîner dans le jardin parce qu'il fait chaud le soir.
10 Émilie est très triste.

Chère maman, cher papa,

Ici en Angleterre ça va bien, et la famille de Lindsay est très gentille.

Je vous envoie une photo de leur maison. C'est une maison moyenne qui se trouve dans une rue tranquille près du centre-ville. C'est une maison jumelée à deux étages. Il y a huit pièces: en bas, il y a le salon, la salle à manger et la cuisine. Il y a un petit bureau à côté de la cuisine, et des W-C aussi. En haut, il y a la salle de bains, et les chambres. Il y a trois chambres: la chambre de Madame Hills, la chambre de Lindsay, et la chambre de Graham, son frère. Moi, je partage la chambre de Lindsay, et on s'amuse bien.

Ce qui est bizarre, c'est qu'il y a de la moquette partout dans la maison, même dans l'entrée et l'escalier! Mais il n'y a pas de cave ni de lave-vaisselle. Je dois aider à faire la vaisselle à la main ...

Il y a un joli jardin derrière la maison, où il y a une pelouse, des fleurs et un grand arbre. Mais on n'y mange pas, parce qu'il fait trop froid le soir pour manger dehors.

Il y a aussi un garage.

Vous voyez, j'ai de la chance! Je suis très contente!

Grosses bises Émilie

5a **Copiez et complétez la grille. (1–5)**

	No. of bedrooms	No. of bathrooms	Other details
1			

5b **Vous êtes agent immobilier. Décrivez ces appartements à votre client.**

Exemple:

L'appartement a une grande cuisine, un salon et une salle à manger ...

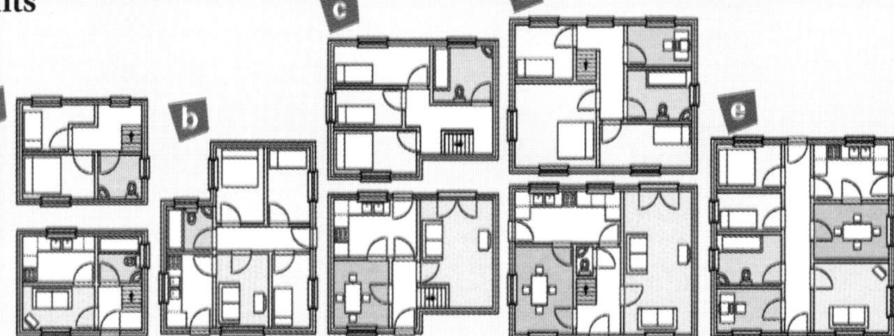

5c **Écoutez encore une fois pour vérifier vos descriptions.**

1 *Voici ma maison*

Describing a house and its rooms

Regardez ces images. Qu'est-ce qui n'est pas mentionné?

Décrivez les images ci-dessus à votre partenaire.

Répondez aux questions.

1 Max pense qu'il pourrait
  a facilement partager sa chambre
  b difficilement partager sa chambre
  c partager sa chambre avec quelqu'un de son âge

2 Josette
  a est d'accord avec Max
  b partage sa chambre avec son frère
  c aime bien partager sa chambre

3 Mohammed est
  a mécontent
  b satisfait
  c très heureux

4 Carmen voudrait
  a trouver un appartement avec sa sœur
  b trouver un appartement pour elle toute seule
  c trouver un appartement pour sa sœur

5 Tristan s'entend
  a bien avec ses parents
  b mal avec ses parents
  c bien avec Carmen

ÉCOUTER 2b **Écoutez une deuxième fois et mettez ces phrases dans l'ordre dans lequel vous les entendez.**

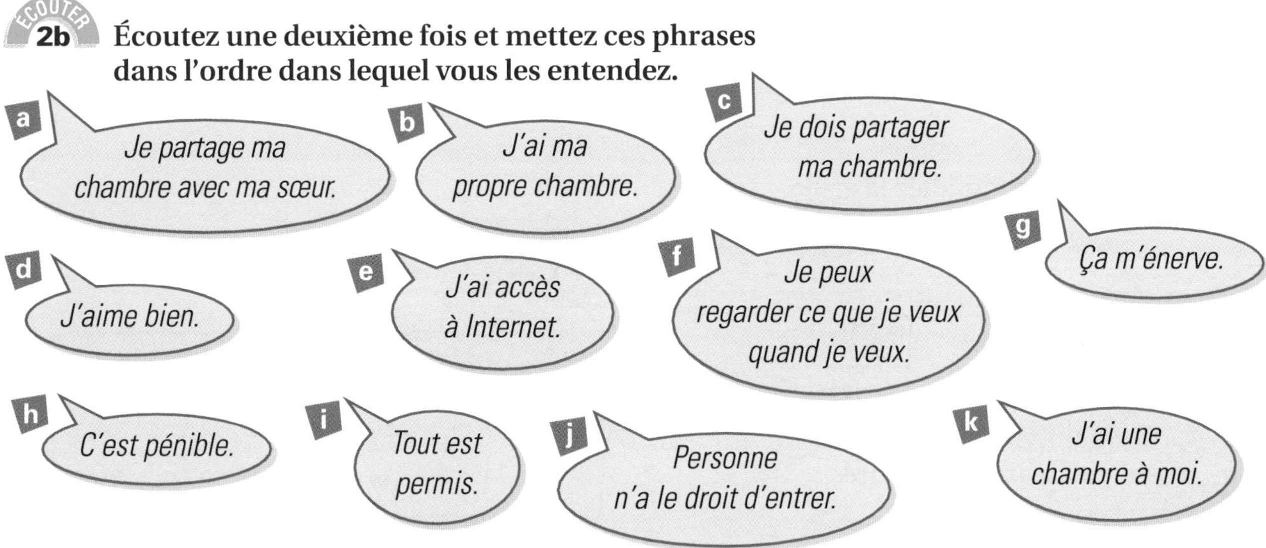

LIRE 3a **Lisez cet article sur la chambre de Ricardo – fils d'acteur. Copiez le plan et indiquez sur le plan la position des différentes choses.**

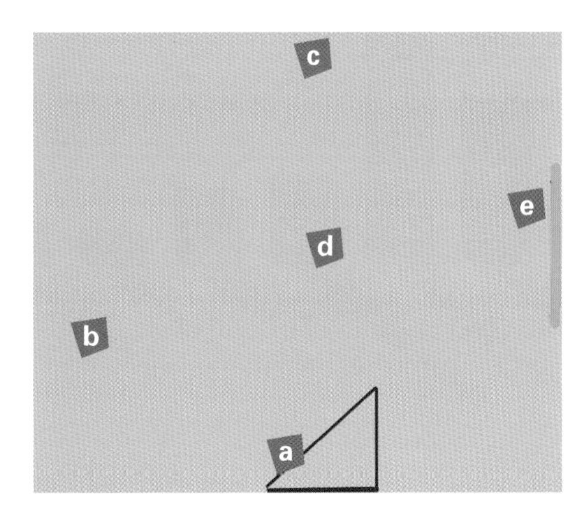

Ben, voici ma chambre ... comme vous voyez, elle est très grande. J'ai de la chance, je le sais. J'ai tout ce qu'il faut. En face de la porte tout un mur technologique: il y a ma chaîne-hi-fi, mon ordinateur, ma télé avec magnétoscope, tout sur cette grande étagère au fond. Ma mère appelle ça le mur techno. À gauche, j'ai mon lit – c'est un grand lit bien confortable. J'ai tendance à faire mes devoirs sur mon lit. C'est pas bien!

Ce que j'adore c'est la lampe fluo à côté de la porte, je trouve ça génial. C'est mon père qui me l'a offerte. La moquette est verte et les rideaux aussi. Je mets des posters aux murs mais je les change assez régulièrement. Finalement, les choses matérielles ne sont pas importantes pour moi.

Décidez si les phrases suivantes sont vraies ou fausses.

1 Ricardo doit partager sa chambre.
2 Ricardo est technophobe.
3 Ricardo travaille dans sa chambre.
4 Ricardo n'affiche jamais de posters.
5 Ricardo aime les choses matérielles.

Écrivez une description de 60 mots sur votre chambre.

Choisissez une personne célèbre et inventez une description de leur maison. Jouez à *Through the Keyhole* avec votre classe.

2 *Les médias*

Music, books, magazines and films

1a Copiez et complétez la grille.

Genre	Héros/héroïne	Opinion

1b Préparez une présentation sur le dernier livre que vous avez lu, suivant le modèle à côté.

Le dernier livre que j'ai lu était …
Le héros/l'héroïne était …
Il s'agit de … qui …
Je l'ai trouvé …
Je peux le recommander/Ça ne vaut pas la peine.

2a Regardez ce graphique et remplissez les blancs dans l'article qui suit.

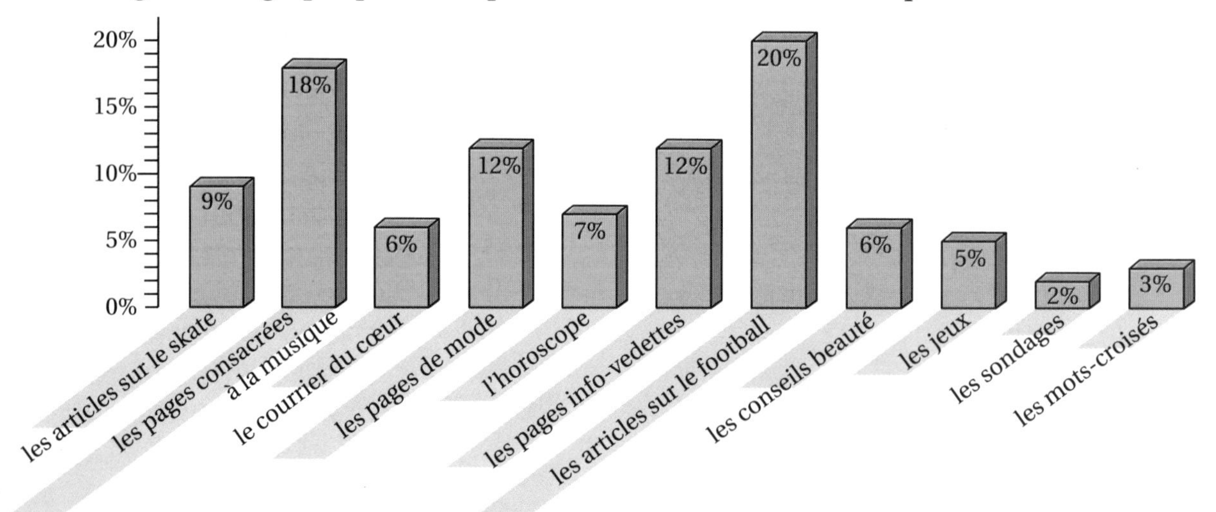

______ % des jeunes sont fanatiques du football, ce qui n'est pas surprenant. ______ de jeunes lisent les pages ______ que les pages ______, mais le ______ ______ n'attire que 6%. Encore ______ ______ sont ceux qui s'intéressent aux jeux – 5%. Le skate devient ______ et la ______ attire plus de 10%. À vous les éditeurs d'améliorer le produit!

populaire	courrier du cœur
mode	musique
plus	info-vedettes
20	moins nombreux

2b Faites le même sondage auprès de vos amis. Posez la question suivante:

Dans les magazines, quelle sorte de pages préférez-vous?

Écrivez un paragraphe sur les résultats, suivant le modèle 2a.

Indiquez si les phrases suivantes sont vraies ou fausses.

1 Ferdinand a aimé le CD de Hodgson.
2 Julie est une fan de musique celtique.
3 Déborah a trouvé le CD ennuyeux.
4 Étienne préfère Céline Dion à Hélène Segara.
5 Marion pense que les chansons sont répétitives.
6 Elsa a trouvé la musique vide.

À toi de noter…
Hodgson "Open the door"

10/20 **Ferdinand, 17 ans**. C'est toujours la même chose, ça ne bouge pas du tout.

13/20 **Julie, 16 ans**. Les quatre premiers morceaux sont très sympas, ça ressemble à la musique celtique, et j'aime bien ça.

10/20 **Déborah, 16 ans**. J'aime bien le rap et les musiques qui bougent, ou bien des chanteurs avec des belles voix. Là ce n'est ni l'un ni l'autre.

À toi de noter…
Hélène Segara "Au nom d'une Femme" (EW)

11/20 **Étienne, 16 ans.** Elle a une jolie voix et elle crie moins que Céline Dion.

12/20 **Marion, 17 ans.** La voix est sympa. Mais je trouve que les paroles parlent un peu trop d'amour.

2/20 **Elsa, 15 ans**. Je n'aime pas du tout! Je trouve ça complètement creux et trop sophistiqué.

Trouvez le français pour les expressions suivantes.

1 The words are a bit too soppy
2 I don't like it at all
3 It's all the same
4 There is no rhythm to it
5 This is neither one nor the other

Écrivez votre opinion sur une chanson courante pour 'À toi de noter …'.

Écoutez ce reportage sur le cinéma et remplissez la grille.

Le genre	Ce qu'il/elle en pense

À deux. Faites une conversation en utilisant les phrases ci-dessous.

Quel est le dernier film que tu as vu?
J'ai vu … C'était très émouvant/très romantique/nul.
C'est un film qui m'a touché/C'est un film qui ne m'a fait aucun effet.
Les acteurs étaient …
La réalisation était …
J'aime les films qui me font rire/pleurer/peur.

Rappel

Qui is a very useful link word and one which impresses examiners
see page 218

Vous êtes critique pour un magazine.
Écrivez un article de 75 mots sur le dernier film que vous avez vu.
Écrivez sur le genre, l'histoire et ce que vous en pensez.

3 *La télé et la publicité*

TV and advertising

Faites une liste de toutes les sortes d'émissions mentionnées dans le texte. Trouvez un exemple de la télévision britannique pour chaque sorte d'émission.

Exemple:

les émissions de musique = Top of the Pops

Répondez à ces questions en français:

1 Émilie, qu'est-ce qu'elle va regarder ce soir? *(1)*
2 Quelles sortes d'émission est-ce qu'Émilie préfère? *(2)*
3 Qu'est-ce qu'elle pense de la publicité? *(1)*
4 Quelles sortes de films est-ce que Paul préfère? *(3)*
5 Quelle est son émission préférée, et c'est quelle sorte d'émission? *(2)*
6 Pourquoi est-ce qu'il n'aime pas regarder le journal? *(1)*
7 Quand est-ce que Geneviève regarde les infos? *(1)*
8 Quelle sorte de film est-ce qu'elle préfère? *(1)*
9 Quelle sorte d'émission est-ce qu'elle n'aime pas? *(1)*
10 Pourquoi est-ce qu'elle préfère la radio? *(1)*
11 Quelle est l'émission préférée d'Auguste, et c'est quelle sorte d'émission? *(2)*
12 Quand est-ce qu'il va voir son émission préférée? *(2)*
13 Quelles sortes d'émission est-ce qu'il n'aime pas? *(2)*
14 *Qui Veut Gagner des Millions?* c'est quel jeu télévisé en anglais? *(1)*

Émilie Ce soir, je vais regarder "M comme Musique" car j'adore les émissions de musique. J'aime aussi les documentaires sur la nature, parce que j'aime beaucoup les animaux. La publicité, moi, je trouve ça bête.

Paul J'adore les dessins animés et les films policiers. J'aime aussi les films d'horreur et de science-fiction. Ce soir, je vais regarder mon émission préférée, "Les Simpson", parce que ça me fait rire. Mais je ne vais pas regarder les informations: ça, c'est barbant.

Geneviève Dubois Comme tous les soirs, je vais regarder le journal, et peut-être un film, parce que j'aime les films d'amour. Mon film favori est "Titanic", parce que je pense que les acteurs sont formidables. Je trouve qu'il y a trop de séries américaines et anglaises à la télévision française, et je déteste cette sorte d'émission. À vrai dire, je préfère écouter la radio, parce que j'aime beaucoup la musique classique.

Auguste Dubois Je ne vais pas regarder la télé ce soir, car je préfère les émissions de sport, et il n'y en a pas ce soir. Je verrai mon émission préférée, "Sport matin", demain à 10 heures. Je n'aime pas les jeux télévisés, *Qui Veut Gagner des Millions?* par exemple. Je les trouve ennuyeux. Je n'aime pas non plus les feuilletons.

Identifiez l'émission de télé britannique. (1–6)

PARLER 1d **Préparez une présentation sur votre émission de télé préférée.**

Mon émission de télé préférée s'appelle ...
C'est un feuilleton qui a lieu dans une ville en Australie ...
C'est un film policier à New York en Amérique
Il s'agit de ...
J'aime cette émission parce que c'est passionnant ...
Ce film ça me fait rire ...

Est-ce qu'on regarde trop la télé? Lisez les opinions ci-dessous et décidez si vous êtes d'accord/pas d'accord ou sans avis dans chaque cas.

	D'accord	Pas d'accord	Sans avis
a			
b			

a *Je pense qu'on regarde trop la télé de nos jours. Les gens discutent moins. Ils sont tout le temps devant la télé.*

b *La télé est dangereuse, les gens sortent moins, ils sont passifs. Moi je regarde seulement les documentaires.*

c *Zapper tout le temps, c'est débile. La télé n'est bonne ni pour la société, ni pour la santé.*

d *Il y a trop de publicité, ça m'énerve!*

e *Il y a trop de violence à la télé, j'ai horreur de ça. Les petits enfants regardent des choses horribles.*

f *La télé, c'est après tout une forme d'éducation. Il faut sélectionner les émissions, c'est tout.*

Answer the following questions in English.

Enfants de la pub!

Aujourd'hui, la publicité a beaucoup d'influence. Les grandes entreprises, les annonceurs veulent faire de la publicité pour leurs produits. Ils veulent vendre!

La publicité coûte cher à la télé. Les spots populaires sont très convoités.

La publicité doit encourager les gens à acheter un produit. Ce sont les agences qui fabriquent les annonces.

Certains produits n'ont pas le droit de faire de pub à la télé, par exemple l'alcool et le tabac.

L'impact de la pub sur les gens est énorme. Les slogans sont très importants surtout pour les grandes marques.

1 According to the article, why do companies use advertising?
2 Who makes advertisements?
3 Which products are not allowed to be advertised on TV?
4 For whom are slogans particularly important?

Don't forget to use your common sense in exams. You don't have to understand everything to get the answers right!

4 *On sort manger*

Going out to a restaurant

1a Notez la commande de chaque personne en français. (1–5)

1b Quel est le plat du jour?

a

b

c

d

e

f

1c Faites correspondre la question à la bonne réponse.

1 *Quel est le plat du jour?*

2 *C'est quoi exactement?*

3 *Avez-vous des frites?*

4 *On peut avoir encore un peu de pain, s'il vous plaît?*

5 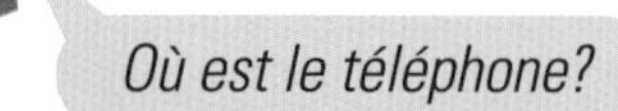 *Où est le téléphone?*

6 *Je peux avoir l'addition, s'il vous plaît?*

a *Oui, mais nos pommes de terre à la vapeur sont très bonnes, vous savez.*

b *Oui, avez-vous bien mangé?*

c *Aujourd'hui, c'est la ratatouille.*

d *Bien sûr, je vais vous en chercher.*

e *C'est au sous-sol, près de la sortie.*

f  *C'est une sorte de ragoût de légumes. Il y a des tomates, des courgettes et des aubergines dedans.*

2 Il faut arriver à la fin le plus vite possible! Jouez!(Vous aurez besoin d'un dé).

Exemple:

Vous voulez une table sur la terrasse?

Non, je voudrais une table près de la fenêtre.

Vous devez répondre à la question ou changer les détails soulignés pour avancer. Sinon, vous manquez votre tour!

1 Vous désirez?	2 J'ai réservé une table pour cinq personnes.	3 Vous voulez une table sur la terrasse?	4 (Reculez de deux cases.)	5 Je préfère être près de la fenêtre.
10 Moi, je voudrais le pâté.	9 (Reculez de deux cases.)	8 Le potage du jour, qu'est-ce que c'est?	7 Comme hors-d'œuvre je prends la salade niçoise.	6 Vous désirez un apéritif?
11 Quel est le plat du jour?	12 Qu'est-ce que vous avez pour les végétariens?	13 Et comme plat principal, vous désirez?	14 (Reculez de deux cases.)	15 Comme plat principal, le colin aux épinards.
20 Comme dessert, je voudrais une tarte au citron.	19 (Reculez de deux cases.)	18 Comme boisson, nous voudrions une bouteille d'eau gazeuse.	17 Je prends le lapin farci. Il est bon?	16 Pour moi, le bœuf bourguignon.
21 Je ne prends pas de dessert.	22 Pour moi, un sorbet à la mangue.	23 On peut avoir du pain, s'il vous plaît?	24 (Reculez de deux cases.)	25 Tout va bien messieurs/dames?
30 L'addition, s'il vous plaît?	29 (Reculez de deux cases.)	28 C'est délicieux!	27 C'est très bon, monsieur.	26 Où sont les toilettes, s'il vous plaît?

5 *On se plaint*

Complaining at a restaurant

1 Identifiez le problème. (1–7)

2 Complétez les phrases pour chaque conversation au restaurant.

1 Elle a réservé ____.
  Elle n'est pas contente parce que ____.
2 Il a commandé ____.
  Il n'est pas content parce que ____.
3 Elle a commandé ____.
  Elle n'a pas de ____.
4 Il a demandé ____.
  Il n'est pas content parce que ____.

Inventez un dialogue en utilisant les phrases à côté.

1

2

3

> Vous avez fait votre choix?
> En quoi consiste ...?
> C'est une sorte de ... avec ...
> Je suis allergique au/à la/aux ...
> Peut-être ...
> Je suis au régime
> Je suis désolé ...

4

5

6

7

8

En groupe. Préparez un sketch en français qui s'appelle 'Au restaurant'. Présentez-le à la classe ou enregistrez-le.

À deux. En français:

- Bonsoir, Messieurs-Dames
- Très bien, venez par ici
- Voilà
- C'est la blanquette de veau
- C'est du veau dans une sauce à la crème

- Say you've reserved a table for 4 for 7.30 pm
- Ask for the menu
- Ask what the dish of the day is
- Ask what 'blanquette de veau' is

- Say you would like the €10,50 set menu
- Order a starter, main course and dessert
- Ask if they have any orange juice
- Ask if you can have the bill

- Oui, bien sûr
- Très bien
- Oui, pas de problème
- Tout de suite, monsieur/mademoiselle

1 **Your French penfriend is visiting your house.**

- Dans ta maison quelles salles sont en bas?
- Et en haut?
- Où est ma chambre, alors?
- Non, merci. Qu'est-ce qu'on va faire ce soir?

- Say what rooms are downstairs
- Say what rooms are upstairs and where they are exactly
- Say where your penfriend's room will be. Ask them if they need anything
- !

2 **Prepare a 1-minute speech about 'Mon émission de télé préférée'.**

Nom *Genre*
Personnages
Description physique
Leur caractère
L'histoire
Il s'agit de ...
Ce que j'en pense ...
Ce qui s'est passé récemment ...
Qui j'aimerais rencontrer et pourquoi ...

Your examiner may ask ...

1. Quelle serait ta maison idéale?
2. Tu as déjà fait un échange?
3. Tu as déjà mangé au restaurant?
4. Tu fais des économies? Pourquoi?
5. Qu'est-ce que tu as acheté récemment comme vêtements?
6. Tu aimes la musique? Quelle sorte de musique préfères-tu?
7. Qu'est-ce que tu as regardé hier à la télé?
8. Parle-moi d'un film que tu as vu récemment.
9. Les jeunes d'aujourd'hui regardent trop de télé. Qu'en penses-tu?

3 **The notes and pictures below give an outline of a visit to a restaurant one evening during a holiday in Belgium.**

Vous avez lu cette critique de 'Taxi' et vous décidez d'envoyer votre opinion d'un film au magazine. Vous devez écrire entre 150 –170 mots.

Critique

En croire le succès obtenu par ce film tout au long du printemps (et même de l'été '98), on en déduit très logiquement que Luc Besson (producteur et scénariste du film) transforme en or tout ce qu'il touche.

L'alchimie de ce film réside dans un mélange simple d'action et de courses de voitures. Ce qui fait la force de cette fiction, ce sont les cascades et l'énergie des comédiens. Car, il faut bien le dire, le film repose avant tout sur du vide …

Pour la réalisation des cascades, Gérard Pirès a fait appel aux plus grands spécialistes français du genre. Certaines scènes sont tout bonnement étonnantes. Samy Nacéri et Frédéric Diefenthal forment un duo détonnant. Ce film est "L'arme fatale" française. Et les répliques enlevées sont là pour donner un ton comique à ce thriller.

Certains parlent déjà d'une suite. Pourquoi? Pourquoi pas?

Remember that in your coursework, you need to try and use as many tenses as possible, and you must include your opinions. What you think of a particular film … Who was the best actor and why? What was the best moment and why? If you had to sum it up in one word what would it be?

un acteur	*actor (m)*
une actrice	*actor (f)*
au début	*at the beginning*
à la fin	*at the end*
le comportement	*behaviour*
la caractéristique	*characteristic*
la dialogue	*dialogue*
le metteur en scène	*director*
les images	*images*
la musique	*music*
l'interprétation	*performance*
le portrait	*portrait*
le lecteur	*reader (m)*
la lectrice	*reader (f)*
réaliste	*realistic*
l'histoirc	*story/plot*

Choisissez le film que vous allez commenter – expliquez votre choix.

Prenez des notes sur l'histoire et racontez l'histoire au passé composé et à l'imparfait.

Parlez de votre personnage préféré. Expliquez votre préférence.

Imaginez que vous allez mettre en scène le film qui va suivre le film que vous avez vu. Que se passera-t-il?

C'était …
Je l'ai trouvé …
À mon avis …

Mots

Phrases utiles	***Useful expressions***
Bonne année!	*Happy New Year!*
Bon anniversaire!	*Happy Birthday!*
Bonne chance!	*Good Luck!*
Bonne journée!	*Have a good day!*
Bon séjour!	*Have a pleasant stay!*
Bonnes vacances!	*Have a good holiday!*
Bon voyage!	*Have a good journey!*
Bon week-end!	*Have a good weekend!*
Bienvenue!	*Welcome!*
As-tu faim?	*Are you hungry?*
As-tu soif?	*Are you thirsty?*
As-tu besoin de …?	*Do you need …?*
Es-tu fatigué(e)?	*Are you tired?*
Entre!	*Come in!*
Voici …	*Here is …*

Voici ma maison	***Describing a house***
le balcon	*balcony*
le bureau	*office*
la cave	*cellar*
la chambre	*bedroom*
la cuisine	*kitchen*
le jardin	*garden*
la pelouse	*lawn*
une pièce	*room*
la salle à manger	*dining room*
le salon	*living room*
les W-C	*toilet*

Dans ma chambre	***In my bedroom***
une étagère	*shelf*
une hi-fi	*hi-fi system*
une lampe fluo	*fluorescent lamp*
une moquette	*carpet*
un mur	*wall*
un magnétoscope	*video recorder*
un ordinateur	*computer*
une télé	*television*
les rideaux	*curtains*

Les magazines	***Magazines***
les articles sur …	*articles about …*
les conseils beauté	*beauty tips*
le courrier du coeur	*problem page*
les jeux	*puzzles*
les mots-croisés	*crossword puzzles*
les pages consacrées à la musique/au sport	*music/sports pages*
les pages de mode	*fashion articles*
les sondages	*surveys*

Les films	***Films***
les acteurs	*actors*
émouvant	*moving*
nul	*awful*
la réalisation	*production*
romantique	*romantic*
Quel est le dernier film que tu as vu?	*What was the last film you saw?*
J'ai vu …	*I saw …*
Le film m'a touché.	*I was moved by the film.*
Le film ne m'a fait aucun effet.	*The film made no impression on me.*
Le film m'a fait rire/pleurer/peur.	*The film made me laugh/cry/frightened me.*

À la télévision	***On television***
un dessin animé	*cartoon*
un documentaire	*documentary*
une émission	*programme*
une émission de musique/sport	*music/sports programme*
un feuilleton	*series*
un film d'horreur	*horror film*
un film policier	*detective film*
un film de science fiction	*science-fiction film*
les informations	*news*
un jeu télévisé	*game show*
le journal	*news bulletin*
la publicité	*advertising*

On sort manger	***Eating in a restaurant***
l'addition	*bill*
les frites	*chips*
l'hors-d'oeuvre	*starter*
le pain	*bread*
le plat du jour	*dish of the day*
le plat principal	*main course*
le potage du jour	*soup of the day*
végétarien	*vegetarian*

Phrases utiles	***Eating out – useful expressions***
C'est quoi exactement?	*What exactly is it?*
C'est une sorte de …	*It's a sort of …*
Comme plat principal/boisson, vous désirez?	*What would you like as main course/to drink?*
En quoi consiste …?	*What does … consist of?*
J'ai commandé … mais vouz m'avez apporté …	*I ordered … but you brought …*
Je n'ai pas de …	*I don't have a …*
Je préfère …	*I'd prefer …*
Je prends …	*I'll have …*
Je suis allergique au/à la/aux …	*I'm allergic to …*
Je suis au régime.	*I'm on a diet.*
On peut avoir encore du/de la …?	*Can we have more …?*
Pour moi …	*I'll have …*
Tout va bien.	*Everything's fine.*
Vous avez fait votre choix?	*Have you chosen?*
Vous désirez…?/Vous voulez…?	*Would you like …?*

En bonne forme

Qui parle? Notez le bon prénom. (1–8)

Marie
petit déjeuner 8h
déjeuner 12h45
dîner 19h30

Laure
petit déjeuner 6h30
déjeuner 13h15
dîner 20h

Suzanne
petit déjeuner 7h15
déjeuner 12h30
dîner 20h45

le petit déjeuner
le déjeuner
le goûter
le dîner

Prenez le rôle de Laure/Suzanne.
Dites à quelle heures vous prenez vos repas.

Exemple:

Je suis Marie.
Je prends le petit déjeuner à huit heures, je prends le déjeuner à douze heures quarante-cinq, et je prends le dîner à dix-neuf heures trente.

Lisez l'article et répondez aux questions en français.

En France, en général, on prend le petit déjeuner de bonne heure, puisque le collège commence à huit heures. Les Français aiment manger des tartines ou des croissants, même des pains au chocolat. Ils boivent du café, du thé ou du chocolat chaud.

Le déjeuner est un repas important en France. La plupart des magasins sont fermés entre midi et deux heures pour le déjeuner. On prend le dîner entre 19 heures et 21 heures, ça dépend de la famille.

Les enfants prennent souvent un petit goûter vers 4 heures de l'après-midi, par exemple des biscuits, des tartines, du chocolat chaud etc. Les Français ont une certaine renommée pour leur cuisine. On prétend que certaines nationalités 'mangent pour vivre', tandis que les Français 'vivent pour manger'!

1 Décrivez un petit déjeuner français.
2 À quelle heure est-ce qu'on prend le déjeuner et le dîner?
3 Qu'est-ce que les enfants prennent pour le goûter vers 4 heures?
4 Traduisez la phrase: 'les Français vivent pour manger'.

2a **Lisez le texte et répondez aux questions en français.**

a D'habitude, je me lève à six heures et demie.

b Je me lave et je me brosse les dents à sept heures moins le quart.

c Je prends le petit déjeuner dans la cuisine.

d Je quitte la maison vers sept heures et demie, et je vais au collège en car.

e J'arrive au collège à huit heures moins le quart.

f J'ai cours de huit heures à midi.

g À l'heure du déjeuner, je mange à la cantine.

h L'après-midi, je passe mon temps à dormir en classe.

i Je rentre à la maison vers seize heures trente.

j Je me couche à vingt-deux heures en semaine, et le week-end je fais la grasse matinée.

1 À quelle heure est-ce qu'il se lève?
2 Où est-ce qu'il se lave?
3 À quelle heure est-ce qu'il part de chez lui?
4 Comment va-t-il au collège?
5 Où est-ce qu'il prend son déjeuner?
6 Est-ce qu'il préfère travailler ou dormir l'après-midi?
7 À quelle heure est-ce qu'il va au lit pendant la semaine?

faire la grasse matinée *to sleep in*

Le détective

Reflexive verbs *are normal verbs, which need an extra bit (the* ***reflexive pronoun****) when you use them.*

Exemple:

se laver = *to get washed*

je **me** lave	nous **nous** lavons
tu **te** laves	vous **vous** lavez
il/elle **se** lave	ils/elles **se** lavent

Pour en savoir plus ➡ page 203, pt 3.2

2b **Décrivez votre routine en utilisant 2a comme modèle.**

Décrivez votre routine au passé composé. Attention aux accords!

Exemple: Hier, je me suis levé(e) à …

Écrivez la routine de Luc, 2a, au passé composé.

Exemple: Hier, il s'est levé …

Luc a une sœur jumelle qui est toujours en retard. Decrivez sa routine au passé composé.

Exemple: Hier, elle s'est levé**e** …

À deux. Préparez 5 questions sur la routine de votre partenaire le week-end. Posez les questions à votre partenaire et notez ses réponses.

Exemple: *Le samedi, tu te lèves à quelle heure?*

11h00 — *À onze heures.*

Présentez ce que vous avez trouvé au reste de la classe.

Exemple: *Le week-end **X** se lève à onze heures quinze.*

Présentez les resultats au passé composé: le week-end dernier.

Exemple: *Le week-end **X** s'est levé(e) à onze heures quinze.*

Copiez et complétez les phrases pour cette athlète olympique française.

1 À 6h, elle …
2 À 6h30, elle va …
3 À 8h30, elle …
4 À 9h, elle …
5 Elle travaille de …. à …
6 À 18h, elle …
7 À 20h30, elle …
8 Vers 22h, elle …

Lisez le texte sur la routine imaginaire de Fabien Barthez et finissez les phrases correctement.

1. Fabien Barthez est de nationalité … anglaise/française.
2. Il est … buteur/gardien de but.
3. En 1998, il jouait pour … Marseille/Monaco.
4. Il est venu habiter en Angleterre … en 1996/2000.
5. Il prend le petit déjeuner à … 7h30/7h45.
6. Il va au gymnase … en voiture/en bus.
7. Il prend le déjeuner … à la maison/au gymnase.
8. Il va au stade pour voir … les fans/s'entraîner.
9. Il s'entraîne pendant … 2 heures/3 heures.
10. Après l'entraînement, il … se douche/se repose.
11. En semaine, il va au lit à … minuit/midi.

www.fabien_bz.com

Gardien de but de l'équipe nationale de France pour la Coupe du monde en 1998 et la Coupe d'Europe en 2000, Fabien Barthez est le numéro un des gardiens du monde.

Ancien joueur avec Marseille (1992-1995) et Monaco (jusqu'à 2000), il a quitté la France pour habiter en Angleterre quand il est devenu membre de l'équipe de Manchester United.

Pour être footballeur professionnel, il faut être en forme. Fabien se lève vers 7h30 tous les jours, et un quart d'heure plus tard il prend le petit déjeuner. Ensuite, il conduit au gymnase où il passe deux heures à s'entraîner seul. Rentré à la maison, il prend un déjeuner léger, et il se repose un peu. Vers midi, il va au stade où il rencontre ses collègues et leur coach. Après trois heures d'entraînement, il se douche, puis il rentre à la maison pour manger, ou il sort avec des amis pour une soirée en ville. Il se couche vers 24h normalement, mais la veille d'un match, il va au lit à 21h.

la veille *the day before*

Copiez et complétez la grille.

Nom	Heure de départ	Moyen de transport	Heure d'arrivée

À deux. Interviewez-vous!

Comment est-ce que tu viens au collège?

Tu mets combien de temps pour venir?

À quelle heure est-ce que tu quittes la maison?

À quelle heure est-ce que tu arrives?

Écrivez les résultats de votre entretien.

X vient au collège … Il/elle met … pour venir, etc … .

1 *La cuisine et les habitudes*

Food likes and dislikes

1a Les jeunes parlent de la nourriture au collège. Complétez les phrases pour chaque conversation.

1. Sébastien n'aime pas … car …
2. Maxime aime … car …
3. Clémentine n'aime pas … car …
4. Marie préfère … car …

1b Tu aimes manger à la cantine? Pourquoi? Pourquoi pas?

1c Écrivez un petit article de 75 mots pour votre magazine du collège pour expliquer pourquoi vous aimez ou n'aimez pas la nourriture à la cantine.

Rappel

Don't forget that there are more negatives than just '*ne … pas*'.

Exemple: *Je **ne** mange **jamais** à la cantine.* I never eat at the canteen.

See page 212.

2a Qu'est-ce qu'ils aiment et pourquoi? Remplissez la grille en français. (1–5)

	Cuisine	Raison
1		
2		

2b À deux. Quelle sorte de cuisine préfères-tu? Pourquoi?

Exemples:

Moi j'adore la cuisine chinoise, c'est délicieux.

J'aime la cuisine vietnamienne, j'adore ça.

J'aime la cuisine française, c'est la meilleure du monde.

Moi, j'adore la cuisine indienne, c'est très bon.

J'aime beaucoup la cuisine italienne, les pizzas sont délicieuses!

Lisez cet article. Indiquez si les phrases sont vraies ou fausses.

Les images stéréotypées

Beaucoup d'Anglais aiment manger le 'fish and chips', ou poisson-frites, emballé dans un journal. Ils mangent de la confiture avec de l'agneau et leur pain ressemble à un bout de plastique!

Les Français mangent des escargots et des cuisses de grenouille tous les jours. Ils aiment manger de la viande crue aussi. Ils n'aiment pas les choses épicées en général. Il y a beaucoup de spécialités régionales en France. Par exemple, les tripes à la mode de Caen, le cassoulet toulousain, la choucroute alsacienne, les grenouilles frites à la mode de Lyon: la liste est longue!

Moi j'habite à Paris, mais le week-end dernier, je suis allé rendre visite à ma grand-mère qui habite à Cancale. Elle avait une surprise pour moi. Elle avait préparé la barbue à la cancalaise. Elle était allée le matin même au marché où elle avait acheté des poissons, des huîtres et des légumes. C'était délicieux – quelle belle surprise!

a Beaucoup d'Anglais aiment manger l'emballage de poisson-frites.
b Selon l'auteur de l'article le pain anglais est bon.
c Les Français aiment les choses épicées.
d La barbue à la cancalaise est un plat à base de viande.

Answer these questions in English.

e Do you agree with this article?
f What is your view of stereotypes in general?

Le détective

***The pluperfect tense** translates as **had** in English:*

Elle avait préparé la barbue à la cancalaise
She had prepared brill in the cancalaise style.

Elle était allée le matin même au marché
She had gone to the market that very morning.

Pour en savoir plus ➡ page 208, pt 3.9

Vous avez vu cet extrait dans un magazine.

'La cuisine française est morte, la cuisine internationale est suprême!'

Écrivez en français un petit article de 100 mots au magazine.

Voici des idées pour vous aider:

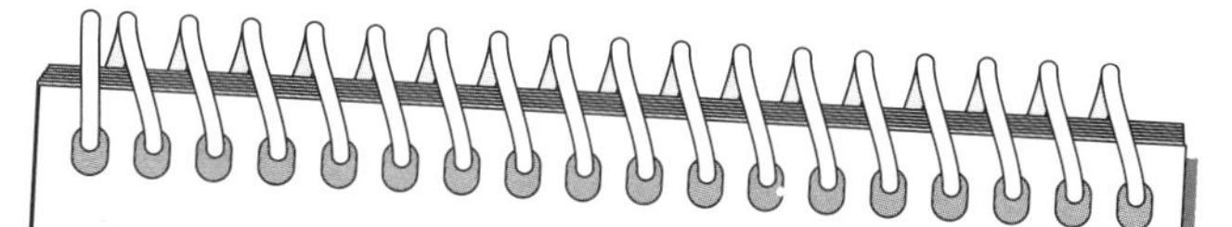

Parlez de votre cuisine préférée – donnez au moins 3 détails.
Décrivez la nourriture à la cantine chez vous.
Dites pourquoi les jeunes apportent des sandwichs.
Parlez des différences entre les habitudes françaises et les habitudes britanniques.

2 *Avez-vous la pêche?*

Healthy eating

1a Identifiez la fonction de chaque sorte de nourriture. Copiez et remplissez la grille.

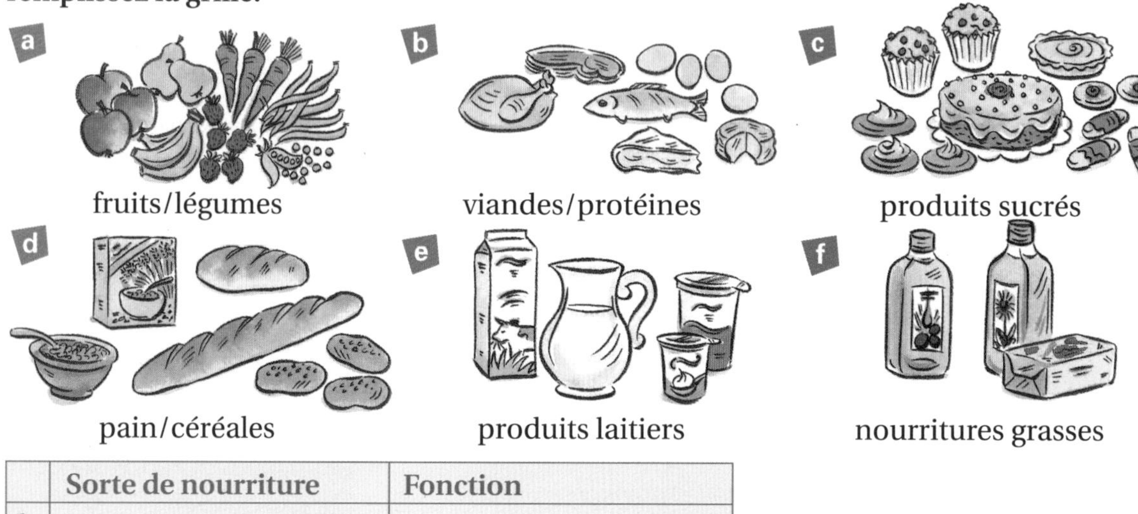

	Sorte de nourriture	Fonction
1		

1b Identifiez la fonction de chaque sorte de nourriture. Puis donnez deux exemples en français pour chaque sorte de nourriture.

sorte de nourriture

a produits laitiers
b pain/céréales
c fruits/légumes
d produits sucrés
e nourritures grasses
f viandes/protéines

fonction

1 source de cholestérol
2 donnent de l'énergie, mais contiennent beaucoup de calories
3 source de calcium, de protéines et de vitamine D
4 contiennent des fibres et de la vitamine C
5 apportent des protéines et des vitamines, mais attention aux matières grasses
6 donnent des vitamines, des fibres et de l'énergie

1c C'est sain ou c'est malsain?

	Petit déjeuner	Déjeuner	Dîner	Sain/Malsain
Sarah	*du pain*			
Thomas				

Faites le test-santé!

TEST-SANTÉ

1 Qu'est-ce qui contient le plus de matières grasses?
- **a** un hamburger deluxe
- **b** une portion de frites
- **c** une omelette

2 Combien de cuillerées de sucre est-ce qu'il y a dans une boîte de cola?
- **a** 2
- **b** 6
- **c** 9

3 Le calcium et le fluor sont bons pour:
- **a** les cheveux et les yeux
- **b** les os et les dents
- **c** les muscles

4 Quelle est la nourriture la plus importante pour le corps?
- **a** l'eau
- **b** le sel
- **c** le pain

5 Quelle est la meilleure source de fibre parmi ces trois?
- **a** des cornflakes
- **b** des biscuits
- **c** du raisin

6 Les calories dans un paquet de chips sont l'équivalent des calories dans:
- **a** deux œufs
- **b** une baguette
- **c** 61 carottes

Réponses 1 a 2 c 3 b 4 a 5 c 6 c

Préparez une campagne publicitaire pour encourager les gens à manger sainement. Utilisez les phrases ci-dessous.

Pour être sain/en bonne santé …
il faut manger plus de …
il faut manger beaucoup de …
il faut manger moins de …
il faut aussi choisir des produits bio
Les fruits et légumes, c'est une source de …

Quels sont les avantages et les inconvénients du fast-food? Écrivez un article de 75 mots où vous donnez votre point de vue.

Voici des phrases pour vous aider:

Ce n'est pas bon pour la santé.
C'est bien, le service est rapide.
C'est mauvais pour l'environnement.
C'est pratique, on peut manger quand on veut.
Les restos ne sont pas confortables.
Je préfère les restaurants traditionnels.
Il y a très peu de choix pour les végétariens.
Le fast-food n'est pas cher.
C'est très sucré.
J'essaie de manger des produits bio.
Il y a trop d'emballage, c'est pas nécessaire.

3 *Vivre sainement*

Healthy lifestyles

Vrai ou faux? Corrigez les commandements qui sont faux, s'il y en a!

1 Il ne faut pas fumer trop de cigarettes.
2 Il faut boire trop d'alcool.
3 Il faut éviter de boire trop de caféine.
4 Il faut boire dix litres d'eau par jour.
5 Il faut encourager la drogue.
6 Il faut manger des matières grasses, beaucoup de frites, mes enfants!
7 Il faut faire travailler ses jambes tous les jours – oubliez la voiture et l'ascenseur!
8 Il faut prendre des vitamines et dormir moins.
9 Il faut serrer les fesses, rentrer le ventre, sortir la poitrine et marcher la tête haute.
10 Il faut garder la forme en faisant de l'exercice aérobic deux fois par semaine pendant au moins vingt minutes.

Quels sites pourraient-ils visiter? Il peut y en avoir plusieurs!

1 Khadija voudrait avoir des conseils sur son régime.
2 Cindy voudrait se protéger des rayons du soleil.
3 Gaétan voudrait perdre du ventre.
4 Julien voudrait faire travailler ses muscles.
5 Amélie recherche un poste comme esthéticienne.

YAHOO! FRANCE Personnaliser Aide – Courrier

Accueil > Santé >

- A comme Active – Santé, nutrition, forme et beauté.
- Bodyplanet – Forme et fitness. Musculation, exercices, culturisme, nutrition, diététique sportive, dopage.
- Castaing, Jean-Marie – Programme d'entraînement de musculation et plan diététique.
- Condition physique et santé – Jogging, musculation, abdominaux, natation.
- Estheweb – Actualités et forums, petites annonces et annuaire des professionnels.
- Forme et santé – Conseils pour garder la forme et avoir une bonne alimentation.
- Objectif forme – Conseils et exercices de gymnastique illustrés.
- Sécurité Solaire – Météo solaire du jour, conseils et recommandations.
- Thalasso Guide – France – Centres, histoire, et soins.

Poursuite de la recherche sur Yahoo! US

Copyright © 2000 Yahoo! France Tous droits réservés – Tout savoir sur Yahoo! – Proposer un site – Aide

1c Répondez à ces questions en français.

1 Pourquoi faut-il boire beaucoup d'eau?
2 Est-ce bien de sauter un repas?
3 Si on a une petite faim, qu'est-ce qu'il faut manger?
4 À l'apéritif, qu'est-ce qu'il faut éviter?
5 Une fois à table, qu'est-ce qu'il faut faire?

Answer these questions in English.

6 What sort of clothing aids digestion?
7 In what form is exercise most beneficial?

L'apéritif *a very French tradition, a drink before a meal to whet one's appetite!*

Objectif forme

Pour rester en forme tout au long de l'année, voici quelques exercices simples et rapides … ainsi que certaines règles de vie.

De façon générale

Boire de l'eau, boire de l'eau, boire de l'eau… cela remplit et élimine les toxines. Ne sautez pas un repas. Buvez beaucoup d'eau avant de passer à table.
Plutôt que de craquer sur un gâteau à la moindre sensation de faim, préférez un grand verre d'eau, un yaourt nature ou une pomme. À l'apéritif, un verre de jus de fruit et oubliez les chips. Lorsque vous passez à table, prenez le temps de manger.
De façon générale, la respiration et la digestion se feront dans de meilleures conditions si vous ne portez pas de vêtements comprimant la taille. Un petit peu d'exercice chaque jour, plutôt qu'un gros effort une fois de temps en temps.

2a À deux. Faites un entretien pour un magazine avec un(e) partenaire. Servez-vous des questions ci-dessous. (Il n'est pas essentiel de dire la verité).

Qu'est-ce que tu aimes manger?
Qu'est-ce que tu évites de manger et pourquoi?
Quelle est ta routine journalière?
Est-ce que tu fumes?
Est-ce que tu bois beaucoup d'alcool?
Qu'est-ce que tu aimes comme nourriture?
Qu'est-ce que tu fais pour garder la forme?
Que penses-tu des végétariens?

2b Choisissez une personne célèbre et écrivez un entretien avec lui/elle au sujet de sa vie et de sa façon de vivre. Un peu d'imagination!

2c Faites un poster pour encourager la forme!

4 Ça ne va pas

Dealing with illness and accidents

1a Faites correspondre l'image au problème.

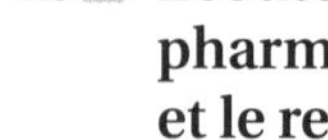

Écoutez ces conversations à la pharmacie. (1–6) Notez le problème (1a), et le remède proposé ci-dessous – il peut y en avoir plusieurs!

Exemple:

	le problème	le remède
1	h, 10	4, 1
2		

1. Prenez ces comprimés!
2. Prenez ces pastilles!
3. Prenez ce sirop!
4. Reposez-vous!
5. Prenez rendez-vous chez le médecin!
6. Buvez beaucoup d'eau!

Rappel

Some French expressions use the verb *avoir* where English uses **to be**.

Exemple:

J'ai chaud = I'm hot (in French, I have hot)

avoir chaud	*avoir soif*
avoir froid	*avoir ... ans*
avoir faim	*avoir peur*

Copiez et remplissez cette grille. (1–3)

Problème	Rendez-vous	Autres détails

Copiez et complétez la conversation chez le médecin.

Médecin: Bonjour, entrez et ______. Qu'est-ce qui ne va pas?

Malade: Oh docteur, je ne ______ pas très bien. J'ai mal à la ______, je suis ______, et j'ai très ______. Pendant la nuit, je ne peux pas ______.

Médecin: Est-ce que je peux vous ______?

Malade: Oui, bien sûr.

Médecin: Ouvrez la ______. Dites 'Aaah'. Mmmm. Vous avez la ______. Je vous donne une ordonnance pour du ______ et des ______ pour la gorge. Reposez-vous au ______ pour deux ou trois ______.

Malade: Merci, docteur. Au ______!

gorge
revoir
pastilles
jours
examiner
soif
asseyez-vous
vais
grippe
bouche
enrhumé
dormir
sirop
lit

À deux. Préparez une autre conversation 'chez le médecin'. Changez les détails soulignés.

Copiez et complétez la grille en français. (1–4)

	Symptômes	Avis du médecin
1		
2		

ÉCOUTER 4 Écoutez et lisez le texte.

Garçon: Pouvez-vous m'aider? Il y a eu un accident. Mon ami est blessé.

Monsieur: Ah non, c'est grave?

Garçon: Je ne sais pas. Il saigne …

Monsieur: Je vais téléphoner pour une ambulance. Il est où exactement?

Garçon: Dans le jardin en face.

Monsieur: D'accord. Vas le rejoindre, l'ambulance va bientôt arriver.

Répondez à ces questions en français.

1 Quel est le problème?
2 Est-ce sérieux?
3 Où se trouve la personne blessée?
4 Que fait le monsieur?

5 *La dépendance*

Discussing addiction

Écoutez les opinions de ces jeunes et décidez qui parle.

C'est adulte de fumer.

Ahmed

Ça pue, je n'aime pas!

Alicia

Si on fume à proximité des enfants, c'est pas bon.

Sylvie

C'est jeter l'argent par les fenêtres.

Élodie

Je fume pour me décrisper.

Hervé

Sabrina

Les cigarettes me donnent confiance en moi.

Si on fume, on risque d'avoir un cancer du poumon.

Elsa

On est vite dépendant! Après, c'est difficile de laisser tomber!

François

C'est agréable de fumer une clope avec ses copains.

Yolande

une clope *a fag*
se décrisper *to relax*

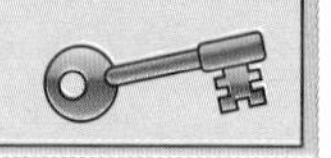

une maladie cardio-vasculaire *heart disease*

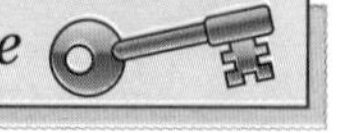

Faites un sondage auprès de votre classe. Posez les questions suivantes:

Est-ce que vous fumez? Pourquoi? Pourquoi pas?

À deux. En français:

- Say you are against cigarettes
- Say that they are very expensive
- Say you risk cancer and heart disease
- Say you don't smoke

B

- Say you are for cigarettes
- Say you look more grown-up if you smoke
- Say it gives you more self-confidence if you have a cigarette in your hand
- Say you smoke three cigarettes a day

Vous avez vu ces images dans un magazine. Qu'en pensez-vous? Écrivez en français au magazine. Répondez à ces questions:

Pourquoi est-ce que les jeunes fument?
Est-ce que vous fumez? Pourquoi, pourquoi pas?
Décrivez une soirée récente où beaucoup de gens fumaient.

ÉCOUTER **2a** **Écoutez ces publicités. (1–4) Elles sont de la part de quelle organisation?**

Lisez le texte et répondez aux questions.

Quel est le risque le plus grave pour notre santé au 21ème siècle?

Pour moi, c'est fumer. Les jeunes connaissent les risques du cancer, il y a même une annonce sur les paquets de cigarettes, mais ils s'en fichent, parce qu'ils pensent que c'est cool de fumer. Il faut être comme ses copains. À mon avis, c'est plutôt stupide.
Manon, 16 ans

Je pense que l'alcool est très dangereux. C'est une drogue, mais tout le monde en boit, même les parents à la maison. On ne sait pas ce qu'on fait quand on a trop bu, et ça, c'est très mauvais.

Quand j'avais seize ans, je fumais vingt clopes par jour. Je buvais presque tous les jours aussi, une ou deux bières, le vendredi soir du whisky-coca ou du cidre. Je faisais ça pour impressionner les autres. Au bout d'un moment, je me suis rendu compte que je fumais trop et que je devais m'arrêter. J'ai donc évité le cancer du poumon.
Daniel, 27 ans

Surtout parmi les jeunes filles, les maladies comme l'anorexie et la boulimie sont pénibles. Les magazines et la télé insistent qu'il faut être à la mode, populaire, et mince. Beaucoup de jeunes souffrent à cause de ça.
Marie-Jo, 15 ans

Qui pense que/qu':

a les médias encouragent les maladies alimentaires?
b on fume sans y penser
c si on boit trop, on ne sait pas ce qu'on fait?
d on fume pour être cool?
e on est influencé par ses parents à boire de l'alcool?
f on est influencé par ses camarades de classe à fumer?

Rappel

The imperfect tense can also be used to mean used to:
Je buvais presque tous les jours.
I used to drink nearly every day.
Je fumais vingt clopes par jour.
I used to smoke 20 fags per day.
See page 206

Entraînez-vous Entraînez-vous Entraînez-vous Entraînez-vous

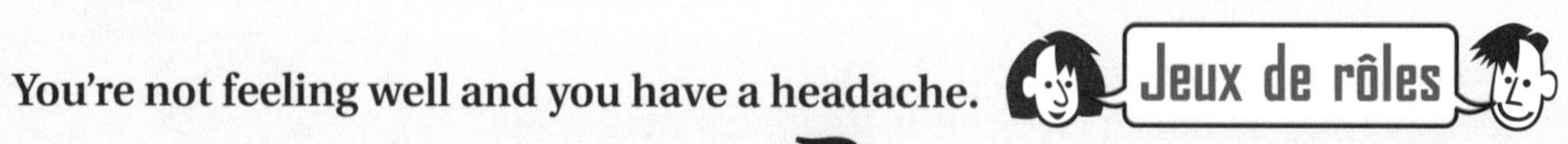

1 **You're not feeling well and you have a headache.**

Jeux de rôles

A

- Say you are very tired
- Say badly
- Say you would like some aspirin

B

- Ask how your penfriend slept
- Ask if they need anything
- Say 'here you are'

2 **You have an accident while you are on holiday in France and you go to the doctor's.**

A

- Qu'est-ce qui ne va pas?
- Vous avez fait ça comment?
- J'ai besoin de quelques détails personnels s'il vous plaît
- Merci, et vous restez combien de temps en France?
- Alors voilà la pommade que je vous conseille

B

- Say you have hurt your leg
- Say you fell off your bike
- Give your name and nationality
- !
- Say thank you and goodbye

3 **Prepare a 1-minute talk on 'Ma cuisine préférée'.**

Description
Plat préféré
Comment le préparer
Visite récente au restaurant

Your examiner may ask ...

1 Comment vas-tu au collège?
2 Si tu gagnais la loterie, quelle serait ta routine?
3 Tu aimes faire la cuisine?
4 À quelle heure est-ce que tu prendras le dîner ce soir?
5 Tu vas au restaurant de temps en temps?
6 Il y a un plat que tu détestes?
7 Pourquoi est-ce qu'on devient végétarien?
8 Être en forme, c'est important pour toi?
9 Tu as déjà mangé en France? Quelles sont les différences?
10 Fumer, qu'en penses-tu?

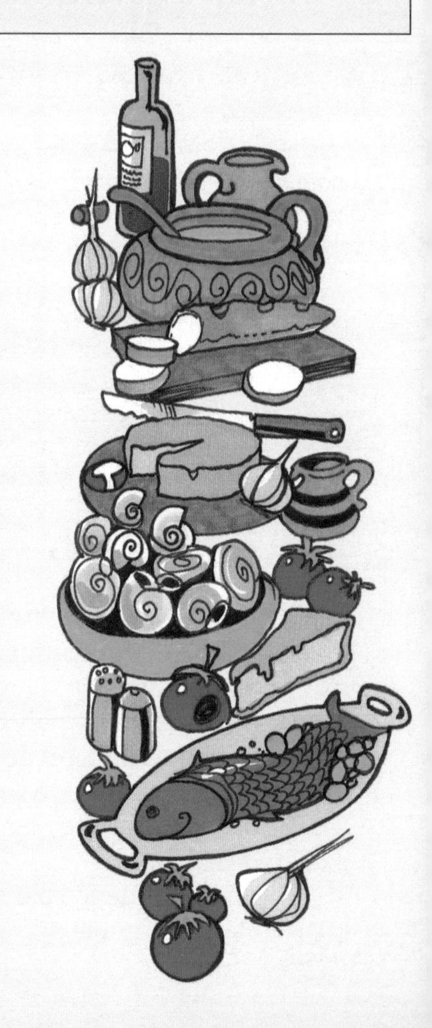

Vous avez lu cet article dans un journal et vous décidez d'écrire une brochure destinée aux jeunes au sujet des portables. Vous devez écrire entre 150 –170 mots.

Un code de politesse pour l'emploi des portables
Où est-ce qu'on peut téléphoner?
Quand est-ce qu'il ne faut pas téléphoner?
Une section conseils en ce qui concerne la santé
Une section opinions - que pensez-vous et vos amis des portables?
Sont ils essentiels de nos jours?

Les portables

– Invention extraordinaire ou menace à la société?
Qu'en pensez-vous?

Les portables sont dangereux – c'est sûr.

Mon portable a changé ma vie …

Être sans portable, c'est impensable!

Je n'en ai pas besoin, et en plus, les sonneries me gênent.

C'est antisocial! Quelle horreur!

Avez-vous un portable? Est-ce essentiel de nos jours? Trouvez-vous plutôt que les portables envahissent notre monde? Envoyez-nous vos idées!

La meilleure lettre sera publiée dans notre magazine et l'auteur gagnera un merveilleux week-end pour deux personnes dans la capitale de la Suède à Stockholm!

Think about how you can get your tenses into a piece of coursework.
For this piece on mobile phones, you could talk about the past: How was life before the mobile phone?
Avant les portables … c'était … il y avait … on n'avait pas … on devait …
The present: How are things now
Si on a un portable …
Il est acceptable de + *infinitive*
Ce n'est pas poli de …
Il faut …
Il ne faut pas …
You could also include some people giving their point of view, maybe with photos and speech bubbles.
And the future …
Dans l'avenir il y aura …
'Si' *is a very good word to use in sentences to vary your response;*
Si je suis dans le train, je n'utilise jamais mon portable.
Si je suis dans un restaurant, je ne parle jamais au téléphone.

Mots

La routine journalière	Daily routine
Je me lève à …	*I get up at …*
Je me lave.	*I get washed.*
Je prends le petit déjeuner.	*I have breakfast.*
Je me brosse les dents.	*I brush my teeth.*
Je quitte la maison.	*I leave home.*
J'arrive à/au …	*I arrive at …*
J'ai cours de … à	*I have lessons from … till …*
Je prends le déjeuner.	*I have lunch.*
Je passe mon temps à …	*I spend time …*
Je rentre à …	*I go home at …*
Je prends le goûter.	*I have a snack.*
Je prends le dîner.	*I have my evening meal.*
Je me couche.	*I go to bed.*
en semaine	*during the week*
le week-end	*at the weekend*

Une alimentation saine	Healthy eating
Il faut manger beaucoup de …	*Eat plenty of*
Il faut manger moins de …	*Eat less …*
Il faut manger plus de …	*Eat more …*
Il faut choisir …	*Choose …*
C'est une source de …	*It's/They're a source of …*
le calcium	*calcium*
les calories	*calories*
le cholestérol	*cholesterol*
les fibres	*fibre*
les fruits/légumes	*fruit/vegetables*
la nourriture grasse	*fatty food*
les protéines	*proteins*
les vitamines	*vitamins*

Le fast-food	Fast food
Ce n'est pas bon pour la santé.	*It's bad for you.*
C'est pratique.	*It's convenient.*
Il y a très peu de choix pour les végétariens.	*There's little choice for vegetarians.*
Le fast-food n'est pas cher.	*Fast food is cheap.*
Le service est rapide.	*The service is quick.*
Les restos ne sont pas confortables.	*The restaurants are uncomfortable.*
On peut manger quand on veut.	*You can eat at whatever time you like.*

Vivre sainement	A healthy lifestyle
Il faut …	*You must/should …*
Il ne faut pas …	*You mustn't/shouldn't …*
l'alcool	*alcohol*
boire	*to drink*
le caféine	*caffeine*
les cigarettes	*cigarettes*
la drogue	*drugs*
dormir	*to sleep*
éviter	*to avoid*
l'exercice aérobic	*aerobics*
faire travailler ses muscles/jambes	*to exercise your muscles/legs*
fumer	*to smoke*
garder la forme	*to keep fit*
les matières grasses	*fat (in food)*

Ça ne va pas	***Illness and accidents***
J'ai chaud.	*I feel hot.*
J'ai froid.	*I feel shivery*
J'ai de la fièvre.	*I've got a temperature.*
J'ai la grippe.	*I've got flu.*
J'ai mal au coeur.	*I feel sick.*
Je me suis blessé(e) au/à la …	*I've hurt my …*
Je me sens fatigué(e).	*I feel tired.*
Je suis blessé(e).	*I'm injured.*
Je suis enrhumé(e).	*I've got a cold.*
Je suis malade.	*I'm ill.*
Je tousse.	*I've got a cough.*
J'ai pris un coup de soleil.	*I've got sunburnt.*
J'ai vomi.	*I've been sick.*

La dépendance	***Addiction***
Fumer – pour ou contre?	*For or against smoking*
Ça me donne confiance en moi.	*It gives me self-confidence.*
Ça pue!	*It stinks!*
C'est adulte.	*It's grown-up.*
C'est agréable.	*It's nice and relaxing.*
C'est difficile de laisser tomber.	*It's difficult to stop.*
On est vite dépendant.	*You're quickly addicted.*
On risque d'avoir un cancer du poumon.	*You risk getting lung cancer.*

Le transport

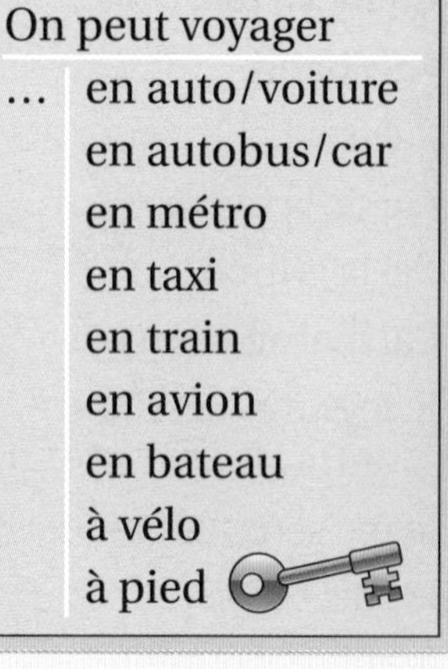
On peut voyager
... en auto/voiture
en autobus/car
en métro
en taxi
en train
en avion
en bateau
à vélo
à pied

1a Dites en français.

Exemple: Je vais au collège en car.

1

2

3

4

5

6
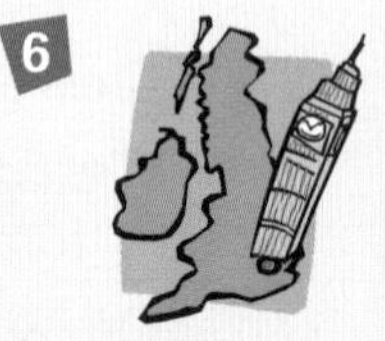

7
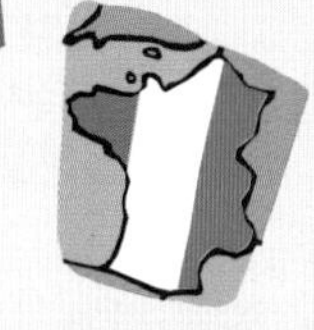

8

1b Copiez et complétez la grille en français. (1–6)

	Transport	Durée du trajet
1	en autobus	15 mins
2		

2a Regardez le plan, et notez si les directions sont correctes (✔) ou fausses (✘). (1–7)

2b À deux. Posez une question et écoutez la réponse de votre partenaire. Dites si la réponse est vraie ou fausse.

Exemple:
- Pour aller au commissariat?
- Prenez la deuxième rue à gauche.
- Faux!

LIRE **3a** **Lisez les directions et notez la destination.**

1 Montez la rue jusqu'aux feux, puis tournez à droite, et c'est à votre gauche.
2 Tournez à droite, puis tournez à gauche aux feux. Continuez tout droit, et traversez le pont. C'est un peu plus loin, à droite.
3 Tournez à gauche. Ensuite, prenez la première rue à droite. Montez la rue jusqu'au carrefour, et c'est au coin, à gauche.
4 Allez tout droit. Traversez les feux, puis tournez à gauche. Au rond-point, tournez à droite, et c'est en face de vous.
5 Tournez à droite, puis continuez tout droit. C'est juste après la deuxième rue à droite.

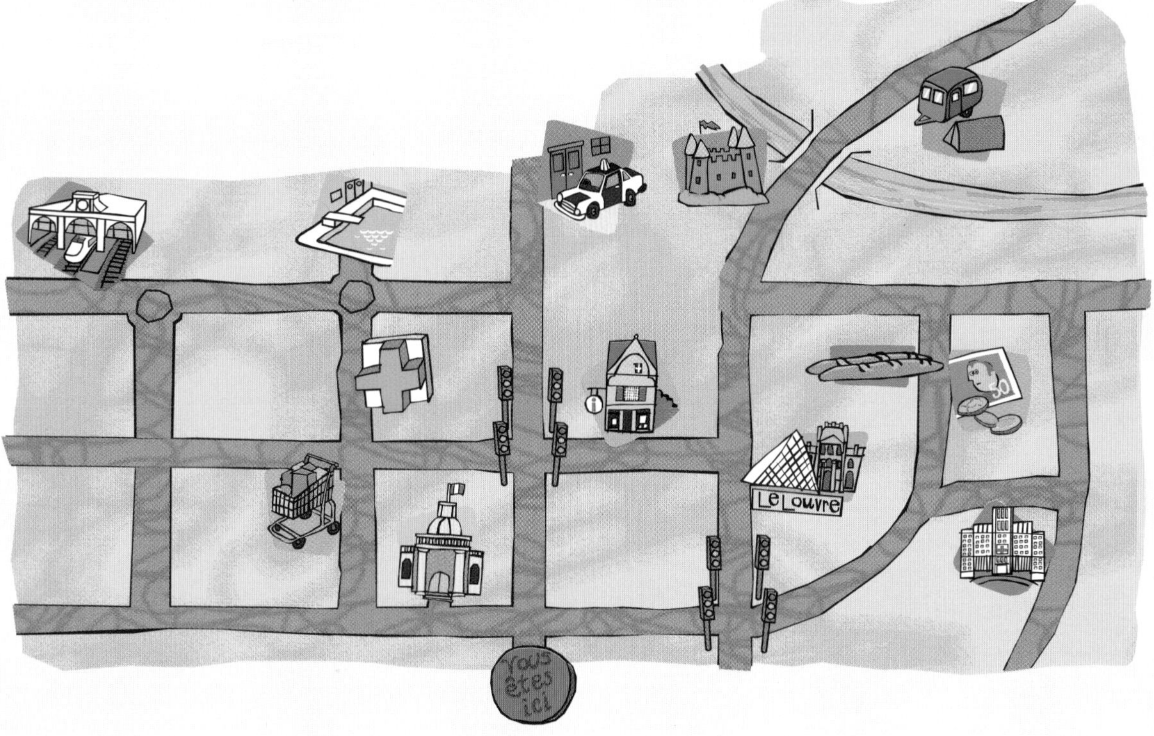

LIRE **3b** **Trouvez le français pour:**

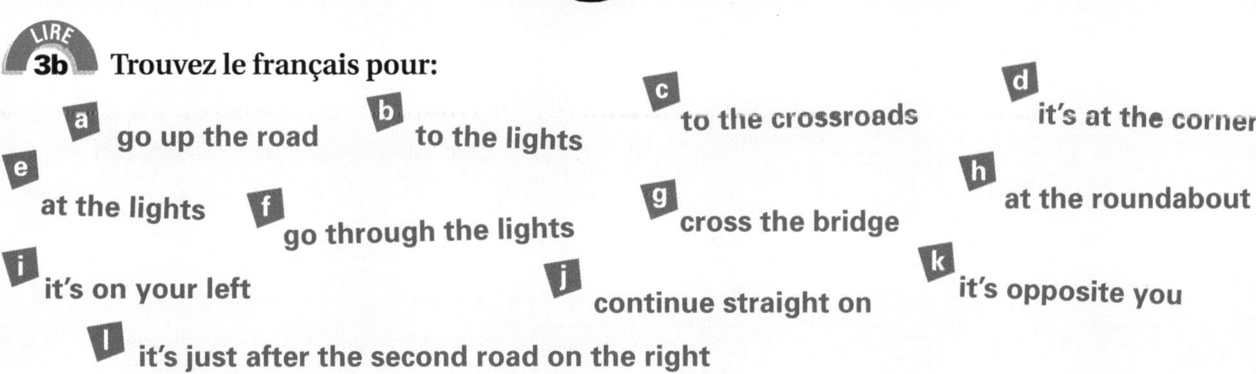

3c **Écoutez ces directions. On va où? (1–5)**

3d **À deux. Donnez des directions à votre partenaire. Où allez-vous?**

Écoutez et lisez les conversations. Pour chaque conversation, notez les détails qui manquent. (1–4)

Touriste	Pardon, madame/monsieur. **a**, c'est près d'ici?
Passant(e)	Ah non, c'est assez loin. C'est à **b** d'ici.
Touriste	Pour y aller, s'il vous plaît?
Passant(e)	Prenez **c**, et descendez à la/au **d**.
Touriste	Le trajet dure combien de temps?
Passant(e)	Eh bien, **e** environ.
Touriste	Merci, madame/monsieur. Au revoir.

Le détective

Y *(pronouned [ee]) means "there".*
It comes before the verb in a sentence.
Exemple:
Pour y aller, s'il vous plaît?
= How do I get there?
Elle y va le lundi
= She goes there on Mondays.

Pour en savoir plus ➡ page 217, pt 7.4

À deux. Répétez les conversations. Utilisez les détails suivants:

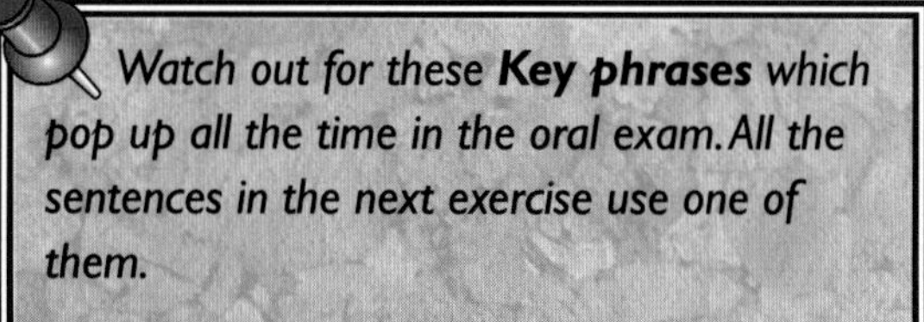
*Watch out for these **Key phrases** which pop up all the time in the oral exam. All the sentences in the next exercise use one of them.*

Je voudrais ...	Est-ce qu'on peut ...?
Avez-vous ...?	... à quelle heure?
Est-ce qu'il y a ..?	..., c'est combien?
Où est ...?	
Est-ce qu'il faut ...?	

PARLER 5 **Formez des phrases. Les mots qui manquent sont ci-dessous.**

1 Ask if there is … a b c Offre spéciale pour les étudiants .

2 Find out where … d e f .

3 Ask if you can … g h i .

4 Say you would like … j k TITANIC l .

5 Ask if they have … m n o .

6 Ask if you must … p retenir à l'avance q Il y a un supplément r français? .

7 Ask how much for … s 5€ t x1 u .

8 Find out when … v FIN w x .

un bus pour le stade
être coiffeur
des maillots de bain
un livre
une table pour deux personnes
réserver
payer un supplément
parler français

un billet
des toilettes
une nuit
un plan de la ville
le film finit
le train arrive
une réduction pour les étudiants
tu te lèves

le stade
mon stylo
le prof
manger un chewing-gum
avoir un nouveau cahier
prendre le bus
une glace
un billet pour 'Titanic'

1 *Pardon, madame ...*

Asking about journeys and modes of transport

Prenez des notes en français sur les directions précises. (1–5)

Exemple: 1

l'Hôtel Luxor
descendez la rue principale
à droite avant les feux
tout droit puis à gauche jusqu'au jardin public
passez devant un immeuble moderne sur la gauche
la troisième rue à droite

Le détective

When you are telling somebody what to do, you need the ***imperative****.*
If you are using vous *(****Example:*** *for a stranger in the street), your verbs end in* **-ez** [eh]
tournez montez allez
If you are using **tu**, -er *verbs end in* **-e**
tourne monte
Except for aller *which changes to:*
va

Pour en savoir plus ➡ page 208, pt 3.10

Écoutez cette conversation, puis répétez-la avec un(e) partenaire en changeant les détails.

Excusez-moi, je dois aller <u>en centre-ville</u>, c'est loin d'ici?
Non, c'est tout près.
Je peux y aller <u>en bus</u>?
Oui, <u>en bus, ou à pied</u>.
Je mettrai combien de temps <u>à pied</u>?
<u>Un quart d'heure, vingt minutes</u>.
Et si je prends <u>le bus</u>, je dois descendre où?
<u>À l'arrêt 'Lille'</u>, c'est indiqué dans le bus.

Donnez des instructions pour rentrer du collège à votre maison.

Exemple:

Alors du collège, pour aller chez moi, c'est très simple. Sors du collège et va tout droit jusqu'à l'arrêt d'autobus. Prends le bus numéro 85. Demande l'arrêt 'Putney Bridge'. Ensuite prends le métro direction Earls Court et descends à Parsons Green. La rue où j'habite est sur la droite, c'est la deuxième rue à droite.

Vous vous renseignez sur des vacances exotiques ou un peu différentes. Prenez des notes. (1–3)

Destination:	1	2	3
Moyen de transport:			
Durée du voyage:			
Prix:			

À deux. Faites le dialogue.

- Je voudrais visiter la Thaïlande, qu'est-ce que vous me proposez?
- Alors, vous pouvez visiter Bangkok et Phuket. Vous voyagez en avion et vous passez trois jours à Bangkok et quatre jours à Phuket.
- Le vol dure combien de temps?
- 10 heures approximativement.
- Et le prix?
- € 1,095 monsieur/madame.

Changez le dialogue selon ces détails:

Le Canada
Le Québec et le Mont Sainte-Anne, capitale de la neige
14 heures
€800

La Norvège
Les Fjords et la Baltique
2 heures
€550

La famille Soubeyran part en vacances et ils choisissent leur mode de transport. Copiez le texte et remplissez les blancs selon leur discussion.

Monsieur Soubeyran voudrait voyager en ______

parce que ______ et ______.

Sarah préfère ______ car ______.

La famille Soubeyran décide finalement de voyager ______.

Sarah: Pour aller dans le Midi alors cette année, papa, comment est-ce qu'on va voyager?

M. Soubeyran: Ben, on va y aller en voiture comme tous les ans, c'est le moins cher et c'est très pratique d'avoir la voiture sur place.

Sarah: Mais non, j'ai horreur de ça. C'est long, qu'est-ce que c'est long et ça me rend malade en plus. On ne peut pas prendre le TGV? C'est rapide et c'est beaucoup moins ennuyeux. On peut discuter, jouer aux cartes, faire un petit tour dans le train. S'il te plaît papa. On ne sort pas la voiture une fois arrivés.

Mme Soubeyran: Mais en fin de compte, on pourrait prendre l'avion, il y a des prix très raisonnables à trouver sur Internet. Qu'est-ce que vous en pensez?

M. Soubeyran: Ben oui, si ça revient moins cher.

Sarah: Génial, je veux bien.

2 À la gare et ailleurs

Buying tickets and getting around at the station

1a Où est-ce qu'on va:

a pour attendre le train en tout confort?
b pour quitter la gare en cas d'urgence?
c pour retrouver quelque chose qu'on a perdu?
d pour réserver un billet à l'avance?
e pour laisser ses sacs et aller visiter la ville?
f pour manger un sandwich?
g pour entrer dans la gare?
h pour prendre le train?
i pour acheter un billet?
j pour enregistrer ses bagages pour un long voyage?
k pour composter son billet?

Consigne automatique

Entrée

Sortie de secours

Réservations

Quais

Salle d'attente

Objets Trouvés

Bagages

Compostage

1b Écoutez et notez en français. (1–6)

a ce qu'ils cherchent.
b où c'est.

Exemple: 1 **a** guichet **b** en face des toilettes

2a Complétez la conversation au guichet en utilisant les mots dans la case. Puis écoutez pour vérifier si vous avez raison.

Employé	**Bonjour, je peux vous aider?**
Voyageur	**Je voudrais un a pour b, s'il vous plaît.**
Employé	**Bien sûr, en quelle classe?**
Voyageur	**En c classe, s'il vous plaît, et dans la section d. C'est combien?**
Employé	**Voilà, ça fait e, s'il vous plaît.**
Voyageur	**Le prochain train part à quelle heure?**
Employé	**Il y a un train toutes les f. Le prochain train part à g.**
Voyageur	**Merci, et il arrive à quelle heure?**
Employé	**Il arrive à h.**
Voyageur	**Et quel est le numéro du quai?**
Employé	**C'est le quai numéro i.**

deuxième
15h40
quatre
Calais
trente minutes
€35
non-fumeurs
aller-retour
13h20

Le détective

Quel *means which or what.*

	masculine	***feminine***
singular	quel quai?	quelle classe?
plural	quels trains?	quelles places?

Pour en savoir plus ➡ page 211, pt 4.3

Faites des conversations en utilisant les détails ci-dessous. Suivez le modèle dans 2a.

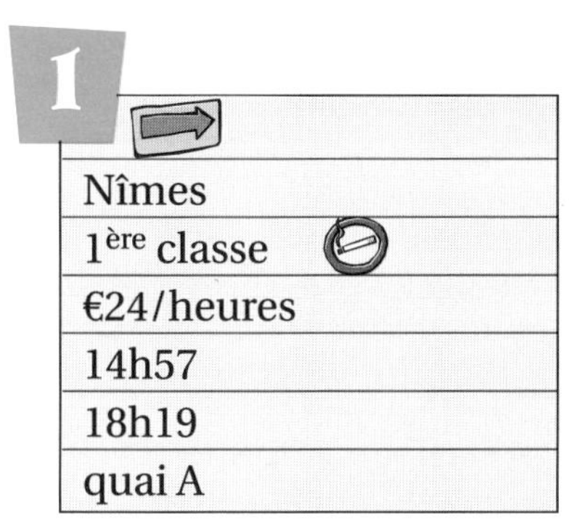

1
Nîmes
1ère classe
€24/heures
14h57
18h19
quai A

2
Lille Europe
2 ème classe
€42/30 minutes
16h50
19h13
voie Z

3
Antibes
1ère classe
€73/heures
18h56
22h10
quai 5

Répondez aux questions en français.

1 Si on comprend le système, le métro est facile/difficile?
2 Qu'est-ce qu'un carnet?
3 Qu'est-ce qu'on doit mémoriser si on ne veut pas se tromper?
4 Que veut dire 'direction' dans le contexte du métro?

On prend le métro

Le métro est très simple, si on comprend bien le système. On achète son ticket: les tickets se vendent en carnet de dix et on descend sur le quai. MAIS, chose très importante, il faut regarder le plan et mémoriser le numéro de la ligne que vous voulez, et la couleur, et la direction que vous voulez prendre. La direction, n'est pas 'nord 'ou 'est', elle est déterminée par la station qui se trouve à la fin de la ligne. Si vous avez compris tout cela, c'est très simple! Bonne chance!

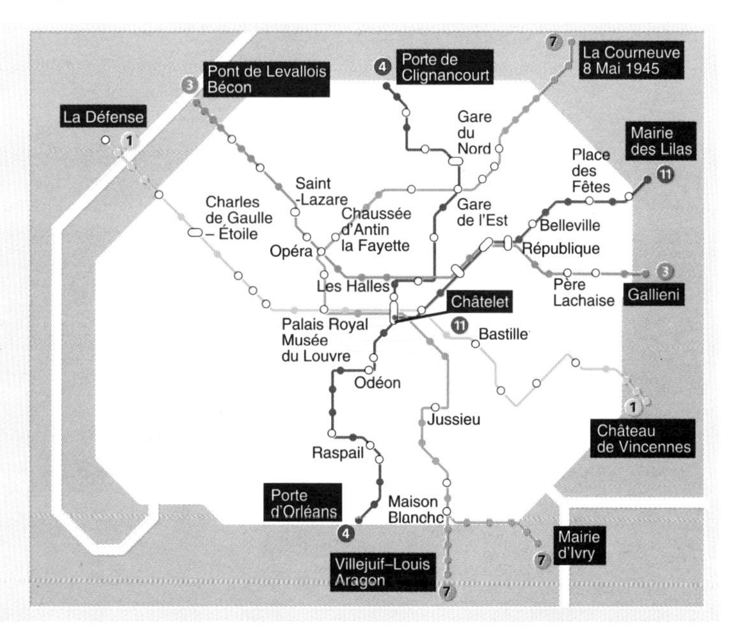

À deux. Choisissez chacun 5 stations et demandez des directions. Commencez à Châtelet chaque fois.

Exemple:

Je voudrais aller à Jussieu.
Prenez la ligne numéro 7, direction Villejuif.
Est-ce qu'il faut changer?
Non.

De quelle image s'agit-il? (1–4)

a

b

c

d

3 *Les problèmes*

Driving, breakdowns and accidents

1a Faites correspondre les phrases aux images.

1. *Je suis en panne.*
2. *J'ai un pneu crevé.*
3. *Pouvez-vous m'envoyer quelqu'un?*
4. *Je n'ai pas de roue de secours.*
5. *J'ai un problème avec la batterie.*
6. *J'ai un problème avec la roue.*
7. *J'ai un problème avec le volant.*
8. *J'ai un problème avec les freins.*
9. *J'ai un problème avec mes phares.*

10. *Je suis sur la route nationale 10 à côté d'Auchan.*

a 

b 

c 

d 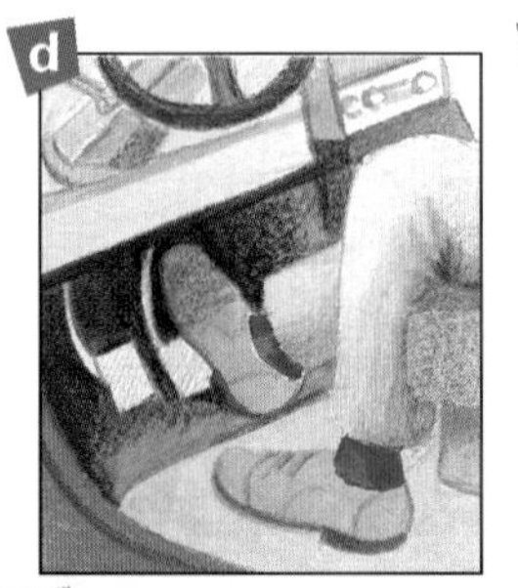

e 

f 

g 

h 

i 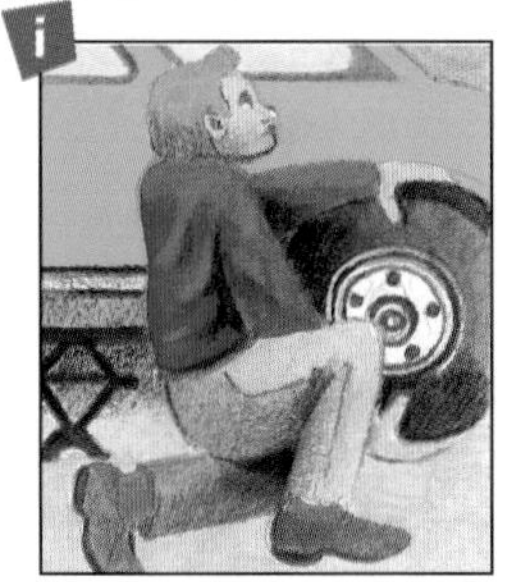

j 

1b Vous êtes tombé(e) en panne. Téléphonez à la station service et expliquez le problème.

Exemple: *Allô, oui, je suis tombé(e) en panne, j'ai un problème avec la batterie, pouvez-vous m'aider?*

Remplissez les blancs avec les mots dans la case.

M. Bousseau roulait très ______ et il ______. Dans la voiture il a senti la ______. La route était ______. Il y avait ______ de trafic.

M. Bousseau s'est ______ la tête. L'autre homme a été transporté ______.

mangeait chez lui parfum peu vite cogné cassé fumée lentement fumait aux urgences glissé dangereuse beaucoup

Constat d'accident

Je roulais au pas près du passage clouté et j'avais une cigarette dans la bouche. Soudain, j'ai laissé tomber ma cigarette et elle a commencé à brûler.

Puis, une autre voiture est entrée en collision avec moi. La route était glissante et l'autre voiture a dû déraper. C'était très dangereux, il y avait beaucoup de circulation. J'étais blessé, mais pas grièvement. Je me suis fait mal à la tête et à la jambe gauche. L'autre chauffeur a perdu connaissance et on l'a transporté à l'hôpital. Il va bien maintenant. Une chose est sûre, je ne fumerai plus dans ma voiture.

Jean-Marc Bousseau

À deux. Décrivez le scénario d'un accident et prenez des notes pour le présenter à la classe.

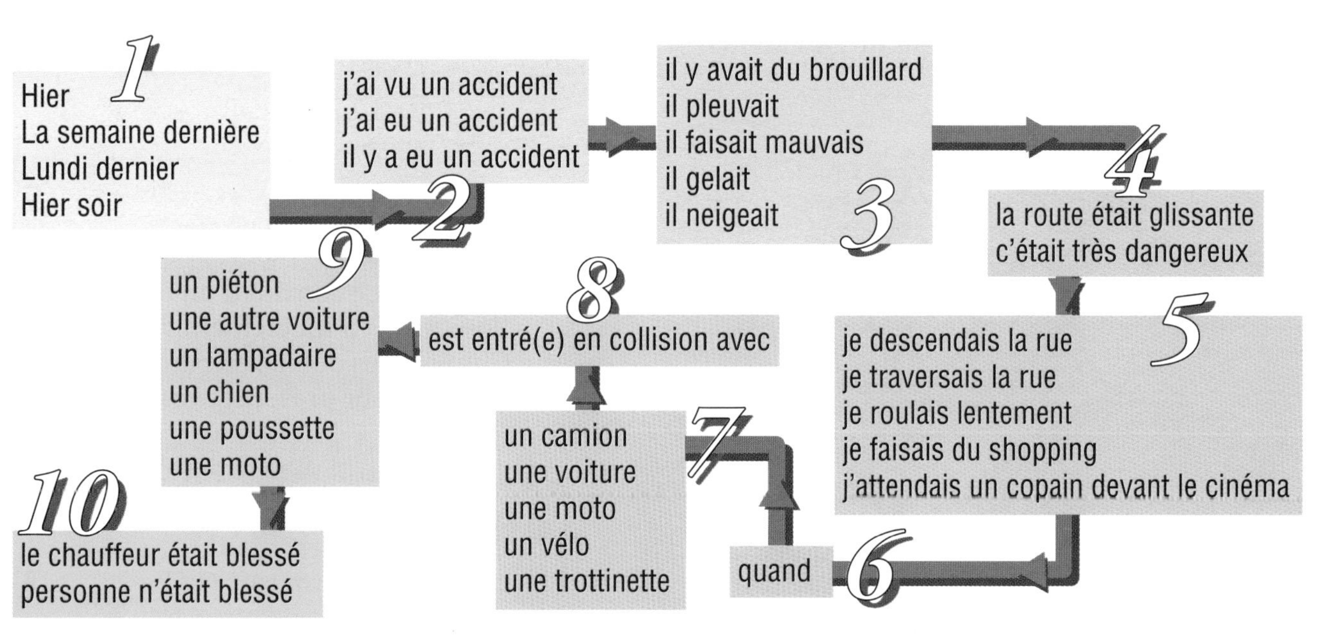

Écrivez un constat d'accident. Utilisez le vocabulaire ci-dessus.

Copiez et complétez la grille. (1–5)

Lieu	Problèmes	Autres détails
Nogent sur Marne	bouchon énorme	A4 camion détourné

4 *Trop de voitures?*

Transport and environmental issues

Trouvez l'expression en caractères colorés qui correspond à ces définitions.

a il y avait beaucoup de voitures sur les routes
b l'heure où tout le monde rentre à la maison
c une situation où les routes sont bloquées à cause du nombre de voitures
d l'endroit au bord de la route réservé aux piétons
e au milieu du centre-ville
f très très rapidement

> en avoir marre de quelque chose
> *to have had enough of something*

Quelle image représente l'incident?

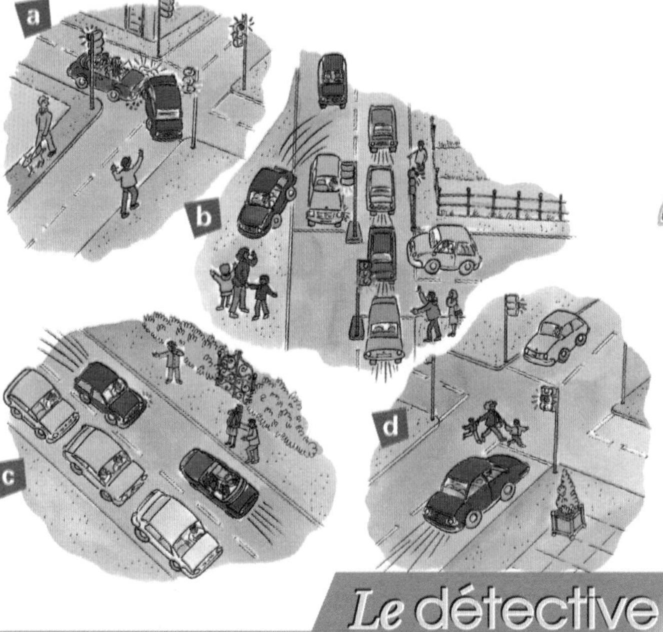

AGRESSIVITÉ AU VOLANT

Accident hier soir **en plein centre-ville**: trois blessés graves.

C'était **l'heure d'affluence** à La Rochelle, et comme d'habitude à 18h30 **il y avait beaucoup de circulation**. Au feu rouge au supermarché Leclerc, on faisait la queue pour tourner à gauche. Mais les voitures continuaient à venir de la direction opposée. Bref, **un embouteillage**: on attendait avec patience.

Soudain, Thierry Duault, 22 ans, en a eu marre. **À toute vitesse**, il a essayé de doubler la queue pour continuer tout droit. Mais pas sur la route. Il est monté sur **le trottoir** à 50 kilomètres à l'heure. Désastre: une jeune mère de famille s'y promenait avec ses deux enfants.

Résultat? La jeune femme, un de ses enfants et le chauffeur sont hospitalisés, et grièvement blessés.

Regardez ce constat d'un témoin. Vous avez vu un incident similaire. Changez les détails en caractères colorés pour présenter votre constat.

Alors, j'étais dans **un café** et en **entendant le bruit dehors**, je suis sorti et je suis allé en courant **jusqu'à la voiture**. En montant sur le trottoir, le chauffeur avait voulu doubler toute la queue. En voyant l'accident, j'ai **téléphoné tout de suite à la police**.
C'est tout.

Le détective

Present participle:
This often corresponds to the English form -ing:

En entendant	*hearing*	En montant	*getting into*
En courant	*running*	En voyant	*seeing*

Pour en savoir plus ➡ page 209, pt 3.12

De quel problème parlent-ils? (1–5)

Mettez les solutions proposées dans le bon ordre.

a

b

c

d

RÉUNION PUBLIQUE: lundi 6 septembre à 20h30, salle des fêtes

LES PROBLÈMES DANS NOTRE VILLE:
1 Les embouteillages bloquent les rues et on ne peut pas circuler.
2 Le stationnement en ville est devenu presque impossible.
3 Les gaz émis par les voitures causent trop de pollution.
4 La fumée et la pollution causent des maladies, en particulier l'asthme.
5 Le bruit constant des moteurs nuit à la tranquillité de nos parcs.

NOUS VOULONS:
1 Un meilleur système de transports en commun, avec plus de routes d'autobus.
2 Une zone piétonne dans le centre-ville.
3 Des voies réservées aux cyclistes.
4 La construction d'un parking-visiteurs à l'entrée de la ville.

SI VOUS VOULEZ PARTICIPER AU DÉBAT, VENEZ A LA RÉUNION.

Pensez à la ville la plus proche de chez vous. Copiez la grille. Placez les opinions dans la bonne colonne.

D'accord	Pas d'accord

1 Il y a trop de circulation en ville.
2 Il y a un grand nombre d'embouteillages.
3 Il y a peu de pollution.
4 Il y a beaucoup de transports en commun.
5 Il y a assez de zones piétonnes.
6 Il n'y a pas assez de pistes cyclables.

Donncz votrc opinion sur le transport dans votre ville/village.

Vous avez vu l'extrait à côté dans un magazine. Écrivez en français au magazine. Répondez à ces questions:

Décrivez votre ville.
Dites quelles mesures existent pour protéger l'environnement.
C'est assez? Pourquoi/pourquoi pas?
Dites ce que vous avez vu dans une ville que vous avez visitée. Quels systèmes de transport y avait-il?
Proposez une solution.

Trop de voitures en ville?
Trop de bruit?
Trop de pollution?
Que faut-il faire?
Écrivez-nous!

1 You have been on holiday and are going home. Refer to your diary.

samedi 21	Eurostar Lille Europe 15:20

A
- Je peux vous aider?
- Quand avez-vous fait cette réservation?
- À 17h50 heure locale. Qu'est-ce que vous avez fait pendant votre séjour en France?

B
- Give details of your reservation
- !
- Ask when you arrive
- !

2 Prepare a 1-minute talk about traffic in your town called 'Trop de voitures?'

Trop de circulation, les embouteillages
Trop de bruit
Trop de pollution

Pas assez de zones piétonnes
Pas assez de pistes cyclables
Pas assez de transports en commun

Your examiner may ask ...

1 Si tu avais beaucoup d'argent, comment voyagerais-tu?
2 Est-ce que tu penses qu'il y a trop de voitures? Quelle solution vois-tu à ce problème?
3 Décris un voyage que tu as fait.
4 Que penses-tu de l'alcool au volant?

3 The notes and pictures below give an outline of what happened last year when you were on holiday in France.

LE MATIN 1

 À quelle heure ?
Le petit déjeuner  ?
Qu'est-ce qu'on a mangé ?
Qu'est-ce qu'on a bu ?

LE DÉPART 2

Décider de sortir/partir comment  ?
Quel temps  ; 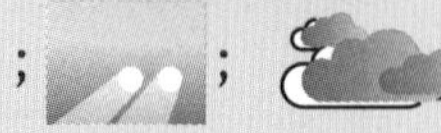 ?

L'ACCIDENT 3

Un accident entre votre véhicule et quel autre ? 
Qui a téléphoné ?
Attendre combien de temps  ?

À L'HÔPITAL 4

Problème 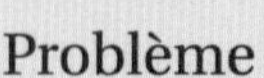 ?
Combien de temps 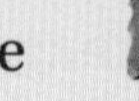 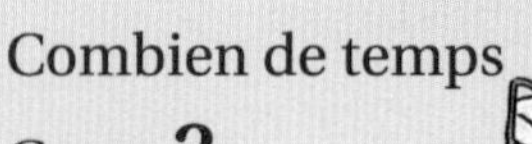  ?
Grave ?

LA VISITE 5

Les amis  ?
Les cadeaux 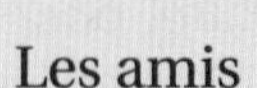  ?
Vos impressions du séjour  ?

Écrivez une lettre de 150 –170 mots au journal.

Il faut mentionner:
- l'article que vous avez lu.
- votre opinion personnelle sur votre moyen de transport préféré pour traverser la Manche.

Expliquez votre préférence.
Commentez les autres possibilités - les avantages et les inconvénients
Décrivez une traversée que vous avez fait une fois.
Dites comment vous traverserez la Manche la prochaine fois que vous allez en France.

En dessous ou au dessus?

Avec les grèves, les inondations, les blocages et les problèmes de douane, les citoyens britanniques favorisent désormais l'avion.

'J'en ai marre d'attendre, ou bien d'arriver au port pour voir qu'il y a des bateaux ou des trains annulés … Impossible' - John Nicolson 35 ans.

Et il n'est pas seul. Des centaines de voyageurs courent à l'aéroport pour profiter des vols rapides et des prix raisonnables …
Le tunnel n'était-il rien d'autre qu'un rêve? Les fameux ferry-boats vont-ils donc disparaître?
À vous la parole! Comment traverser la Manche?
Écrivez-nous …

By now, you should have a lot of tricks up your sleeve and know what you need to do to get your grade. For your final piece of coursework, pull out all the stops! Here is a list of coursework constructions designed to impress, with pages for reference:

Using the perfect and the imperfect together – pages 204 and 206
Say when you used the tunnel or a ferry and what it was like.

Adverbs – page 215
Describe the different journeys.

Si – page 218
Include sentences using if.

The perfect infinitive – page 205
Say that after having travelled by one method, you've decided to always use that mode of transport …

Comparing things – page 213
What are the advantages and disadvantages of the different possibilities?

The conditional tense – page 207
Say what you would do if you were responsible for the tunnel.

Using the near future and the future together – pages 206 and 207
Say when you are next going to go to France and how you will travel.

Mots

Les directions	*Directions*
à droite/à gauche	*on the right/on the left*
au coin	*on the corner*
un carrefour	*crossroads*
continuer	*to continue*
en face (de)	*opposite*
les feux	*traffic lights*
jusqu'au/à la/aux ..	*until ...*
juste avant ...	*just before ...*
la première/deuxième rue à ...	*the first/second road on . .*
monter	*to go up*
prendre	*to take*
un rond-point	*roundabout*
une rue	*road/street*
tourner (à droite/ à gauche)	*to turn (right/left)*
tout droit	*straight ahead*
traverser	*to cross*
(un peu) plus loin	*(a little) further on*

Demander des renseignements	*Asking for information/ directions*
À quelle heure ...?	*What time ...?*
Avez-vous ...?	*Do you have ...?*
C'est combien ...?	*How much is ...?*
Est-ce qu'il faut ...?	*Do I have to ...?/ Should I ...?*
Est-ce qu'on peut ...?	*Can I ...?/Is it OK if I...?*
Est-ce qu'il ya a ...?	*Is there ...?Are there ...?*
Je voudrais ...	*I'd like ...*
Où est ...?	*Where is ...?*
Où sont ..?	*Where are ...?*
Pour aller à/à la/aux ...?	*Which way is it to ...?*

Donner des renseignements	*Giving information/ directions*
Allez .../Va ...	*Go ...*
C'est indiqué.	*You'll see a sign for it.*
Continuez/Continue ...	*Carry on .../ Continue ...*
Descendez .../ Descends ...	*Go down ...*
Descendez/Descends à/à la/aux ...	*Get off at ...*
Montez .../Monte ...	*Go up ...*
Passez/Passe devant ...	*Walk in front of ...*
Prenez .../Prends ...	*Take ...*

À la gare	*At the station*
Bagages	*Luggage*
Buffet	*Buffet/Restaurant*
composter (un billet)	*to punch your ticket*
Consigne	*Left-luggage office*
Entrée	*Entrance*
Guichet	*Ticket office*
Objets Trouvés	*Lost Property*
Quais	*Platforms*
Réservations	*Reservations*
Salle d'attente	*Waiting Room*
Sortie de secours	*Emergency Exit*

Acheter un billet	*Buying a ticket*
un aller-retour	*return ticket*
un aller simple	*single ticket*
un billet pour ...	*a ticket for ...*
fumeurs/non-fumeurs	*smoking/non-smoking*
première/deuxième classe	*first/second class*

Les problèmes sur la route	***Breakdowns***
J'ai un problème avec …	*I've got a problem with …*
Je n'ai pas de …	*I haven't got a/any …*
Pouvez-vous m'aider?	*Can you help me?*
la batterie	*battery*
être/tomber en panne	*to break down*
les freins	*brakes*
les phares	*headlights*
un pneu crevé	*puncture*
une roue	*wheel*
la roue de secours	*spare wheel*
le volant	*steering wheel*

Décrire un accident	***Describing an accident***
blessé(e)	*injured*
un camion	*lorry*
un chien	*dog*
dangereux/-euse	*dangerous*
entrer en collision avec	*to collide with*
glissant(e)	*slippery*
un lampadaire	*lamp post*
une moto	*motorcycle*
un passage clouté	*pedestrian crossing*
un piéton/une piétonne	*pedestrian*
une poussette	*pushchair*
rouler vite/lentement	*to travel quickly/slowly*
un vélo	*bicycle*

Le transport et l'environnement	***Transport and the environment***
bloqué(e)	*blocked-up*
la circulation	*traffic*
un embouteillage	*traffic jam*
les gaz d'échappement	*exhaust fumes*
une piste cyclable	*cycle lane*
le stationnement	*parking*
trop de …	*too many…/ too much…*
une voie réservée aux cyclistes	*cycle lane*
une zone piétonne	*pedestrianised area*

À toi!

1 Lisez l'article et répondez aux questions.

Le collège ... chacun en a fait l'expérience, chacun a son opinion ... partout dans le monde

Samuel – Comme j'habite à Basse-Terre à la Guadeloupe, on a le même système qu'en France puisqu'on est un département d'outre-mer. C'est bien, comme ça je peux aller à l'université en France.

Mohamed – Ce qui m'intéresse c'est les vacances. En France, on a deux semaines de vacances à Pâques et à Noël et les grandes vacances sont plus longues. C'est génial. Il y a deux jours fériés en mai. Le premier mai c'est la fête du travail et tout le monde s'offre du muguet.

Louis – Chez nous on va au collège le samedi matin, c'est tout à fait normal, mais les autres européens sont choqués par ce fait. Moi, personnellement, je n'ai rien contre, je m'ennuie le week-end.

Thierry – Ce que je trouve affreux, c'est le système de redoublement. C'est pénible de redoubler une année – il faut éviter ça à tout prix. À vos livres alors!

Denis – Le collège en France est laïque, en principe, on est libre le mercredi après-midi si on veut profiter de l'éducation religieuse. Comme ça, personne n'a le droit d'imposer sa religion sur les jeunes.

laïque	*lay/non-religious*
le muguet	*lily of the valley*

1 Qui ne voudrait pas refaire une année?
2 Qui va étudier en France?
3 Qui préférerait ne pas travailler?
4 Qui soutient la laïcité?
5 Qui travaille en fin de semaine?

2 Lisez ces lettres et répondez aux questions.

Si on faisait plus de voyages scolaires, ce serait une très bonne chose. Si on partait, visitait et faisait l'expérience d'autres pays, je serais beaucoup plus motivée.
Corinne

À mon avis, il faut changer le système. Il y a peu de possibilités de formation professionnelle par exemple. C'est quasiment impossible de trouver un emploi sans avoir le bac. Il faut plus de souplesse.
David

Il faut se sentir en sécurité, être protégé du mal – ça c'est la fonction du collège.
Fodé

C'est l'environnement qui compte pour moi. Quand on va tous les jours au même collège, il faut qu'il y ait un peu de confort – ou bien des arbres, des espaces verts – il faut donner de l'argent aux collèges pour alimenter l'esprit.
Laetitia

1 Qui aimerait voir plus de plantes?
2 Qui veut être sain et sauf?
3 Qui voudrait avoir plus de choix?
4 Qui voudrait voyager plus?

Écrivez un article de 100 mots où vous faites une comparaison de votre vie scolaire avec celle d'un(e) élève français(e) de votre âge. Voici des idées pour vous aider:

	Grande-Bretagne	France
Heures de travail par jour	5	6/7
Nombre de matières étudiées	9/10 jusqu'aux GCSE	7/8 jusqu'au bac
Examens passés	à l'âge de 16 – 9/10	à l'âge de 17 – 1 à l'âge de 18 – 6/7
Devoirs par soir	2 heures	2 heures
Genre de cours	travail en groupe/discussion/ travail pratique	cours magistral
Nombre d'élèves en classe	25-30	30 (des classes plus petites après le bac)

un cours magistral *lecture*

Moi, je ...
Un élève français de mon âge ...
Nous, on ...
Normalement ... tandis que ...

Copiez le texte et remplissez les blancs avec les détails qui manquent.

La vie scolaire en France est très ___ de la vie scolaire en ___-___ . Un élève français de mon âge ___ en générale ___ ___ ___ heures, tandis que nous ne travaillons que ___ heures.

Les Français ___ sept ou huit matières jusqu'au ___ . Nous ___ neuf ou dix ___ jusqu'à l'âge de seize ans.

Nous faisons à peu près la même ___ de devoirs tous les ___ .

Les cours sont distincts. En France, c'est surtout des ___ ___ , tandis que chez nous, on ___ beaucoup de travail ___ ___ , et de ___ pratique.

Les classes de bac en France sont ___ ___ que chez nous.

À toi!

Thierry

Tant de couples divorcent de nos jours – le mariage n'a plus aucun sens.

Sandrine

Le mariage, c'est vivre avec quelqu'un pour toute la vie – pour moi, c'est l'idéal.

Saïd

À mon avis le mariage a toujours une certaine importance dans la société.

Patricia

Je crois que le mariage joue un rôle de moins en moins important à présent.

Liliane

Le sujet ne m'intéresse pas du tout – je vous assure.

Zoë

Vivre ensemble est de plus en plus accepté par la société et l'église. Vivre en couple avant le mariage c'est donc une bonne chose.

Olivier

À mon avis, les couples homosexuels devraient avoir le droit de se marier. Ils peuvent tomber amoureux comme tout le monde.

Romy

Les familles ont différentes formes – monoparentales etc. – tant mieux à mon avis.

Lisez les opinions sur le mariage. C'est qui?

1 ______ **est définitivement pour le mariage.**
2 ______ **pense qu'on devrait vivre ensemble avant le mariage.**
3 ______ **est contre le mariage.**
4 ______ **pense que la diversité en ce qui concerne la famille est une bonne chose.**
5 ______ **croit que le mariage est valable pour les couples homosexuels.**
6 ______ **pense que le mariage est moins important actuellement.**
7 ______ **est plutôt pour le mariage.**
8 ______ **n'a pas d'avis à ce sujet.**

Complétez les blancs dans ce passage en utilisant les mots ci-dessous.

Je suis jalouse!

Je suis ______ si jamais ma meilleure copine ______ avec d'autres gens. Est-ce normal?

Liliane, 16 ans

La jalousie est tout à fait normale. Tu veux être ______ pour ta meilleure amie. Tout le ______ est un peu égoïste. L'égoïsme ______ à développer le caractère d'une personne. Tu veux être unique, mais c'est important d'avoir beaucoup d'amis, ______ l'exclusivité peut être dangereuse. Si deux ______ n'ont aucun contact avec d'autres jeunes filles, elles risquent de se séparer de leurs camarades de classe et en fin de compte, leur amitié ne durera pas ______.

aide	longtemps	unique	monde	car	jalouse	parle	copines

Répondez à ces questions en anglais.

1 Why is Liliane writing to the magazine? *(1)*
2 What does the magazine think is normal? *(1)*
3 According to the magazine, what is the function of our egocentric side? *(1)*
4 What happens when two friends isolate themselves from others? *(2)*

Faites une interview avec une personne célèbre (vous pourriez faire des recherches sur Internet). Écrivez un dialogue.

Il faut mentionner:

- leur famille
- leur travail
- leurs loisirs
- leur opinion sur le mariage
- ce qu'ils font pour aider à la maison
- ce qu'ils n'aiment pas comme tâche ménagère

Vous avez vu cet extrait dans un magazine. Quel genre d'ami êtes-vous? Écrivez en français au magazine.

Décrivez votre personnalité.
Décrivez vos relations avec vos amis.
Dites ce que vous faites avec vos amis – donnez 3 détails.
Dites ce que vous espérez faire avec eux dans l'avenir.
Dites ce qu'il est important de faire pour avoir de bonnes relations avec des gens.

À toi!

Choisissez les bons mots pour compléter chaque phrase.

VOLLEY-BALL Objectif Sydney!

Tous les amateurs de volley ont rendez-vous les 31 août et 1er septembre, à la salle Jean Dauguet. C'est en effet à ces dates que l'équipe de France sera confrontée à trois des meilleures formations mondiales dans le cadre du Tournoi de France organisé par la Ligue d'Aquitaine de volley-ball. L'opposition sera de taille car les sélections présentes ne sont autres que la Russie, championne du monde 99, l'Italie, 3ème mondiale et vainqueur de l'Euroligue 99 et les États-Unis. À deux semaines à peine des Jeux Olympiques, cette compétition prendra des allures de répétition générale car si la Russie, l'Italie et les USA sont déjà qualifiés, l'équipe de France, elle, ne sera fixée sur son sort qu'après le tournoi de Castelnau-le-Lez les 25, 26 et 27 juillet prochains.

1 Ceux qui jouent dans le tournoi sont
a des amateurs **b** des champions **c** des débutants

2 Le tournoi de France de volley-ball aura lieu
a début août **b** mi-août **c** fin août

3 Des quatres équipes qui participent, laquelle n'est pas qualifiée pour les Jeux Olympiques?
a Les États-Unis **b** La France **c** L'Italie **d** La Russie

Trouvez la fin de chaque phrase.

CHAMPIONNATS DE FRANCE
Dragsters en piste

Si vous êtes amateurs de sensations fortes et de bruit, retenez bien la date du 29 juillet. La piste d'accélération de Labarde accueillera ce jour-là le Championnat de France de dragsters.

Le Moto Club Bordeaux Accélération entend corser le spectacle en organisant les finales en nocturne, les qualifications se déroulant, quant à elles, dans la journée. Des acrobaties moto et une animation musicale en fin de compétition sont également au programme. 29 juillet – piste d'accélération de Labarde – prix d'entrée €10.

1 Si vous aimez le bruit
2 Pendant la journée
3 Le soir
4 Vous pourrez également

a voir des acrobaties moto
b venez à Labarde le 29 juillet
c se déroulent les qualifications
d vous pouvez voir les finales

LIRE 1c **Remplissez les blancs. Choisissez parmi les chiffres à côté.**

Une patinoire sur l'esplanade du hangar 5 du 1er décembre ______ au ______ février ______! La société Axel Véga installera, sur l'esplanade de l'ex-hangar 5, une piste de glace de ______ en forme de goutte d'eau. Elle sera ouverte de ______ à ______ et des plages horaires seront également prévues pour les scolaires.

28
2001
10h
2000
1000m²
22h

2 Vous avez vu l'extrait ci-dessous dans un magazine. Écrivez en français au magazine.

Répondez à ces questions:

- Comment passez-vous votre temps libre en général? Où allez-vous d'habitude quand vous sortez?
- Quelle est l'importance des loisirs?
- Faites-vous partie d'une équipe ou d'un club? Est-ce bien de faire partie d'une équipe? Pourquoi, pourquoi pas?
- Que pensez-vous des sports dangereux?
- Qu'est-ce que vous avez fait le week-end dernier?

3 Traduisez ces phrases en français.

1 Last week I went to the cinema with my girlfriend. We saw a horror film – it was great.
2 Yesterday evening I played with my computer. I won!
3 The day before yesterday I went swimming.
4 She played tennis very well.
5 I went roller-skating every day when I was on holiday.
6 I went horse riding last year – I love it.
7 I read a fantastic book. I liked it a lot.

À toi!

1 Complétez la phrase avec la bonne réponse.

Le monde du travail à l'avenir: *mythe ou réalité?*

1 Plus de longs trajets pour aller au travail: On restera à la maison pour travailler.

Réalité

La création du web veut dire qu'on peut rester en contact avec sa compagnie et ses collègues sans quitter sa propre maison. Communiquer, choisir, acheter, vendre, tout peut se faire grâce au courrier électronique et aux sites de web de plus en plus sophistiqués. Beaucoup de Français travaillent déjà à partir de leur propre maison.

2 Le chômage deviendra de pire en pire.

Mythe

C'est vrai que les industries traditionnelles sont en train de disparaître, mais les machines ne remplaceront jamais les gens dans les hôpitaux, les écoles et les autres domaines de service.

3 On ne fera plus un métier pour la vie.

Réalité

Les jeunes doivent être prêts à changer, à suivre des formations différentes à des âges différents, et à s'adapter quand c'est nécessaire.

4 On fera moins de travail, et aura plus de loisirs ...

Mythe

Le travail à temps partiel et le partage de poste restent assez populaires, mais surtout chez les femmes. Pour la plupart, en Europe et aux États-Unis, on continuera à travailler pendant les heures traditionnelles.

1 Dans l'avenir
- **a** on ne travaillera plus à la maison
- **b** on travaillera plus à la maison
- **c** on quittera sa propre maison

2 Les machines
- **a** remplaceront les professeurs
- **b** aideront l'industrie
- **c** remplaceront les industries traditionnelles

3 Les gens seront
- **a** plus homogènes
- **b** mieux éduqués
- **c** moins travailleurs

4 Le travail à temps partiel
- **a** restera populaire
- **b** n'existera pas
- **c** sera rejeté

2 **Répondez à ces questions en anglais.**

ANTOINE DE CAUNES

saltimbanque au grand cœur

Comédien, ex-animateur et journaliste à Canal+… Antoine de Caunes va changer de casquette les 8 et 9 juillet. Il sera sur scène, entre deux groupes de musique, lors de la deuxième édition du festival Solidays. Deux jours de concerts pour une bonne cause: une collecte de fonds organisée au profit de Solidarité Sida.

Cette association finance la recherche scientifique sur le sida, et aide aussi les malades et leur famille. Antoine de Caunes a accepté d'en être le président d'honneur.

Depuis trois ans, Antoine, 45 ans, révèle d'autres facettes de sa personnalité. Tout d'abord, enfant de la télévision (sa mère, Jacqueline Jouert, a été la première speakerine française, et son père, Georges de Caunes, un journaliste aventurier), il est aujourd'hui acteur de cinéma et réalisateur. Maintenant, quand on lui demande quel est son métier, il répond: saltimbanque, comme ses parents, ou sa fille Emma, actrice. Un saltimbanque, avec un grand cœur…

un saltimbanque	*performer*

1 What five jobs has Antoine de Caunes had? *(5)*
2 What will he be doing on the 8th and 9th of July? *(3)*
3 What is his family background? *(2)*
4 What answer does he give when he is asked his job these days? *(1)*

3 **Vous avez un rendez-vous à 15h et ce n'est plus possible. Laissez un message à la personne que vous deviez rencontrer.**

Il faut lui dire:
- pourquoi ce n'est plus possible
- quand ce sera possible
- comment elle peut vous contacter

4 **Écrivez un article de 150 mots où vous décrivez vos projets pour l'avenir.**

Il faut mentionner:
- vos projets en ce qui concerne l'éducation
- votre emploi idéal
- les avantages de certains emplois
- les inconvénients d'autres emplois
- l'importance du travail

MODULE 5 MA VILLE

À toi!

Nous savons maintenant que l'environnement est important et que chacun est responsable. Les jeunes sont très conscients du recyclage et de l'importance d'emprunter les transports en commun, mais les problèmes globaux sont toujours à résoudre. Il y a des problèmes de surpopulation par exemple, surtout en Afrique où le problème de la sécheresse existe aussi.

En Amérique du Sud, la destruction des forêts tropicales cause le réchauffement de la planète et aggrave le problème dans la couche d'ozone.

Les grandes industries mondiales ne respectent pas la nature. La pollution et les déchets nucléaires causent la pluie acide, qui détruit l'environnement.

Finalement, c'est l'homme qui est responsable de la disparition des espèces rares. Il les tue pour de l'argent – les ours, les tigres, les baleines. L'extinction des espèces rares est une possibilité réelle. Il faut agir, avant qu'il ne soit trop tard …

LIRE 1 Lisez l'article et répondez à ces questions en anglais.

1	What are young people conscious of?	*(2)*
2	What two problems are mentioned in the context of Africa?	*(2)*
3	What are the consequences of cutting down rainforests?	*(2)*
4	According to the article, who does not respect the environment?	*(1)*
5	Why does man kill rare species?	*(1)*

Priorité environnementale – la nature

Lutter contre les menaces envers la nature et obtenir des résultats sur le plan de l'environnement

Au Canada, comme ailleurs dans le monde, les espèces disparaissent à un rythme alarmant. Chez nous, plus de 300 d'entre elles sont menacées. Les scientifiques nous disent que la perte des espèces est principalement due à la destruction des habitats, c'est à dire la superficie et les éléments naturels dont elles ont besoin pour survivre. Les rapports sont clairs: sans habitats, il n'y a pas d'espèces. Le déclin des espèces et de leurs habitats est inacceptable, et nous devons renverser les tendances. En effet, les pertes ont un impact direct sur notre santé, notre économie et la beauté naturelle de notre pays.

Depuis la Confédération, le Canada a perdu 65% de ses marais côtiers, 70% des terres humides dans certaines parties du bassin des Grands Lacs et du Saint-Laurent, ainsi que quelque 70% des terres humides du delta du Fraser.

L'accroissement démographique, allié au développement urbain et industriel, notamment l'exploitation des ressources minières et forestières, contribuent à la réduction des habitats naturels.

Les autres dangers sont:

- la pollution de l'air et de l'eau;
- les changements climatiques et l'appauvrissement de la couche d'ozone;
- la surutilisation des espèces animales et végétales;
- la consommation et les modes de production tels que la monoculture.

Sans protection contre de tels dangers, l'habitat est menacé et les espèces sauvages du Canada sont en péril ou risquent de disparaître.

Trouvez le français pour ces expressions:

1 an alarming rate
2 threatened
3 habitat
4 health
5 climate changes
6 the ozone layer

Répondez à ces questions en anglais.

1 How many species are under threat in Canada?
2 To what do scientists attribute this?
3 Give two examples of things which put the environment at risk.

Écrivez un article de 100 mots sur les problèmes principaux de l'environnement de nos jours.

Il faut mentionner:

- le réchauffement de la planète
- la dispartition des espèces
- le problème de la pollution
- votre opinion

Proposez une solution

Écrivez un poème pour encourager les gens à penser plus à leur environnement. Voici du vocabulaire pour vous aider …

les arbres
les forêts
les océans
les animaux
les oiseaux
les espèces rares
la terre
la planète

mourir
périr
détruire
souffrir
persécuter
disparaître
chanter
vivre

Il faut agir, avant qu'il ne soit trop tard …

À toi!

Victor J'adore les grands magasins et les grandes surfaces. J'aime bien quand il y a beaucoup de choix. J'ai horreur des petites boutiques – qu'elles crèvent.

Jean-Pierre Je suis pour le shopping le dimanche. Si on travaille toute la semaine, c'est bien de pouvoir faire ses achats le dimanche. C'est pratique et pour les gens qui veulent travailler le dimanche c'est bien aussi.

Nicole Moi, je suis très traditionnelle et j'aime bien faire mes courses au marché et dans les petits magasins où je connais tout le monde. Dans les grandes surfaces, vous n'avez pas la même qualité et l'emballage m'énerve.

Max Je suis très pressé et cette révolution on-line m'a libéré. C'est une aubaine – je suis l'internaute numéro un.

Céline Moi je suis contre le shopping le dimanche. Le dimanche c'est un jour de repos et même si on n'est pas religieux, il faut se reposer. Si on commence à travailler le dimanche, ça changera tout.

Répondez à ces questions.

1 Qui ne veut pas que les magasins ouvrent 7 jours sur 7?
2 Qui préfère les grandes surfaces?
3 Qui n'aime pas les hypermarchés?
4 Qui pense que le shopping le dimanche serait une bonne idée?
5 Qui fait tous ses achats par Internet?

Faites correspondre les annonces et les phrases correctes.

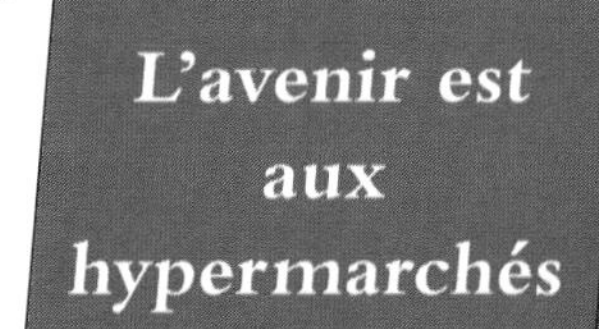

2 Le siècle d'Internet – shopping en ligne ...

4 Le shopping chez vous – plus besoin de faire la queue

5 Plus de courses pour faire les courses!

a Le shopping en ligne sera plus rapide
b Nous ne courrons plus pour faire les courses
c Nous ferons notre shopping sur Internet
d Les grandes surfaces existeront toujours
e L'informatique jouera un rôle immense dans l'avenir

Vous avez acheté cet article. Écrivez une lettre pour vous plaindre de sa qualité.

Il faut dire:
- où vous avez acheté l'article
- combien vous l'avez payé
- quel est le problème

Demandez un remboursement
Commencez et terminez la lettre par les formules nécessaires.

Vous avez vu cet extrait dans un magazine. Écrivez en français au magazine.

L'argent de poche – une mauvaise habitude
Les jeunes doivent travailler pour gagner leur vie!
Qu'en pensez-vous?

Dites combien d'argent de poche vous recevez.
Qui vous le donne?
Qu'est-ce que vous achetez avec votre argent de poche?
Qu'achètent les jeunes en général?
Est-ce que vous avez un petit boulot?
Quels sont les avantages d'avoir un petit boulot?
Quels en sont les inconvénients?
Est-ce que l'argent est important dans la vie? Donnez votre opinion!

À toi!

1 Regardez les panneaux. Indiquez si les phrases sont vraies ou fausses.

Vous sortez? Prière de laisser votre clé à la réception.

Le petit déjeuner est servi de 6h30 à 10h.

La salle de télévision se trouve au rez-de-chaussée à côté de la réception.

Pensons à l'environnement! Réutilisez vos serviettes. Laissez vos serviettes par terre dans la salle de bains si vous voulez qu'on les change.

Pension complète? Demandez à la réception.

Nous n'acceptons les cartes de crédit qu'avec une pièce d'identité.

Garez-vous au parking de l'hôtel et pas dans la rue, s'il vous plaît.

h

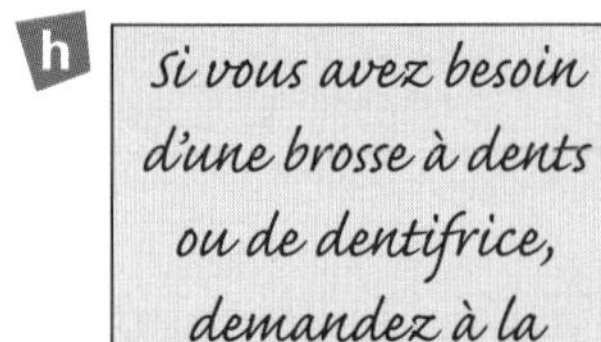

1 On peut regarder la télévision au rez-de-chaussée.
2 Il ne faut pas garer sa voiture dans le parking de l'hôtel.
3 Il faut laisser la clé à la réception si on sort.
4 On change les serviettes automatiquement.
5 On ne peut pas manger à l'hôtel.
6 L'hôtel accepte les cartes de crédit.
7 On vend du dentifrice à la réception.
8 On peut prendre le petit-déjeuner à 10h10.

Faire du camping – plaisir ou catastrophe?

On dit que les campings français sont de première qualité – prises d'électricité, grillades à côté de la tente, bloc sanitaire impeccable, eh bien, moi j'ai dû avoir une mauvaise expérience cette année parce que le plaisir n'y était pas. D'abord, les règlements ... vous arrivez et le monsieur à l'accueil vous informe:

- que vous ne devez pas faire de bruit après 22h ...
- que les chiens sont interdits près de la piscine ...
- qu'on ne doit pas faire la vaisselle dans le bloc sanitaire, mais dans le bloc cuisine ...
- qu'une douche est limitée à trois minutes ...
- qu'il est interdit de faire du feu ...

Oh là là – les interdictions sont nombreuses!

C'est pire qu'au collège!

Le lendemain, j'ai appris que je faisais du footing sur la piste cyclable et que je jouais aux boules sur le terrain de volley – strictement interdit.

Un renard avait détruit le sac poubelle que j'avais mis devant l'entrée de ma tente. Amende de €10. J'avais garé ma voiture où il ne fallait pas stationner ... je n'en pouvais plus et je suis parti à l'hôtel – fini pour moi le camping!

2 Répondez à ces questions en français.

1 En général, quelle est la réputation des campings français? *(1)*
2 Quel règlement vous paraît le plus extrême? Pourquoi? *(2)*
3 Quelles activités sportives sont mentionnées dans le texte? *(4)*
4 Pourquoi est-ce que l'auteur du texte a dû payer une amende de €10? *(1)*
5 Qu'est-ce que l'auteur a décidé de faire après sa mauvaise expérience? *(1)*

Vous avez passé quelques jours dans un village de vacances en France. Regardez la publicité et écrivez une lettre en français à votre amie Virginie.

> Avec qui êtes-vous allé(e) au Parc de la Vallée?
> Qu'est-ce que vous avez fait comme activités? Donnez 3 détails.
> Qu'est-ce que vous pensez du Parc de la Vallée?
> Quand est-ce que vous allez retourner au Parc de la Vallée?
> Invitez-la à passer le week-end avec vous dans le parc.
> Posez-lui une question sur ses passe-temps préférés.

Parc de la Vallée

Chalets loisirs

- Escalade
- Saut à l'élastique
- Canoë-kayak
- Minigolf
- VTT
- Tir à l'arc
- Tennis

Restauration

- L'auberge Saint-Paul – Hôtel restaurant
- La Bretagne – Crêperie
- Le moulin de l'Inthe – café/bar

À toi!

Répondez à ces questions.

Les films d'horreur tu hurles ou tu te régales?

C'est débile et ça fait peur

"Moi, je trouve que les films d'horreur n'ont aucun sens. C'est débile! Enfin, on a la trouille, c'est tout!"

Julia, 16 ans et demi

J'en ai horreur!

"Les films d'horreur, j'ai horreur de ça! Je fais des cauchemars. J'ai su que je n'aimais pas ça du tout lorsque j'ai vu un passage du film *Copycat*. Il y a beaucoup trop de violence (sans raison). Je connais d'autres films plus intéressants."

Anonyme

Je me ronge les ongles

"C'est super de regarder un film d'horreur seul sur son canapé, avec un coussin devant les yeux, et de se ronger les ongles jusqu'au sang."

Louise, 15 ans

Ça me fait hurler!

"Avec mes copains, on se fait des après-midi où on se loue un bon film d'épouvante et on le regarde en hurlant! Mais il ne faut pas en abuser et certains films ne sont pas à voir à 15 ans."

Laura, 15 ans

1 Qui a peur des films d'horreur?
2 Qui pense que les films d'horreur sont nuls?
3 Qui n'aime pas regarder les films seul?
4 Qui préfère regarder les films d'horreur sans ses copains?

Lisez cet article et remplissez les blancs en utilisant les mots ci-dessous.

YOUSSOU N'DOUR

Origine: sénégalaise. Vient d'une famille de "griots", poètes, musiciens et sorciers africains.

Parcours: a grandi dans le quartier populaire de ______. À 12 ans, intègre le plus grand orchestre de la ville, le "Star Band" avant de former son propre groupe "Super Étoile".

Musique: ______ du Mbalax, une musique africaine très ______ au Sénégal. A confronté sa musique avec celle d'artistes comme Peter Gabriel ou Jacques Higelin, sans jamais ______ ses racines.

Ambition: a déjà fait construire un studio d'enregistrement parmi les plus performants d'Afrique: le Xippi. Souhaite à présent ______ toute la diversité des musiques ______ et sénégalaises.

Actu: Avec son label Jololi (c'est le son d'une clochette que l'on agite), il démontre la réalité du hip hop de Dakar. Une compile ______ 11 groupes et artistes qui mélangent l'instrument ______ et le son des machines.

Da Hop, Delabel

trahir | **africaines** | **traditionnel** | **Dakar** | **réunit** | **spécialiste** | **montrer** | **populaire**

Écrivez une lettre en français à votre ami(e).

Décrivez votre chambre
Est-ce vous partagez votre chambre?
Est-ce que vous aimeriez partager votre chambre?
Que faites-vous dans votre chambre?
Comment serait votre chambre idéale?
Posez-lui une question sur sa chambre.

Vous avez vu cet extrait dans un magazine.
Que pensez-vous de la télé? Écrivez-nous!

Écrivez en français au magazine.

Qu'est-ce que vous regardez à la télé le soir?
Quelle est votre émission préférée? Pourquoi?
Qu'est-ce que vous avez regardé hier soir?
Donnez un avantage ou un inconvénient de la télé.
Est-ce qu'il y a trop de publicité à la télé?

À toi!

Lisez cette affiche puis répondez aux questions en anglais.

SECURITÉ AU TRAVAIL

1 Une TROUSSE DE PREMIERS SECOURS doit être disponible dans chaque lieu de travail.

2 Une personne doit être formée en SECOURISME.

3 En cas d'accident ou d'incendie:
  a Alertez vos collègues tout de suite.
  b Composez le 17, 15 ou le 18 pour appeler la police/une ambulance/les sapeurs-pompiers.
  c Restez avec la victime, ou évacuez le lieu en cas d'incendie.

1 What should be available in every workplace? *(1)*
2 What should one person be trained in? *(1)*
3 What is the first thing you should do if there's an accident or a fire? *(1)*
4 What is the number to dial for the emergency services in France? *(1)*
5 What should you do after alerting the emergency services? *(2)*

Lisez ce texte. Faites correspondre les débuts et les fins des phrases.

ALCOOL

CONSEILS POUR UN USAGE SANS DOMMAGE

Lorsqu'on boit de l'alcool, plus on dépasse les limites indiquées (augmentation des quantités et fréquences de consommation), plus le risque est important.

CONSOMMATIONS OCCASIONNELLES

Exceptionnellement, pas plus de 4 verres standard en une seule occasion.

Au-delà du deuxième verre, le taux d'alcoolémie autorisé est dépassé: on ne peut conduire ni voiture, ni machine. Associée à des médicaments ou à des droques, une seule dose, même faible, peut avoir des conséquences néfastes immédiates.

CONSOMMATIONS RÉGULIÈRES

- pour les femmes: pas plus de 2 verres standard par jour;
- pour les hommes: pas plus de 3 verres standard par jour;
- au moins un jour par semaine sans aucune boisson alcoolisée.

NE PAS CONSOMMER

- pendant l'enfance et la préadolescence;
- pendant une grossesse;
- lorsqu'on conduit un véhicule, ou une machine dangereuse;
- quand on exerce des responsabilités qui nécessitent de la vigilance;
- quand on prend certains médicaments.

INÉGAUX FACE À L'ALCOOL

- Face à la consommation d'alcool, **chacun réagit différemment selon sa corpulence, son état de santé physique et psychique**.
- Si on boit sans manger, l'alcool passe d'un seul coup dans le sang et ses effets sont plus importants.

UNE SEULE DOSE, MÊME FAIBLE,
PEUT AVOIR DES CONSÉQUENCES NÉFASTES IMMÉDIATES.

1	Si on est une femme	a	un jour par semaine sans alcool est recommandé
2	Si on est un homme	b	on ne devrait pas boire plus de deux verres par jour
3	Si une femme est enceinte	c	l'alcool a plus d'effet
4	Si on n'a pas mangé	d	on ne devrait pas boire plus de trois verres par jour
5	Pour les hommes et les femmes	e	qui déterminent l'effet de l'alcool
6	Ce sont la corpulence et l'état de santé physique	f	elle ne devrait pas consommer d'alcool

ÉCRIRE 3 **Écrivez une lettre en français à votre ami(e).**

Parlez-lui de votre santé.
Quelles activités faites-vous?
Mangez-vous sainement? Pourquoi? Pourquoi pas?
Est-ce que vous mangez de la viande?
Que pensez-vous des végétariens?
Dites ce que vous avez fait le week-end dernier et si c'était sain ou pas.
Demandez-lui ce qu'il/elle a fait le week-end dernier.

Vous avez vu ces chiffres dans un magazine. Écrivez au magazine:

Pourquoi est-ce que les gens fument?
Est-ce que vous fumez? Pourquoi? Pourquoi pas?
Où est-ce que les jeunes fument?
Est-ce qu'il y a des règlements dans les restaurants pour les fumeurs?
Si vous êtes sorti(e) le week-end dernier, est-ce qu'il y avait des gens qui fumaient?
Que faut-il faire pour aider les jeunes qui fument?

TABAC

LES CHIFFRES D'UNE RÉALITÉ FRANÇAISE

HOMMES: 42% **FEMMES: 27%**	**SE DÉCLARAIENT FUMEURS** (chiffres 1995) • 35% des adultes: 42% des hommes – 27% des femmes. • 47% des jeunes de 18–19 ans **FUME PLUS DE 10 CIGARETTES PAR JOUR** (chiffres 1995) • un peu plus d'un adulte sur cinq (10 millions de personnes environ)
JEUNES SCOLARISÉS DE 5 À 19 ANS	**FUME AU MOINS UNE CIGARETTE PAR JOUR** (chiffres 1999) • 31% **FUME PLUS DE 10 FOIS PAR JOUR** (chiffres 1999) • 8%
Âge moyen d'initiation: 13 ANS	• âge moyen de la 1ère cigarette: 13 ans.
	MORTALITÉ ANNUELLE DIRECTEMENT IMPUTABLE AU TABAGISME •60 000 décès dont 95% chez les hommes.
ADULTES DE 45 À 64 ANS	**PREMIÈRE CAUSE DE DÉCÈS PRÉMATURÉS** • 30% chez les hommes; • 4% chez les femmes. **ACHATS DE TABAC SOUS TOUTES SES FORMES EN 1998** • 79 milliards de francs dépensés par les ménages.

À toi!

1 Faites correspondre le français et les images correctes.

a 

b 

c 

d 

e 

f 

1 Comment est-ce qu'on circule? Eh bien, à côté de Nogent sur Marne, pas bien du tout. La A4 est à éviter. Il y a un bouchon énorme. Il s'agit d'un camion renversé. Ça va durer longtemps.

Il y a eu un accident grave ce matin à l'entrée de Toulouse sur l'autoroute 61. Un camion est entré en collision avec deux voitures lorsqu'il a voulu les doubler. Deux morts ...

3 Jour noir pour les automobilistes en France. Trois accidents aux alentours de Paris ont fait deux morts et cinq blessés.

4 Blocage sur la Côte d'Azur, les fermiers qui protestent contre l'importation des moutons d'Italie ont arrêté la circulation à Valbonne. Les habitants de la ville étaient furieux, mais la force des fermiers a gagné le tour.

De violents orages ont fait tomber des arbres sur plusieurs routes dans les Pyrénées. Ils ne seront pas dégagés avant deux jours.

La grève des douaniers a encore affecté le départ des bateaux et des Shuttles de Calais. Deux mille personnes ont dû attendre vingt-quatre heures avant de pouvoir regagner l'Angleterre.

2 Regardez l'horaire, et décidez si les phrases sont vraies ou fausses.

Numéro de TGV		520	851	853	855	9536	857	871	544	873	877	879
Aéroport Charles de Gaulle TGV	Départ	6.56				13.13			17.05			
Marne la Vallée Chessy (Disneyland®)	Départ	7.12							17.19			
Paris gare de Lyon	Départ		8.18	10.29	12.06		13.30	16.42		17.48	18.42	21.49
Satolas TGV	Arrivée					15.11						
Valence	Arrivée	9.53	10.46			15.41	15.59	19.10	19.59	20.17	21.10	
Montélimar	Arrivée					a	a	a	a	20.39		
Avignon	Arrivée	10.53			15.28	16.40		20.10	20.59		22.10	03.53
Nîmes	Arrivée	11.25	12.12	14.20	15.58	17.10		20.44	21.39	21.47	22.46	04.49
Montpellier	Arrivée	11.53	12.39	14.46	16.25	17.36	17.51	21.10	22.06	22.14	23.12	05.20

1. Le premier train de Paris à Nîmes part à 10h46.
2. Si on part de Paris à 10h29, le voyage jusqu'à Montpellier dure 4 heures 17 minutes.
3. Le train numéro 9536 s'arrête à Disneyland® Paris.
4. On peut voyager directement de l'aéroport Charles de Gaulle à Montpellier à 17h05.
5. Si on rate le train numéro 873, à 17h48, le prochain train pour Valence part à 21h49.
6. Le dernier train de Paris à Nîmes est à 21h59.

3 **Votre correspondante reste chez vous. Écrivez un message de 30 mots en français.**

Il faut mentionner:
- qu'il y a une boum ce soir
- où est la boum et à quelle heure elle commence
- comment y aller
- comment rentrer chez vous

4 **Écrivez un sondage que vous allez utiliser auprès de vos camarades de classe.**

Vous voulez savoir:
- comment ils vont au collège
- combien de temps ils mettent
- les avantages ou les inconvénients de ce moyen de transport
- leur moyen de transport idéal pour venir au collège
- comment ils sont venus ce matin
- s'ils vont rentrer directement après le collège
- s'ils sont satisfaits des transports en commun dans votre ville ou village

Formulez les questions correctement.

5 **Vous avez noté un message d'un homme d'affaires anglais qui va rendre visite à votre patronne, Madame Laraucou. Écrivez ce message en français pour elle.**

Phone messages

From:

Mr Milwright, Anglia Computers

Message:

Arriving 30th June 7.15 a.m., coming by plane. Taxi from airport to Hotel Gambetta. Staying 4 nights. Wants directions from hotel to office. Visited Paris last year with family. Likes going to concerts/museums. Will he have some free time?

6 **Vous avez vu cet article dans un journal. Écrivez au journal pour parler de votre moyen de transport préféré.**

- Est-ce que les trains vous agacent?
- Est-ce que le bus vous casse les pieds?
- Est-ce que vous aimez mieux aller au collège en roller qu'en car?
- Écrivez-nous pour nous parler de votre moyen de transport préféré et vous pourriez gagner un week-end à Nice pour deux personnes!

Comment aimez-vous voyager? Pourquoi?
Quels sont les avantages et les inconvénients d'autres moyens de transport?
Décrivez un voyage que vous avez fait en vous servant de votre moyen de transport préféré.

Grammaire

1 Nouns

Nouns are naming words. They are used to name things (chien *dog*, crayon *pencil*) and people (tante *aunt*).

1.1 Gender

All French nouns are either **masculine** (m) or **feminine** (f).

Genders must be learned by heart and noted when you learn a new word, e.g.:

la table (f), le stylo (m).

1.2 Plurals

Plural means 'more than one'.

Most French nouns add an **s** to show they are plural, e.g.:

des bonbon**s**, deux sœur**s**.

But nouns with the following endings are irregular and change like this.

Ending	*Singular*	*Plural*
-al becomes **-aux** in the plural	un chev**al**	des chev**aux**
-eu or **-eau** add **x** in the plural	un bat**eau**	des bat**eaux**

2 Articles

2.1 The definite article 'the'

The three words for 'the' are **le** (m), **la** (f), **les** (plural).

le vélo *the bike,* la voiture *the car,*
les trains *the trains*

Attention: Le and **la** shorten to **l'** before a vowel or a mute 'h', e.g.: l'autobus *the bus.*

The words for 'the' are used:

- to translate the word 'the', e.g.:
  Le chat est dans le salon.
  The cat is in the sitting-room.
- when talking about likes and dislikes, e.g.:
  J'aime le foot et le tennis.
  I like football and tennis.
- when talking about something in general terms, e.g.:
  Les professeurs sont intelligents.
  Teachers are intelligent.
- before the names of countries, e.g.:
  La France est un beau pays.
  France is a beautiful country.

2.2 The indefinite article 'a'

The word for 'a' or 'one' is either **un** (m) or **une** (f), e.g.:

un vélo *a bike*, une voiture *a car.*

Un monocycle a une roue.
A unicycle has one wheel.

2.3 The partitive article 'some'

The words for 'some' are **du** (m), **de la** (f), **des** (plural).

Masculine	*Feminine*	*Plural*
du de l'	de la de l'	des

du coca *some cola,* de la salade *some salad,* des bananes *some bananas,*
de l'eau *some water*

Attention: Du and **de la** shorten to **de l'** before a vowel or a mute 'h'.

The words for 'some' are used:

- when translating the word 'some', e.g.:
  Donne-moi du papier.
  Give me some paper.
- when there is no article in English, e.g.:
  J'ai acheté du pain et de la glace.
  I bought bread and ice-cream.

Entraînez-vous

Choose the correct ending each time. Look carefully at the words: you don't need the glossary!

1 Passe-moi du ... pain/tomates.
2 J'ai mangé de la ... haricots/tarte.
3 Avez-vous des ... stylos/crayon?
4 Dans ma ville il y a des ... magasin/maisons.
5 Il a bu du ... Orangina/coca.

2.4 Expressions of quantity

After expressions of quantity in French, you must always use 'de', e.g.:

beaucoup de gens, un litre de lait, un kilo de cerises, peu d'amis.

Entraînez-vous

Make a list of all the expressions of quantity you know.

3 Verbs

3.1 The infinitive

This is the verb in its unchanged form, as you find it in the dictionary, e.g.:

regarder *to watch*, finir *to finish*, être *to be.*

There are some instances where you can use the infinitive form as it is. However, most of the time you need to change the infinitive to agree with the subject and to show the tense (see below).

You use the infinitive:

- after the following expressions:
  Il faut *it is necessary to, you have to*
  E.g.: Il faut changer. *You have to change.*
  Il est interdit de … *It is forbidden to …*
  E.g.: Il est interdit de fumer.
  You are not allowed to smoke.
- after these verbs:
  adorer *to adore,* aimer *to like,* détester *to hate,* préférer *to prefer*
- after modal verbs:
  devoir *to have to,* pouvoir *to be able to,* savoir *to know how to,* vouloir *to want to*

  infinitive + à
  aider à *to help to*
  apprendre à *to learn to*
  commencer à *to start to*
  continuer à *to continue to*
  encourager à *to encourage to*

  infinitive + de
  choisir de *to choose to*
  décider de *to decide to*
  essayer de *to try to*
  proposer de *to suggest*
  refuser de *to refuse to*

  E.g.: On peut aller à la pêche.
  You can go fishing.

  J'aime nager. *I like swimming.*

  Il a commencé à pleuvoir.
  It started to rain.
- after 'pour' *in order to.*
  Je chante pour avoir plus de confiance en moi. *I sing in order to have more self-confidence.*

Entraînez-vous

Copy the sentences and underline the infinitive. Then translate them into English:

1 Il faut attendre ici.
2 Il est interdit de fumer.
3 J'adore jouer au foot.
4 On peut visiter le château.
5 J'aide à laver la voiture.

Entraînez-vous

Translate the following sentences into French.

1 It is necessary to change.
2 It is necessary to reserve.
3 I have to leave.
4 Can I help?
5 Can you give me two kilos of potatoes?
6 I have to do my homework every evening.
7 I would like to be a pilot.
8 She continues to hate my boyfriend/girlfriend.
9 I am studying a lot in order to get good results.
10 I am going to study in France in order to perfect my French.

3.2 The present tense

The present tense is used to talk about:

- what is happening now
- what usually happens.

E.g.: je regarde *I watch, I **am** watch**ing*** or *I **do** watch.*

Regular verbs

The formation of regular verbs follows a pattern.

Take the ending off the infinitive and add on the correct ending as shown:

***-er** verbs (e.g.:* regard**er** *to watch)*

je regard**e**	nous regard**ons**
tu regard**es**	vous regard**ez**
il/elle/on regard**e**	ils/elles regard**ent**

***-ir** verbs (e.g.:* fin**ir** *to finish)*

je fin**is**	nous fin**issons**
tu fin**is**	vous fin**issez**
il/elle/on fin**it**	ils/elles fin**issent**

-re *verbs*
(e.g.: attend**re** *to wait)*

j'attends	nous attend**ons**
tu attends	vous attend**ez**
il/elle/on attend	ils/elles attend**ent**

Attention: A common mistake is to translate directly. People think that *I am studying* must include some part of 'être'. This is wrong! French works differently. Try to remember that what might be three words in English is not necessarily going to be three words in French. In fact, French verbs are much easier, you just have to get the right form.

Remember, you always learn verbs in the following order:

I-you-he-she-we-you-they!

Entraînez-vous

With a partner make up three imaginary verbs and conjugate them according to the patterns you have just revised.

Pronunciation of the present tense sometimes causes problems. Bear in mind that with all three types of verbs you will only hear ***-ez*** *which sounds like 'ay' at the end in the 'vous' form. Also, you do not pronounce the* ***-ent*** *at the end of the plural form.*

Practise saying these: j'aime, je déteste, j'étudie, je commence, ils durent.

And finally 'on' is a top exam tip. The French often use 'on' instead of 'nous', it takes the same part of the verb as 'il/elle', e.g. on commence, on parle ...

Irregular verbs

These verbs have their own unique pattern, and must be learned by heart. See verb tables on page 221.

Entraînez-vous

Refer to the regular verb patterns above, then change these infinitives. Give two present tense meanings for each verb. E.g.: je (ranger) je range *I tidy, I am tidying*

1 je (commencer) **2** tu (aimer)
3 il (finir) **4** elle (aider)
5 on (descendre)

Entraînez-vous

Use the verb tables on page 221 to translate these phrases:

1 I go **2** you have
3 he does **4** she is
5 we take

Entraînez-vous

Translate these sentences into French.

1. I study physics.
2. She speaks German.
3. I find maths boring.
4. They(m) think that PE is great.
5. We like ICT.
6. He hates art.
7. School finishes at 3.15.
8. English lasts for two hours.
9. Do you (vous) hate French too?
10. They(f) find drama extremely difficult.

Reflexive verbs

Reflexive verbs simply add the reflexive pronoun as the action is done to oneself.

A reflexive verb is listed with **se** before the infinitive.

se *coucher to go to bed*

je **me** couche	nous **nous** couchons
tu **te** couches	vous **vous** couchez
il/elle/on **se** couche	ils/elles **se** couchent

Entraînez-vous

Write out each verb, then translate it into English. E.g.: je (se coucher) Je me couche. *I go to bed.*

1 je (se doucher)
2 tu (s'amuser)
3 il (se lever)
4 elle (s'appeler)
5 on (se laver)

Entraînez-vous

Translate these sentences into French.

1 She wakes up.
2 I get dressed.
3 He goes to bed.
4 They brush their teeth.
5 He does his hair.

Entraînez-vous

Put these sentences into the correct order.

1 habite deux Paris elle ans depuis
2 l'italien ans j'apprends trois depuis
3 vous de combien apprenez temps depuis l'espagnol
4 habitons mois depuis Lille nous à six
5 ce elle depuis malade matin est

3.3 The perfect tense

The perfect tense is used to talk about something which happened in the past, e.g.:

J'ai regardé.
I watched, I have watched or *I did watch.*

Two parts are needed to form the perfect tense:

- the **present tense** of the verb **avoir** or **être**
- the **past participle** of the main verb.

Avoir verbs

The vast majority of verbs form their perfect tense with **avoir**.

Regular verbs
The **past participle** of the main verb is formed as follows:

-er verbs: take off **-er** and add **é**, e.g.: regardé *watched*
-ir verbs: take off **-r**, e.g.: fini *finished*
-re verbs: take off **-re** and add **u**, e.g.: attendu *waited*

Irregular verbs
The past participle of irregular verbs should be learned by heart.

elle a **appris**	*she learned*
j'ai **bu**	*I drank*
on a **compris**	*we understood*
tu as **connu**	*you knew*
ils ont **conduit**	*they drove*
il a **cru**	*he believed, thought*
elles ont **dû**	*they had to*
elles ont **écrit**	*they wrote*
tu as **été**	*you were*
elle a **eu**	*she had*
il a **fait**	*he made/did*
j'ai **fini**	*I have finished*
on a **lu**	*we read*
vous avez **mis**	*I put*
nous avons **pris**	*we took*
ils ont **pu**	*they could*
nous avons **su**	*we knew*
vous avez **vu**	*you saw*
j'ai **voulu**	*I wanted to*

Être verbs

Fourteen verbs form their perfect tense with **être**.

je suis **allé**	*I went*
je suis **arrivé**	*I arrived*
je suis **descendu**	*I went down*
je suis **entré**	*I entered*
je suis **monté**	*I went up*
je suis **mort**	*I died*
je suis **né**	*I was born*
je suis **parti**	*I left*
je suis **rentré**	*I went back in*
je suis **resté**	*I stayed*
je suis **retourné**	*I returned*
je suis **sorti**	*I went out*
je suis **tombé**	*I fell*
je suis **venu**	*I came*

Try to remember these in the following way: **MRS VANDERTRAMP** verbs

monté
retourné
sorti
venu
arrivé
né
descendu
entré
resté
tombé
rentré
allé
mort
parti

Reflexive verbs also use **être**.

Je me suis couché à minuit.
I went to bed at midnight.

Attention: With **être** verbs in the perfect tense, add **-e** to the past participle for feminine, add **-s** for plural, and add **-es** for feminine and plural, e.g.:

Elle est parti**e**. *She left.*

Marie et Laure sont sorti**es**.
Marie and Laure went out.

Entraînez-vous

Write each verb in the perfect tense; then write what it means.

E.g.: je + (regarder) J'ai regardé *I watched, I have watched.*

1 Je + (jouer)
2 Tu + (aider)
3 Il + (finir)
4 Elle + (descendre)
5 On + (boire)

Entraînez-vous

Complete these perfect tense verbs with the right part of être. then write what they mean. E.g.: Elles … parties. Elles sont parties. *They left.*

1 Je … allé
2 Il … tombé
3 Vous … nés
4 Elle … venue
5 Je … resté

Entraînez-vous

Translate these sentences into French.

1 she saw
2 we helped
3 they did
4 you have been
5 I took
6 she left
7 they(m) arrived
8 I went out
9 he died
10 I was born

3.4 The perfect infinitive

The perfect infinitive is used to mean 'to have done'. It is formed with the infinitive of **avoir** or **être** and the past participle.

Je m'excuse d'avoir manqué votre cours, monsieur le professeur.
I'm sorry for having missed your lesson, sir.

The most common use of the perfect infinitive is with **après avoir** or **après être** to mean 'after having …'.

Après avoir mangé, nous sommes allés nous coucher.
After having eaten, we went to bed.

Attention: Just as **être** verbs show agreement in the perfect tense with a feminine or plural subject, so the perfect infinitive has to agree with whatever might follow it. You can't hear the agreement, but it's very important for higher-level writing.

Après être rentrés si tard, ils voulaient faire la grasse matinée.
After having got back so late, they wanted to have a lie-in.

Entraînez-vous

Write each past participle correctly, then translate the sentences.

Watch out for agreements.

1 Après avoir (regarder) la télé, nous avons longuement discuté la question de la violence à la télé.
2 Après avoir (acheter) le pullover, j'ai changé d'avis.
3 Après avoir (parler) avec mon père, j'ai pu sortir un peu plus tard le soir.
4 Après être (rentrer) à minuit, elle n'avait plus le droit de sortir.
5 Après s'être (coucher), il n'a pas pu s'endormir.

3.5 The imperfect tense

The imperfect tense is used to:

- describe what things were like in the past
- say what was happening at a given moment
- say what used to happen.

Je regardais.

I was watching or *I used to watch.*

It is formed from the **nous** part of the present tense, the **-ons** part is taken off.

The following imperfect endings are a sign that the imperfect tense is being used.

Person	*Imperfect ending*
je	**-ais**
tu	**-ais**
il/elle/on	**-ait**
nous	**-ions**
vous	**-iez**
ils/elles	**-aient**

J'avais un chien. *I used to have a dog.*

Il faisait beau. *The weather was nice.*

Attention: For **être** (to be), the imperfect endings are added on to the **ét-** stem.

J'étais triste. *I was sad.*

C'était chouette. *It was great.*

Entraînez-vous

What were they doing when the murder was committed? Translate the alibis.

E.g.: Je passais l'aspirateur.
I was doing the hoovering.

1 Je lavais la voiture.
2 Je faisais mes devoirs.
3 Je regardais une vidéo.
4 Je jouais aux cartes avec des amis.
5 Je promenais le chien.
6 Je dormais.
7 Je mangeais un hamburger au MacDo.
8 Je parlais au téléphone.
9 Je me douchais.
10 J'étais au cinéma.

Entraînez-vous

Put these sentences into the imperfect, then translate them into English.

1 Il (pleuvoir).
2 Ils (nager) dans la mer.
3 J'(étudier) l'allemand.
4 Il (regarder) le spectacle.
5 J'(avoir) souvent mal à la tête.

Entraînez-vous

Translate these sentences into French.

1 The hotel was great.
2 She had red hair.
3 You were too tired.
4 We were in France.
5 We were staying in a caravan.

3.6 The near future tense

The near future tense is used to talk about what is *going to happen* in the future.

Je vais regarder. *I am going to watch.*

It is formed from:

- the present tense of the verb **aller**
- the infinitive of the main verb.

Je vais aller au cinéma.
I'm going to go to the cinema.

Elle va avoir un bébé.
She's going to have a baby.

3.7 The future tense

The future tense is used to talk about what *will happen* in the future.

Je regarderai. *I will watch.*

It is formed by adding the future tense endings to the future stem.

Future tense endings

Person	***Future endings***		
je	**-ai**	nous	**-ons**
tu	**-as**	vous	**-ez**
il/elle/on	**-a**	ils/elles	**-ont**

Future tense stems

Regular verbs

For regular **-er** and **-ir** verbs the future tense stem is the same as the infinitive.

For regular **-re** verbs, the future tense is formed by taking off the final **-e**.

Irregular verbs

Verb	***Future tense stem***		
aller	**ir-**	faire	**fer-**
être	**ser-**	pouvoir	**pourr-**
avoir	**aur-**	devoir	**devr-**
savoir	**saur-**	venir	**viendr-**

E.g.: Tu visiteras. *You will visit.*

Nous aurons. *We will have.*

Entraînez-vous

Translate the fortune teller's predictions.

1 Vous travaillerez en Afrique.
2 Vous jouerez au foot pour l'Angleterre.
3 Vous achèterez une Ferrari.
4 Vous vous marierez à l'âge de 30 ans.
5 Vous tomberez amoureux d'une personne célèbre.

Entraînez-vous

Put these sentences into the future tense and translate them into English.

1 Vous (se marier) à l'âge de 26 ans.
2 J'(oublier) tout.
3 Je (travailler) très dur afin de prendre ma retraite à un jeune âge.
4 Vous (vivre) jusqu'à l'âge de quatre vingts ans.
5 Il (rencontrer) une très belle femme.

3.8 Conditional tense

The conditional tense is used to say what would happen in the future.

Je regarderais. *I would watch.*

It is formed by adding imperfect endings to the future stem.

Person	***Conditional tense endings***		
je	**-ais**	vous	**-iez**
tu	**-ais**	ils	**-aient**
il/elle/on	**-ait**	elles	**-aient**
nous	**-ions**		

J'**irais** en Amérique, si j'étais riche.
*I **would go** to America if I were rich.*

Elles **voudraient** rester à la maison.
*They **would like** to stay at home.*

This combination of conditional + imperfect is very impressive in exams or coursework.

Entraînez-vous

What would you do if you won the Lottery? Complete each sentence.

1 J'achèterais ...
2 Je visiterais ...
3 J'habiterais ...
4 J'irais ...
5 J'aurais ...

Entraînez-vous

Put the verbs in brackets into the conditional, then translate the sentences into English.

1 J'(aimer) travailler dehors. Je pense que ce (être) moins ennuyeux.
2 Je (préférer) être hôtesse de l'air. Ce (être) plus amusant.
3 Je(vouloir) être PDG – ce (être) passionnant.
4 Il (aimer) être footballeur. Il (gagner) beaucoup d'argent.
5 Elle (vouloir) voyager autour du monde pour avoir de l'expérience.

3.9 The pluperfect tense

The pluperfect tense is used when talking about actions further back in the past, it is more than perfect:

pluperfect → **present perfect** → **imperfect** → **near future** → **future**

It is formed with:

- the imperfect tense of avoir or être
- the past participle.

J'avais vu. *I had seen.*
J'étais parti(e). *I had gone.*

Entraînez-vous

Translate these sentences into English.

1 Nous avions remarqué le chauffeur.
2 Elle avait dit 'au revoir' pour la dernière fois.
3 Il avait mis le sucre dans sa tasse.
4 J'avais oublié d'acheter le journal.
5 Elle nous a demandé si nous avions déjà visité l'Allemagne.
6 Tu étais déjà partie.
7 J'étais sorti avant ma mère.
8 Elle s'était levée de bonne heure.
9 Vous vous étiez perdu?
10 Il s'était couché tard.

3.10 The imperative

The imperative form of the verb is used to tell somebody what to do. It is a command or an instruction.

Regarde! Regardez! *Look!*

When speaking to people you would call 'tu', use the 'tu' form of the verb,

e.g.: Lis! *Read!* For **-er** verbs only, take off the final **–s**, e.g.: Regarde! *Look!*

When speaking to people you would call 'vous', use the 'vous' form of the verb,

e.g.: Regardez! *Look!*

Reflexive verbs need an extra part:

Lève-**toi!** *Stand up!*
Levez-**vous!** *Stand up!*

3.11 The passive voice

So far, all tenses you have learnt have been active. The passive form is different.

The passive form of the verb is used to express actions that are **done to** someone or something, hence the name, 'passive', e.g.: *The lawn was mown. The paper is recycled.*

It is formed with the present tense of être and the past participle, which must agree with the subject.

Le gaz est utilisé. *The gas is used up.*
L'eau est contaminée.
The water is contaminated.
Les déchets sont jetés.
The rubbish is thrown away.
Les boîtes sont recyclées.
The cans are recycled.

Entraînez-vous

Translate these sentences into English.

1 La mer est polluée.
2 Les océans sont contaminés.
3 La forêt est ravagée.
4 Les espèces rares sont menacées.
5 L'air est empoisonné.
6 Les lacs sont pollués.
7 Ma bicyclette est cassée.
8 Tu es fichu!
9 Nous sommes détruits.
10 Elle est fichue.

You need to recognise the passive in other tenses too, with the future of être and the past participle:

La terre sera détruite.
The earth will be destroyed.

With the imperfect of être and the past participle:

Les spectateurs étaient séduits.
The audience was enchanted.

3.12 The present participle

The present participle is like **-ing** endings in English. So, **en + present participle** means 'while you were doing something'.

E.g.: En regardant par la fenêtre j'ai vu Alex.
While I was looking out of the window I saw Alex.

Present participles are formed by adding **-ant** to the end of the verb stem.

Attention: If you put 'tout' in front of the present participle, it gives it more immediacy.

Entraînez-vous

Turn the verb in brackets into a present participle.

1 En (écouter), il a appris beaucoup de choses.
2 Il regardait la télé tout en (faire) ses devoirs.
3 En (rentrer) il a vu son ami Xavier.
4 En (sortir) il a rencontré Vanessa.
5 J'ai pris ma douche en (siffler).

3.13 The subjunctive mood

The subjunctive mood carries an element of subjectivity. It can also mean 'might', 'may' or 'should'. It is called a mood because it is not as obvious as the actions we have met up to this point.

It is used after the following constructions:

pour que *so that*
bien que *although*
il faut que *it is necessary to*
il vaut mieux que *it is better to*
vouloir que *to want to*

It is formed by adding subjunctive endings to the subjunctive stem. To make the subjunctive stem, take the **'ils/elles'** present tense form and take off the **-ent**.

Person	*Subjunctive endings*
je	regard**e**
tu	regard**es**
il/elle/on	regard**e**
nous	regard**ions**
vous	regard**iez**
ils/elles	regard**ent**

Irregular subjunctives

Verb	*Subjunctive form*
être	je sois
faire	je fasse
savoir	je sache
avoir	j'aie
aller	j'aille
pouvoir	je puisse

Entraînez-vous

Translate these sentences into English.

1 Je veux qu'il parte.
2 Il faut que je m'en aille.
3 Tu dois étudier pour que tu puisses aller à l'université.
4 Bien que je sois bête, je ne suis pas complètement idiot.
5 Il vaut mieux qu'il redouble.
6 Elle veut que je cesse de voir mon copain.
7 Bien que j'aie dix-huit ans ...
8 Mes parents veulent que je rentre plus tôt.
9 Il faut que j'aille en colonie de vacances.
10 Il veut que je sois reçu pour mes examens.

3.14 Depuis

The word 'depuis' is used to say how long something has been happening.

E.g.: Je regarde la télé depuis cinquante minutes. *I have been watching TV for 50 minutes.*

It is used with the present tense.

E.g.: Je suis membre du club depuis trois ans. *I have been a member of the club for three years.*

Entraînez-vous

Translate these sentences.

1 Je suis membre du club depuis cinq mois.
2 J'apprends le français depuis quatre ans.
3 J'habite ici depuis dix mois.
4 Je joue du piano depuis sept ans.
5 Je sors avec Tom depuis quatre semaines.

This is also used with the imperfect to say how long something had been happening.

E.g.: Je regardais la télé depuis cinquante minutes.
I had been watching TV for 50 minutes.
J'habitais Londres depuis cinq ans, lorsque ma famille a décidé de déménager.
I had been living in London for five years when my family decided to move.

4 Questions

4.1 Question words

Qui? *Who?*
Où? *Where?*
Quand? *When?*
Que? *What?*
Comment? *How?*
À quelle heure? *At what time?*
Combien? *How much? How many?*
Combien de temps? *How long?*
D'où? *From where?*
Pourquoi? *Why?*

To use a question word to ask a question:

- put the question word at the end, raise your voice and add a question mark:
  Il arrive à quelle heure?
  At what time does he arrive?
  Tu voyages comment?
  How are you travelling?

Attention: Don't put 'que' at the end of a sentence.

- put the question word at the beginning, and use **est-ce que** after it:
  À quelle heure est-ce qu'il arrive?
  Comment est-ce que tu voyages?
- put the question word at the beginning, and change the order of the subject and verb:
  À quelle heure arrive-t-il?
  Comment voyages-tu?

Entraînez-vous

Ask your penfriend these questions, using any of the above methods. Write down your questions.

1 where he/she works
2 what time he/she is arriving
3 when he/she is leaving
4 what he/she prefers eating
5 why he/she is going to Paris

4.2 Intonation

You can ask questions which don't use a question word by:

- making the statement, raising your voice and adding a question mark:
  Il est malade? *Is he ill?*
  Paris est la capitale de la France?
  Is Paris the capital of France?
- using the phrase **Est-ce que** at the start of the sentence, raising your voice and adding a question mark:
  Est-ce qu'il est malade?
  Est-ce que Paris est la capitale de la France?
- changing the order of the subject and verb:
  Est-il malade?
  Paris est-elle la capitale de la France?

Entraînez-vous

Write these questions using any of the above methods.

1 Do you have a towel?
2 Have you seen 'Superman'?
3 Can you help me?
4 Can I watch TV?
5 Do I have to change?

These are very useful at higher level:
Est-ce que je peux ...? Can I ...?
Est-ce que je dois ...? Do I have to ...?
Est-ce qu'on peut ...? Can one ...?
Est-ce que vous pourriez ...? Could you ...?

4.3 Quel

Quel means which/what and comes before a noun.

Quel changes like this:

	Masculine	***Feminine***
Singular	quel	quelle
Plural	quels	quelles

Quelles chaussures est-ce que tu préfères? *Which shoes do you prefer?*
Quelle est la date? *What is the date?*

Entraînez-vous

Choose **quel**, **quelle**, **quels** or **quelles**.

1 ... fille?
2 ... garçon?
3 ... livres?
4 ... dames?
5 ... dame?

5 Negatives

5.1 Ne ... pas

'Ne ... pas' forms a sandwich round the main verb and means 'not'.

Elle **ne** regarde **pas**. *She is not watching.*

Je **ne** voudrais **pas** aller en France.
I would not like to go to France.

Attention: Ne becomes **n'** before a vowel or a mute 'h'.

Je **n'**ai **pas** d'animal. *I do not have a pet.*

In the **perfect** and the **pluperfect tenses, ne ... pas** forms a sandwich round the part of avoir or être.

Je **n'**ai **pas** visité Le Louvre.
I have not visited the Louvre.

Tu **n'**es **pas** sorti hier soir?
Didn't you go out last night?

After **pas** use **de**.

Je n'ai **pas de** frères.
I haven't got any brothers.

Il n'y a **pas de** piscine.
There is no swimming pool.

Entraînez-vous

Make these sentences negative using 'ne ... pas'.

1 Je loge dans un hôtel.
2 Je partage ma chambre.
3 J'ai une chaîne-stéréo dans ma chambre.
4 Je m'entends bien avec mes parents.
5 Les boîtes sont recyclées.

5.2 Other negatives

These work in the same way as 'ne … pas'.

ne … jamais *never*
ne … que *only*
ne … plus *no longer*
ne … rien *nothing*
ne … ni ... ni ... *neither*
ne … aucun *not a single, none at all*

Elle **n'**habite **plus** ici.
She doesn't live here any more.

Je **n'**ai **rien** mangé. *I didn't eat anything.*

Entraînez-vous

Translate these sentences into French.

1 I no longer live here.
2 I haven't drunk anything.
3 I don't like the Spice Girls any more.
4 There's neither a cinema nor a swimming pool in town.
5 I have no idea.
6 I never go to the dentist.
7 I have only €10.
8 I didn't see anything.
9 I have never been to Belgium.
10 There's only bread to eat.

5.3 Ne ... personne

'Ne ... personne' means nobody.

Je **n'**aime **personne**.
I like nobody./I do not like anybody.

Look out for sentences with **personne** at the start:

Personne n'est venu à la boum.
Nobody came to the party.

Qui est absent? **Personne!**
Who is absent? Nobody!

5.4 More than one negative

You can also use two negatives together.

Entraînez-vous

Translate these sentences into English.

1 Il n'y a plus personne.
2 Je n'ai plus rien.
3 Il n'y a jamais rien dans ce magasin.
4 Je n'ai jamais vu personne dans cette boîte.
5 Rien ne va plus.

6 Adjectives

Adjectives are describing words, e.g.: bleu *blue*, heureux *happy*, ennuyeux *boring*.

6.1 Regular adjectives

Adjectives add endings which agree with the gender and number of the noun(s) being described.

Add **-e** to a feminine noun, e.g.: Ma chambre est grande. *My bedroom is big.*

Add **-s** to a masculine plural noun, e.g.: Mes livres sont intéressants. *My books are interesting.*

Add **-es** to a feminine plural noun, e.g.: Ses chaussures sont vertes. *His shoes are green.*

6.2 Irregular adjectives

Adjectives which already end in **-e** do not add an extra **-e**.

Elle est rouge. *It is red.*

Adjectives with one of these endings change as follows.

Ending(m)	***Change(f)***	***Example***
-eux/-eur	**-euse**	Il est heureux. Elle est heureuse.
-il/-el	**-ille/-elle**	Il est gentil. Elle est gentille.
-ien	**-ienne**	Il est italien. Elle est italienne.
-er	**-ère**	Il est cher. Elle est chère.
-aux	**-ausse**	Il est faux. Elle est fausse.
-f	**-ve**	Il est sportif. Elle est sportive.
-s	**-sse**	Il est gros. Elle est grosse.

These adjectives never change.

chic *smart* cool *cool*
extra *great* super *super*
marron *brown*

6.3 Beau, nouveau, vieux

These adjectives follow a special pattern.

Masculine	***Masculine plural***	***Feminine***	***Feminine plural***
beau	beaux	belle	belles
nouveau	nouveaux	nouvelle	nouvelles
vieux	vieux	vieille	vieilles

Attention: If the noun being described is masculine, singular and begins with a vowel or a mute 'h', use the form **bel**, **nouvel** or **vieil**.

une nouvelle maison *a new house*
les beaux garçons *the handsome boys*
un vieil arbre *an old tree*

Entraînez-vous

Change the adjective if neccessary.

1 le (beau) garçon
2 la (nouveau) maison
3 les (vieux) livres
4 les (beau) arbres
5 le (vieux) arbre

6.4 Position of adjectives

Most adjectives come after the noun.

une veste bleue *a blue jacket*
un livre allemand *a German book*

These short, common adjectives come before the noun.

petit *small* grand *big*
bon *good* mauvais *bad*
nouveau *new* vieux *old*
beau *nice* ancien *former*
autre *other* jeune *young*

Entraînez-vous

Put the adjective in the right place.

1 un stylo (rouge)
2 une règle (nouvelle)
3 des garçons (beaux)
4 des filles (intelligentes)
5 un ballon (autre)

Attention: If 'ancien' comes after the noun, it means 'ancient'.

6.5 Comparative and superlative

Adjectives can be used to compare things with each other, e.g.: 'Sara is tall, Anna is taller, Marie is the tallest.'

plus … (que) *more* … (*than*)
moins … (que) *less* … (*than*)
aussi … (que) *just as* … (*as*)

Marie est plus grande que Sara.
Marie is taller than Sara.

Marie est la plus grande.
Marie is the tallest.

C'est le garçon le plus intelligent de la classe. *He's the most intelligent boy in the class.*

Entraînez-vous

Translate these sentences into English.

1 Philippe est plus grand que Paul.
2 Thérèse est aussi grande que Marie.
3 Marie est moins grande que Paul.
4 Philippe est le plus grand.
5 Je suis plus cool que Paul.

Entraînez-vous

Translate these sentences into French.

1 I am less intelligent than Pierre.
2 Who is the coolest boy in the class?
3 The shark is the most dangerous animal in the sea.
4 Rome is the most beautiful city.
5 This* is the most expensive handbag.

*use voici

Attention: The comparative and superlative are fairly straightforward, with the exceptions of 'better/best' and 'worse/worst'.

bon(-ne)(-s)(-nes) *good*
meilleur(-e)(-s)(-es) *better*
le/la/les meilleur(-e)(-s)(-es) *best*
mauvais(-e)(-es) *bad*
pire *worst*
le/la/les pire(-s) *the worst*

Entraînez-vous

Translate these sentences.

1 C'est le meilleur joueur de foot.
2 La pire chose était l'uniforme.
3 Elle est la meilleure des deux.
4 Meilleurs vœux.
5 Je suis en meilleure santé.

6.6 Demonstrative adjectives

'This' and 'these' are demonstrative adfjectives. They come before a noun, and like other adjectives, they agree with the noun.

Masculine	Feminine	Plural
ce cet	cette	ces

Attention: Ce changes to **cet** before a vowel or a mute 'h'.

ce garçon *this boy*, cet homme *this man*, cette femme *this woman*, ces chaussures *these shoes*

Entraînez-vous

Fill in the gaps with **ce**, **cette**, **cet** or **ces**.

1 J'aime ... garçon.
2 ... chaussures sont belles.
3 Tu aimes .... jean?
4 ...homme est très sympa.
5 ... chaussettes sont à moi.

6.7 Possessive adjectives

Possessive adjectives show who something or someone belongs to. They come before the noun and agree with the noun (not the owner).

	Masculine	Feminine	Plural
my	mon	ma	mes
your (tu)	ton	ta	tes
his/her	son	sa	ses
our	notre	notre	nos
your (vous)	votre	votre	vos
their	leur	leur	leurs

Attention: Mon, **ton** or **son** is used before a feminine word starting with a vowel or 'h'.

Où est mon stylo? *Where's my pen?*
Elle adore sa chambre. *She loves her room.*
Il a perdu ses clefs. *He has lost his keys.*

Entraînez-vous

Translate the following into French.

1 my sister
2 their parents
3 our father
4 your (tu) parents
5 his sister

6.8 Chaque and quelque

Chaque means each or every, e.g.: chaque fois *every time*.

Quelque means some before a noun and adds an 's' in the plural.

quelque chose *something*
quelquefois *sometimes*
quelqu'un *someone*

Il habite à quelque distance.
He lives at some distance.

quelques bonbons *some sweets*

6.9 Adverbs

Adverbs are used to describe actions, they are often translated in English as -ly, e.g.: slowly, lovingly.

They are formed by taking the feminine form of the adjective and adding **-ment**, e.g.: lentement *slowly*, généreusement *generously*, heureusement *happily*.

Attention: There are some exceptions: vite *quickly*, bien *well.*

Entraînez-vous

Translate these sentences into English.

1 Elle écoutait attentivement.
2 Malheureusement, il a raté le train.
3 On peut y aller plus vite en avion.
4 Parlez plus lentement, s'il vous plaît.
5 Elle est partie aussi vite que possible.
6 Ça m'a plu énormément.
7 Elle était gravement blessée.
8 Elle avait vaguement compris.
9 Nous nous sommes tous très bien concentrés.
10 Je suis généralement chez moi après neuf heures.

Adverbs can also be used to compare and the same exception occurs with mieux *better* and le mieux *best.*

Entraînez-vous

Translate these sentences into English.

1 Je joue mieux au basket qu'au volley.
2 Elle aime mieux le français que l'histoire.
3 Le mieux serait de partir en vacances.
4 Tout est pour le mieux dans le meilleur des mondes.
5 Il va mieux aujourd'hui.

7 Pronouns

Pronouns stand in place of a noun, e.g.: it, her, we.

7.1 Subject pronouns

Pronoun	Use
je *I*	becomes j' before a vowel when speaking about yourself
tu *you*	when speaking to a friend, family member, child, young person, animal
il *he/it*	instead of a masculine noun
elle *she/it*	instead of a feminine noun
on *one, we*	to speak about people in general
nous *we*	
vous *you*	when speaking to more than one person, a stranger, an adult you don't know well
ils *they*	for more than one male, masculine nouns or a mixed group
elles *they*	for more than one female or a feminine noun

7.2 Direct object pronouns

An object pronoun stands in place of a noun which is the object of the sentence.

I like Peter. I like **him.**
Can you see the plane? Can you see **it?**
Look at those shoes! Look at **them!**

me *me*	te *you*
le *him/it*	la *her/it*
les *them*	nous *us*
vous *you*	les *them*

The object pronoun comes **before** all parts of the verb:

Je **la** déteste. *I hate her* or *I hate it.*

Nous **l'**avons mangé. *We ate it.*

Je **les** ai laissés à la maison.
I left them at home.

Entraînez-vous

Translate these questions and answers into English.

1 Tu aimes Céline Dion? – Non, je la déteste.
2 Où est le gâteau? – Nous l'avons mangé.
3 Tu as tes devoirs? – Non, je les ai laissés à la maison.
4 Tu aimes le fromage? – Oui, je l'adore.
5 Tu as mon stylo? – Oui, je l'ai.
6 Où est ta veste? – Je l'ai perdue.
7 Tu as vu ce film? – Oui, je l'ai vu.
8 Tu as mes clefs? – Non, je les ai données à Marie.
9 Tu t'entends bien avec ta mère? – Oui, je l'aime bien.
10 Tu as vu mon porte-monnaie? – Oui, tu l'as mis dans la cuisine sur le frigo.

Entraînez-vous

Choose the correct option to translate the English.

1 Je les ai perdues/je l'ai perdu. *I have lost them.* (f pl)
2 On l'aime/on les aime. *We love him.*
3 Ils vous mangent régulièrement/ils en mangent régulièrement. *They eat it regularly.*
4 Vous les avez choisi?/Vous les avez choisis? *Did you choose them?* (m pl)
5 Je les ai changé hier/Je les ai changées hier. *I changed them yesterday.* (f pl)

Entraînez-vous

Translate these sentences into French.

1 I bought it in Paris.(m)
2 He sees them every day.
3 I hate her.
4 I will see her later.
5 Have you seen her? (vous)

7.3 Indirect object pronouns

These are used to mean 'to'. The only two we really need to worry about are **lui** and **leur**.

French is often more precise than English. Sometimes, when we say 'him' or 'her', we often mean 'to him' or 'to her', e.g.: I gave him it. = I gave it to him. In French, you must always make this distinction.

lui *to him/to her*
leur *to them*

Je **lui** ai dit de rester à la maison.
I told him to stay at home.
Elle **leur** donne des devoirs.
She gives them homework.

Entraînez-vous

Translate these into English.

1 Tu as parlé au professeur? – Oui, je lui ai parlé.
2 Est-ce qu'ils ont de l'argent? – Oui, je leur ai donné €30.
3 Tu as discuté avec ta maman? – Oui, je lui ai parlé tout à l'heure.
4 Je leur ai dit d'arriver à huit heures.
5 Elle lui a demandé s'il voulait sortir avec elle.

Entraînez-vous

Put these sentences in the correct order.

1 I give him his pocket money. je donne lui argent son de poche
2 She gives them the tickets. billets elle donne leur les
3 I told him the truth. vérité lui dit je la ai
4 She gave them a present. cadeau un donné elle a leur
5 Did you give him the book? – as lui donné tu livre le?

7.4 Y

Y means 'there'. It comes **before** all parts of the verb.

J'**y** suis allé hier. *I went there yesterday.*

On **y** reste tout l'été.
We stay there all summer.

7.5 En

En means 'some, any, of them'. It comes **before** all parts of the verb.

Il y **en** a dix. *There are ten of them.*

Je n'**en** ai pas. *I haven't got any (of them).*

7.6 Negatives

Negatives go between the subject pronouns je, tu, il/elle/on, nous, vous, ils, elles and around the verbs.

In the perfect or the pluperfect tense, they go round the parts of **avoir** or **être**.

Je ne le vois pas très souvent.
I don't see him very often.

Il ne l'a pas trouvé agréable.
He didn't find it pleasant.

Entraînez-vous

Translate these sentences into English.

1 Il ne les a pas achetés.
2 Je ne l'ai jamais vue.
3 Elle ne l'avait jamais rencontré.
4 Je n'en mange jamais.
5 Tu ne les reverras plus.
6 Il n'y avait ni soleil ni piscine.
7 Je ne l'avais pas remarqué.
8 Ils ne m'appellent jamais.
9 Je ne peux pas m'en passer.
10 Tu ne voulais pas leur rendre visite?

7.7 Order of pronouns

Subject	*Reflexive*	*Direct object*	*Indirect object*		
je	me	me	me	y	en
tu	te	te	te		
il/elle/on	se	le/la	lui		
nous	nous	nous	nous		
vous	vous	vous	vous		
ils/elles	se	les	leur		

Entraînez-vous

Put these sentences into the correct order, then translate them into English.

1 nous ils rarement appellent
2 régulièrement je lave me
3 leur je dit ai de venir
4 m' il vu a hier
5 aujourd'hui nous tu dis la vérité
6 te va contacter il
7 par la poste te enverrai je l'
8 les vous mangez?
9 nous très peu nous voyons
10 a leur en donné il

7.8 Emphatic pronouns

After words like avec *with*, chez *at the house of*, you need to use:

moi *me*	nous *us*
toi *you*	vous *you*
lui *him*	eux *them* (masc)
elle *her*	elles *them* (fem)

chez toi *at your house*
avec lui *with him*

Entraînez-vous

Translate these phrases using the correct pronouns.

1 with him
2 at your house
3 with her
4 at my house
5 with them (m)

7.9 Relative pronouns qui and que

Relative pronouns mean 'who, which, that', they are used to give details and to make sentences longer.

qui is the subject of a verb
que is the object of a verb
que becomes **qu'** before a vowel

J'ai une sœur qui s'appelle Sarah.
I have a sister who is called Sarah.
Here **qui** is used because it is the subject of the next verb.

J'ai un demi-frère que* je ne connais pas très bien. *I have a half brother that I don't know very well.*
*Here **que** is used because it is the object of the next verb.

Entraînez-vous

Choose qui or que for each sentence.

1 C'est quelqu'un qui/que j'aime bien.
2 Il a trois chiens qui/que aiment jouer dans le jardin.
3 Ce sont les pâtes qui/que étaient dans le placard?
4 Un homme qui/que a traversé l'Atlantique en avion.
5 C'est un garçon qui/qu'il n'aime pas.
6 La dame qui/que porte la robe verte est très gentille.
7 Le sac qui/que j'ai perdu était en cuir.
8 L'homme qui/qu'est monté dans le train n'avait pas de valise.
9 J'ai acheté un ordinateur qui/que est super.
10 J'ai acheté un ordinateur qui/que je n'aime pas du tout.

Attention: Dont

Dont means 'whose', e.g.: C'est le monsieur dont j'aime la fille.
It's the man whose daughter I love.

7.10 Demonstrative pronouns

Demonstrative pronouns are used to distinguish between two items.

They mean 'this one' or 'that one', 'these' or 'those'.

	Masculine	***Feminine***
Singular	celui	celle
Plural	ceux	celles
Singular	celui-ci	celle-ci
Singular	celui-là	celle-là
Plural	ceux-ci	celles-ci
Plural	ceux-là	celles-là

Ces gâteaux ont l'air délicieux.
These cakes look delicious.

Oui, je voudrais celui-ci.
Yes, I'd like this one.

Et moi je prends celui-là.
And I'll have that one.

Entraînez-vous

Find all the examples of demonstrative pronouns in this dialogue.

A – Et les gants? Tu aimes ceux-ci?

B – Ah non, je préfère ceux-là.

A – Regarde-moi ces bottes! J'adore celles-ci.

B – Non, celles-là sont plus jolies.

A – Ce pullover est bien.

B – J'aime mieux celui-ci …

A – Et cette jupe? Tu ne vas pas l'aimer. Celle-là est sûrement plus à la mode, à ton avis non?

B – Au contraire, j'aime bien celle-ci, je vais l'acheter.

7.11 Possessive pronouns le mien, le tien …

Possessive pronouns mean 'mine', 'yours', etc. These stand in the place of the noun and must agree with the thing they're describing in gender and number.

J'ai perdu mes gants, ce sont les miens?
I have lost my gloves, are these mine?

Non, ce sont les miens. Les tiens sont là-bas. *No they're mine. Yours are over there.*

	Masculine	***Feminine***	***Masculine plural***	***Feminine plural***
mine	le mien	la mienne	les miens	les miennes
yours	le tien	la tienne	les tiens	les tiennes
his/hers	le sien	la sienne	les siens	les siennes
ours	le nôtre	la nôtre	les nôtres	les nôtres
yours	le vôtre	la vôtre	les vôtres	les vôtres
theirs	le leur	la leur	les leurs	les leurs

8 Prepositions

8.1 Prepositions

devant *in front of* — derrière *behind*
dans *in* — contre *against*
entre *between* — sur *on*
sous *under* — vers *towards*
chez *at the house of* — avec *with*

à côté de *next to*
au bout de *at the end of*
au fond de *at the back of*
au milieu de *in the middle of*
autour de *round*
de l'autre côté de *on the other side of*
en face de *opposite*

contre le mur *against the wall*
de l'autre côté de la rue *on the other side of the street*

8.2 À

À means 'to' or 'at'. When **à** comes before **le**, you use **au**.

When **à** comes before **les**, you use **aux**.

I go to the cinema. *Je vais au cinéma.*

Turn left at the lights.
Tournez à gauche aux feux.

8.3 To or in with names of places

- To or in + name of town = **à**
  Elle habite à Londres. *She lives in London.*
- To or in + names of region/country = **en**
  Il habite en Normandie en France. *He lives in Normandy in France.*
- to/in + name of masculine country = **au**
  Je vais au Portugal. *I'm going to Portugal.*
- to/in + name of plural country = **aux**
  Je vais aux États-Unis. *I'm going to America.*

Entraînez-vous

Choose the right word for in or to.

1 Je vais ... France.
2 J'habite ... Normandie.
3 Je passe mes vacances ... Portugal.
4 Je vais ... Londres.
5 J'habite ... Glasgow.

9 Numbers

9.1 Numbers

1 un/une
2 deux
3 trois
4 quatre
5 cinq
6 six
7 sept
8 huit
9 neuf
10 dix
11 onze
12 douze
13 treize
14 quatorze
15 quinze
16 seize
17 dix-sept
18 dix-huit
19 dix-neuf
20 vingt
21 vingt et un
22 vingt-deux
30 trente
40 quarante
50 cinquante
60 soixante
70 soixante-dix
80 quatre-vingts
81 quatre-vingt-un
82 quatre-vingt-deux
90 quatre-vingt-dix
91 quatre-vingt-onze
92 quatre-vingt-douze
100 cent
101 cent un
1000 mille

9.2 First, second, third

1$^{er/ère}$ premier (m)/première (f) *first*
2ème deuxième *second*
3ème troisième *third*

Verb tables

Infinitive *Past participle*	**Present**		**Perfect**	**Imperfect**	**Future**	**Conditional**	**Pluperfect**
regarder *to watch* regardé	je regarde tu regardes il/elle/on regarde	nous regardons vous regardez ils/elles regardent	j'ai regardé	je regardais	je regarderai	je regarderais	j'avais regardé
finir *to finish* fini	je finis tu finis il/elle/on finit	nous finissons vous finissez ils/elles finissent	j'ai fini	je finissais	je finirai	je finirais	j'avais fini
attendre *to wait for* attendu	j'attends tu attends il/elle/on attend	nous attendons vous attendez ils/elles attendent	j'ai attendu	j'attendais	j'attendrai	j'attendrais	j'avais attendu

Key irregular verbs

avoir *to have* eu	j'ai tu as il/elle/on a	nous avons vous avez ils/elles ont	j'ai eu	j'avais	j'aurai	j'aurais	j'avais eu
être *to be* été	je suis tu es il/elle/on est	nous sommes vous êtes ils/elles sont	j'ai été	j'étais	je serai	je serais	j'avais été
aller *to go* allé(e)	je vais tu vas il/elle/on va	nous allons vous allez ils/elles vont	je suis allé(e)	j'allais	j'irai	j'irais	j'étais allé(e)
faire *to do, to make* fait	je fais tu fais il/elle/on fait	nous faisons vous faites ils/elles font	j'ai fait	je faisais	je ferai	je ferais	j'avais fait

Other irregular verbs

apprendre *to learn* see prendre							
boire *to drink* bu	je bois tu bois il/elle/on boit	nous buvons vous buvez ils/elles boivent	j'ai bu	je buvais	je boirai	je boirais	j'avais bu
comprendre *to understand* see prendre							
conduire *to drive* conduit	je conduis tu conduis il/elle/on conduit	nous conduisons vous conduisez ils/elles conduisent	j'ai conduit	je conduisais	je conduirai	je conduirais	j'avais conduit
connaître *to know* (a person or place) connu	je connais tu connais il/elle/on connaît	nous connaissons vous connaissez ils/elles connaissent	j'ai connu	je connaissais	je connaîtrai	je connaîtrais	j'avais connu
croire *to believe* cru	je crois tu crois il/elle/on croit	nous croyons vous croyez ils/elles croient	j'ai cru	je croyais	je croirai	je croirais	j'avais cru
devoir *to have to, to must* dû	je dois tu dois il/elle/on doit nous devons	vous devez ils/elles doivent	j'ai dû	je devais	je devrai	je devrais	j'avais dû
dormir *to sleep* dormi	je dors tu dors il/elle/on dort nous dormons	vous dormez ils/elles dorment	j'ai dormi	je dormais	je dormirai	je dormirais	j'avais dormi

Verb tables (continued)

Infinitive *Past participle*	Present		Perfect	Imperfect	Future	Conditional	Pluperfect
écrire *to write* écrit	j'écris tu écris il/elle/on écrit	nous écrivons vous écrivez ils/elles écrivent	j'ai écrit	j'écrivais	j'écrirai	j'écrirais	j'avais écrit
lire *to read* lu	je lis tu lis il/elle/on lit	nous lisons vous lisez ils/elles lisent	j'ai lu	je lisais	je lirai	je lirais	j'avais lu
mettre *to put* mis	je mets tu mets il/elle/on met	nous mettons vous mettez ils/elles mettent	j'ai mis	je mettais	je mettrai	je mettrais	j'avais mis
partir *to leave* parti(e)	je pars tu pars il/elle/on part	nous partons vous partez ils/elles partent	je suis parti(e)	je partais	je partirai	je partirais	j'étais parti(e)
pouvoir *to be able to, to can* pu	je peux tu peux il/elle/on peut	nous pouvons vous pouvez ils/elles peuvent	j'ai pu	je pouvais = *I could/ was able to*	je pourrai= *I could/ I will be able to*	je pourrais = *I could/ I would be able to*	j'avais pu
prendre *to take* (*and* apprendre, comprendre) pris	je prends tu prends il/elle/on prend nous prenons	vous prenez ils/elles prennent	j'ai pris	je prenais	je prendrai	je prendrais	j'avais pris
revenir *to come back* – see venir							
savoir *to know* su	je sais tu sais il/elle sait	nous savons vous savez ils/elles savent	j'ai su	je savais	je saurai	je saurais	j'avais su
sentir *to feel, smell* senti	je sens tu sens il/elle/on sent	nous sentons vous sentez ils/elles sentent	j'ai senti	je sentais	je sentirai	je sentirais	j'avais senti
venir *to come* (*and* revenir) venu(e)	je viens tu viens il/elle/on vient nous venons	vous venez ils/elles viennent	je suis venu(e)	je venais	je viendrai	je viendrais	j'étais venu(e)
vouloir *to want* voulu	je veux tu veux il/elle/on veut	nous voulons vous voulez ils/elles veulent	j'ai voulu	je voulais	je voudrai	je voudrais	j'avais voulu

Vocabulaire anglais–français

A

to be able to	*pouvoir*
it's about …	*il s'agit de …*
abroad	*à l'étranger (m)*
afternoon	*l'après-midi (m)*
after(wards)	*après*
to be against something	*être contre quelque chose*
all	*tout/toute/toutes/tous*
apprenticeship	*un apprentissage*
area (of a country)	*une région*
article	*un article*
authoritarian	*autoritaire*
to avoid	*éviter*

B

to be bad at	*être faible en*
bag	*un sac*
banknote	*un billet*
bathroom	*une salle de bains*
battery	*la batterie*
beauty tips	*les conseils de beauté (mpl)*
bedroom	*la chambre*
to begin	*commencer*
better	*meilleur(e)*
bicycle/bike	*un vélo*
bill	*l'addition (f)*
a bit	*un peu*
blanket	*une couverture*
blocked (up)	*bloqué(e)*
by boat	*en bateau*
boat trip	*une promenade en bateau*
to book	*réserver*
boring	*ennuyeux/-euse*
boyfriend	*un petit ami*
brakes	*les freins (mpl)*
bread	*le pain*
to break down	*tomber en panne*
building	*un bâtiment*
by bus	*en bus*
bus stop	*l'arrêt d'autobus (m)*
to buy	*acheter*

C

campsite	*un camping*
Can I …?	*Puis-je …?*
canteen	*la cantine*
by car	*en voiture*
carpet	*une moquette*
cartoon	*un dessin animé*
choice	*le choix*
classroom	*une salle de classe*
clean	*propre*
to clean	*nettoyer*
climate	*le climat*
clothes	*les vêtements (mpl)*
coin	*une pièce*
to be cold	*avoir froid*
to have a cold	*être enrhumé(e)*
computer	*un ordinateur*
computer programmer	*programmeur/-euse*
computing	*l'informatique (f)*
to conserve	*conserver*
continue	*continuer*
cooking	*la cuisine*
cotton	*en coton*
to criticise	*critiquer*
crossword	*les mots croisés*
to cry	*pleurer*
curtains	*les rideaux (mpl)*
cycle lane	*une piste cyclable*

D

daily routine	*la routine journalière*
dairy produce	*les produits laitiers*
dangerous	*dangereux/-euse*
the day after tomorrow	*le lendemain*
dependent	*dépendant(e)*
detached house	*une maison individuelle*
detective film	*un film policier*
to dial	*composer le numéro*
dialling tone	*la tonalité*
I did	*j'ai fait*
dirty	*sale*
discrimination	*la discrimination*
dish of the day	*le plat du jour*
district	*un quartier*
doctor	*un médecin*
documentary	*un documentaire*
dog	*un chien*
double bed	*un grand lit*
double room	*une chambre pour 2 personnes*
to drink	*boire*

E

to earn	*gagner*
easy	*facile*
to eat	*manger*
empty	*vide*
to end	*finir*
energy	*l'énergie (f)*
the environment	*l'environnement (m)*
environmentally-friendly	*vert(e)*
evening	*le soir*
every	*toutes/tous*
exam	*un examen*
exciting	*passionnant(e)*
exhaust fumes	*les gaz (mpl)*
(not too) expensive	*(pas trop) cher*
extrovert	*extraverti(e)*

F

fantastic	*fantastique*
fashion	*la mode*
first class	*première classe*
flat	*un appartement*
floor (=storey)	*un étage*
to have flu	*avoir la grippe*
fluorescent lamp	*une lampe fluo*
food	*la nourriture*
to be for something	*être pour quelque chose*
to forget	*oublier*
fork	*une fourchette*
a fortnight	*quinze (15) jours*
freedom	*la liberté*
friend	*un(e) ami(e)*
to frighten	*faire peur*
in front of	*devant*
fruit	*les fruits (mpl)*
funny	*rigolo; amusant(e)*
the future	*l'avenir (m)*

G

game	*un jeu*
generous	*généreux/-euse*
to get	*recevoir*
to get off (at)	*descendre (à/à la/au/aux)*
to get on (well) with	*s'entendre (bien) avec*
to go	*aller*
to go out	*sortir*
to be good at	*être fort(e) en*
it's a good idea	*c'est une bonne idée*
good for you	*bon(ne) pour la santé*
it's great	*c'est chouette*
grown-up	*adulte*

H

I had	*j'ai eu*
hanger	*un cintre*
hard	*dur(e)*
to have to	*il faut/on doit*
headlights	*les phares (mpl)*
health	*la santé*
healthy	*sain(e)*
to help	*aider*
holidays	*les vacances (fpl)*
at home	*à la maison*
homework	*les devoirs (mpl)*
to hope	*espérer*
horror film	*un film d'horreur*
to go horseriding	*faire de l'équitation*
to be hot	*avoir chaud*
house	*une maison*
How long …?	*Combien de temps … ?*
How much is it?	*C'est combien?*
to be hungry	*avoir faim*
hurt	*blessé(e)*
hypermarket	*une grande surface*

I

ice cream	*une glace*
ill	*malade*
independent	*indépendant(e)*
industry	*l'industrie (f)*
information	*les renseignements (mpl)*
inhabitants	*les habitants (mpl)*

J

jewellery	*les bijoux (mpl)*
job	*un emploi/un boulot (informal)*
journey (to and from work)	*un trajet*

K

to keep fit	*garder la forme*
knife	*un couteau*
to know (how to)	*savoir*

L

lab(oratory)	*labo(ratoire)*
lamp	*une lampe*
lamp post	*un lampadaire*
languages	*les langues (fpl)*
to last	*durer*
later	*plus tard*
to laugh	*rire*
to learn	*apprendre*
to leave	*partir*
to leave a message	*laisser un message*
on the left	*à gauche*
less	*moins de*
lessons	*les cours*
library	*la bibliothèque*
to like	*aimer*

litter	*les papiers par terre (mpl)*
a little	*un peu*
to live	*habiter*
lively	*animé(e)*
to look for	*chercher*
lorry	*un camion*
to lose	*perdre*
a lot of	*beaucoup de*

M

I made	*j'ai fait*
main course	*le plat principal*
make-up	*le maquillage*
marks (at school)	*les notes (fpl)*
measures (to deal with)	*les mesures (fpl)*
mechanic	*un(e) mécanicien/-ienne*
in a mess	*en désordre*
mobile phone	*un portable*
money	*l'argent (m)*
month	*un mois*
more	*plus de*
motorcycle	*une moto*
mountain bike	*un VTT (vélo tout-terrain)*
in the mountains	*à la montagne*
moving	*émouvant(e)*
I must	*je dois*

N

near	*près de*
next	*ensuite*
next (week/month)	*prochain(e)*
nice	*sympa; gentil(le)*
noise	*le bruit*
noisy	*bruyant(e)*
nurse	*un(e) infirmier/-ière*

O

old	*vieux/vieille; ancien/-enne*
once	*une fois*

P

to park	*garer*
parking	*le stationnement*
pavement	*le trottoir*
pedestrian	*un(e) piéton(ne)*
pedestrianised area	*zone piétonne*
by plane	*en avion*
plastic	*en plastique*
platform	*un quai*
playground	*la cour*
pocket money	*l'argent de poche (m)*
policeman	*un agent de police*
price	*le prix*
problem page	*le courrier du cœur*
programme	*une émission*
to protect	*protéger*
protein	*les protéines (fpl)*
public transport	*les transports en commun (mpl)*
puncture	*un pneu crevé*
purse	*un porte-monnaie*
pushchair	*une poussette*
puzzle	*un jeu*

Q

to queue up	*faire la queue*
quick	*vite*
quiet	*calme; tranquille*
quite	*assez*

R

rather	*plutôt*
to read	*lire*
recycled	*recyclé(e)*
relationship	*les rapports (mpl)*
to relax	*se reposer*
repetitive	*répétitif/-ive*
to respect	*respecter*
to rest	*se reposer*
return ticket	*un aller-retour*
on the right	*à droite*
romantic	*romantique*
it's rubbish	*c'est nul*
rush hour	*les heures d'affluence (fpl)*

S

the same	*la même chose*
I saw	*j'ai vu*
(school) rules	*le règlement*
secondary school	*le collège*
screen	*l'écran (m)*
sea	*la mer*
by the seaside	*au bord de la mer*
second class	*deuxième classe*
semi-detached house	*une maison jumelée*
sensitive	*sensible*
series	*un feuilleton*
serious (in character)	*sérieux/-euse*
serious (problem)	*grave*
shower	*une douche*
to be sick	*vomir*
to feel sick	*avoir mal au cœur*
silk	*en soie*
silly	*ridicule, idiot(e)*
single bed	*un petit lit*
single room	*une chambre pour 1 personne*
single ticket	*un aller-simple*
to be situated	*se trouver, être situé(e)*
skiing	*le ski*
to smoke	*fumer*
soap	*le savon*
spare wheel	*une roue de secours*
to speak	*parler*
It's Alan speaking on the phone.	*C'est Alain à l'appareil.*
spoon	*une cuillère*
staffroom	*la salle des profs*
to stay	*rester*
steering wheel	*le volant*
straight ahead	*tout droit*
student	*un(e) étudiant(e)*
to study	*étudier*
subject	*une matière*
to be sunburnt	*avoir un coup de soleil*
sunny	*ensoleillé(e)*
survey	*un sondage*
sweet food	*les produits sucrés (mpl)*
sweets	*les bonbons (mpl)*
take an exam	*passer un examen*

T

tap	*un robinet*
teacher	*un prof(esseur)*
team	*une équipe*
telephone card	*une télécarte*
telephone number	*un numéro de téléphone*
to have a temperature	*avoir de la fièvre*
that one	*celui (m) celle (f)*
then	*puis*
there you are	*voilà*
these	*ceux (mpl) celles (fpl)*
things to do	*les distractions (fpl)*
to be thirsty	*avoir soif*
this one	*celui (m) celle (f)*
those	*ceux (mpl) celles (fpl)*
to throw	*jeter*
ticket	*un billet*
to tidy (up)	*ranger*
tired	*fatigué(e)*
too much	*trop de*
I took	*j'ai pris*
toilets	*les toilettes (fpl), les W-C (mpl)*
tomorrow	*demain*
tourism	*le tourisme*
towel	*une serviette*
town	*une ville*
town centre	*le centre-ville*
traffic	*la circulation*
traffic jam	*un embouteillage*
by train	*en train*
training course	*un stage*
travel	*voyager*
traveller's cheque	*un chèque de voyage*
trolley	*un caddie*
try on	*essayer*
twice	*deux fois*

U

umbrella	*un parapluie*
understanding	*compréhensif/-ive*
unemployed	*au chômage*
unemployment	*le chômage*
uniform	*l'uniforme (m)*
university	*la fac*
useful	*utile*

V

to vacuum	*passer l'aspirateur*
vegetables	*les légumes (mpl)*
very	*très*
vet	*un(e) vétérinaire*
video recorder	*un magnétoscope*
to visit	*visiter*
vitamins	*les vitamines (fpl)*

W

to walk	*aller à pied*
wall	*un mur*
to want	*vouloir*
to do the washing-up	*faire la vaisselle*
to waste	*gaspiller*
water	*l'eau (f)*
week	*une semaine*
I went	*je suis allé(e)*
What size?	*Quelle taille?*
What time …?	*À quelle heure …?*
windsurfing	*la planche à voile*
wool	*en laine*
work	*le travail*
to work	*travailler*
it's not working	*il/elle ne marche pas*

Vocabulaire français–anglais

A

d'	abord	*first of all*
les	accessoires *(mpl)*	*accessories*
d'	accord	*OK/fine*
	accueillant(e)	*welcoming/friendly*
	accueillir	*to welcome*
faire les	achats	*to do the shopping*
	acheter	*to buy*
en	acrylique	*acrylic*
l'	addition *(f)*	*bill*
	adorer	*to adore*
	adulte	*grown-up*
	afficher	*to put up (a poster/notice)*
les heures d'	affluence *(fpl)*	*rush hour*
	affreux/-euse	*awful*
l'	Afrique *(f)*	*Africa*
une	agence	*agency*
un	agenda	*diary*
un	agent d'immobilier	*estate agent*
un	agent de police	*police officer*
De quoi est-ce qu'il	s'agit?	*What is it about?*
l'	agneau *(m)*	*lamb*
	agréable	*pleasant*
je vous prie d'	agréer	*yours faithfully (used in letters)*
l'	agressivité au volant *(f)*	*road rage*
	aider	*to help*
une	aile	*wing*
	aimable	*nice/kind*
	aimer	*to like/love*
	aimer bien	*to enjoy/like very much*
	aimer faire/voyager	*to enjoy doing/travelling*
	aimer mieux	*to prefer*
l'	aîné *(m)*	*the eldest son*
l'	aînée *(f)*	*the eldest daughter*
	ainsi que	*as well as*
l'	alcool *(m)*	*alcohol*
l'	alimentation *(f)*	*food department*
Si on	allait au/à la/aux …	*How about going to …?*
l'	Allemagne *(f)*	*Germany*
les	Allemands *(mpl)*	*Germans*
	aller (à/à la/au)	*to go (to)*
je suis	allergique au/à la/aux	*I'm allergic to …*
un	aller-retour	*return ticket*
un	aller-simple	*single ticket*
	Allez au/à la/aux …	*Go to …*
	Allez-y!	*Go on!/Go for it!*
	allumer	*to switch on*
	améliorer	*to improve*
les	Américains *(mpl)*	*Americans*
	amicalement	*best wishes/kind regards*
l'	amitié *(f)*	*friendship*
l'	amour *(m)*	*love*
s'	amuser	*to enjoy yourself*
	ancien(ne)	*old/former*
l'	anglais *(m)*	*English (school subject)*
une	animation	*show*
	animé(e)	*lively*
Bonne	année!	*Happy New Year!*
une	année sabbatique	*sabbatical year*
Bon	anniversaire!	*Happy Birthday!*
une	annonce	*newspaper advertisement*
l'	anorexie *(f)*	*anorexia*
	antipathique	*unpleasant*
l'	antiquité *(f)*	*ancient history*
	antisocial(e)	*antisocial*
C'est Jean/Marie à l'	appareil	*It's Jean/Marie speaking.*
un	appareil-photo	*camera*
un	appartement	*flat/apartment*
	appartenant à	*belonging to*
s'	appeler	*to be called*
	apporter	*to bring*
	apprendre	*to learn*
l'	apprentissage *(m)*	*apprenticeship*
j'ai	appris	*I learned*
	après	*after(wards)*
un	arbre	*tree*
l'	argent de poche *(m)*	*pocket money*
un	arrêt d'autobus	*bus stop*
tout s'	arrête pour	*everything stops for*
	arriver	*to arrive*
	arriver à	*to succeed in*
	arrogant(e)	*arrogant*
les	articles sur … *(mpl)*	*articles about …*
l'	artisanat *(m)*	*craft industry*
	artistique	*artistic*
les	arts martiaux *(mpl)*	*martial arts*
l'	ascenseur *(m)*	*lift*
l'	aspirateur *(m)*	*vacuum cleaner*
	assez	*quite*
	Assieds-toi!	*Sit down!*
l'	asthme *(m)*	*asthma*
	attendre	*to wait for*
dans l'	attente de	*hoping to/looking forward to*
	Attention au/à la/aux …	*Beware of …*
à l'	attention de	*for the attention of*
Je suis	attiré(e) par	*I like the idea of …*
	attirer	*to attract*
Les	attractions principales sont …	*The main places of interest are …*
une	auberge de jeunesse	*youth hostel*
	augmenter	*to increase*
d'	aujourd'hui	*nowadays*
quand j'	aurai 18/25/40 ans	*when I'm 18/25/40*
	aussi … que	*as … as*
l'	Australie *(f)*	*Australia*
un	autobus	*bus*
un	autocar	*coach*
en	automne	*in autumn*
	autoritaire	*strict*
	autour (de)	*around*
	autre chose	*anything else*
à l'	avance	*in advance*
	avancer	*to move forward*
	avant	*before*
	avec plaisir	*with pleasure*
à l'	avenir	*in the future*
une	aventure	*adventure*
	aventurier/-ière	*adventurous*
une	averse	*(rain) shower*
en	avion	*by plane*
un	avis	*opinion*
nous	avons	*we have*

B

	bachoter	*to cram (for an exam)*
	Bagages	*Luggage*
se	baigner	*to go for a swim*
en	baisse	*decreasing/falling*
un	bal	*dance*
se	balader	*to go for a walk/ride*
au	balcon	*in the dress circle*
le	balcon	*balcony*
une	bande	*gang*
une	bande dessinée	*cartoon (in a book/magazine/newspaper)*
la	banlieue	*suburb(s)*
	barbant(e)	*deadly boring*
une	barbe	*beard*
en	bas	*downstairs*
plus	bas	*further down*
les	baskets *(mpl)*	*trainers*
en	bateau	*by boat*
un	bâtiment	*building*
la	batterie	*battery*
	bavard(e)	*talkative*
	bavarder	*to chat*
	beau	*beautiful*
il fait	beau	*it's fine/sunny*
il y a	beaucoup de	*there's/there are a lot of*
un	beau-père	*step-father*
	belle	*beautiful*
As-tu	besoin de …?	*Do you need …?*
	bête	*stupid*
une	bibliothèque	*library*
une	bicyclette	*bicycle*
	bien	*good/well*
Tout va	bien	*Everything's fine.*
	bien payé(e)	*well paid*
	bien sûr	*of course*
	Bienvenue!	*Welcome!*
la	bijouterie	*jewellery*
les	bijoux *(mpl)*	*jewellery*
un	billet	*bank note*
un	billet d'entrée	*cinema/theatre ticket*
un	billet pour …	*a ticket for …*
la	biologie	*Biology*
	bizarre	*strange*
	blanc(he)	*white*
je suis	blessé(e)	*I'm injured*
je me suis	blessé(e) au/à la …	*I've hurt my …*
	bleu(e)	*blue*
	blond(e)	*blonde*
	bloqué(e)	*blocked-up/congested*
un	blouson	*jacket*
le	bœuf	*beef*
	boire	*to drink*
un	bois	*wood*
une	boisson	*drink*
une	boîte	*tin/can or nightclub*
une	boîte aux lettres	*letter box*
une	boîte de …	*a box of … or a tin/can of …*
les	bonbons *(mpl)*	*sweets*
c'est	bon(ne) pour la santé	*it's good for you*

c'est une bonne chose	*it's a good thing*
être en bonne forme	*to be in good shape*
de bonne heure	*early*
quelle bonne idée	*what a good idea*
au bord de …	*on the side of …*
au bord de la mer	*at/by the seaside*
être bordé(e) de …	*to be lined/edged with …*
la bouche	*mouth*
cheveux bouclés *(mpl)*	*curly hair*
un boulot	*job (informal)*
une boum	*party (informal)*
une bouteille de …	*a bottle of …*
bref	*in short*
une bretelle	*strap*
se brosser les dents	*to brush your teeth*
il y a du brouillard	*it's foggy*
le bruit	*noise*
brûler	*to burn*
il est brumeux	*it's misty*
bruyant(e)	*noisy*
j'ai bu	*I drank*
Buffet	*Station buffet*
la bulimie	*bulimia*
un bureau	*office*
C	
une cabine d'essayage	*fitting room*
une cabine téléphonique	*telephone cabin*
un caddie	*shopping trolley*
un cadeau	*present/gift*
le cadet	*the younger/youngest boy*
la cadette	*the younger/youngest girl*
le caféine	*caffeine*
un cahier	*exercise book*
la caisse	*cashdesk*
un(e) caissier/-ère	*cashier*
le calcium	*calcium*
calme	*quiet*
les calories *(fpl)*	*calories*
un camion	*lorry*
campagnard(e)	*rural/countrified*
à la campagne	*in the countryside*
une campagne publicitaire	*publicity campaign*
un camping	*camp-site*
le Canada	*Canada*
les Canaries *(fpl)*	*Canaries*
un cancer du poumon	*lung cancer*
une cantine	*cantine*
la capitale	*capital*
car	*as/because*
un carrefour	*crossroads*
une carte d'anniversaire	*birthday card*
une carte postale	*postcard*
mon/ton cas	*my/your situation*
une case	*box (on a printed page)*
une casquette	*cap*
casse-pieds	*annoying*
une cathédrale	*cathedral*
à cause de	*because of*
Ça va!	*It's all right.*
la cave	*cellar*
un CD	*CD*
ce	*this (masc)*
célèbre	*famous*
célibataire	*single/unmarried*
celle	*this/that one (fem)*
celles	*these/those (fem/pl)*
celui	*this/that one (masc)*
le centre sportif	*sports centre*
ces	*these*
c'est …	*it's …*
cet	*this (masc)*
cette	*this (fem)*
ceux	*these/those*
chaleureux/-euse	*warm/friendly*
une chambre	*bedroom/hotel room*
un champ	*field*
avoir de la chance	*to be lucky*
Bonne chance!	*Good Luck!*
changer	*to change*
une chanson	*song*
chanter	*to sing*
la charcuterie	*delicatessen*
chargé(e)	*full/busy (syllabus)*
charmant(e)	*charming*
un château	*castle*
il fait chaud	*it's hot/warm*
un chauffeur	*driver*
des chaussures *(fpl)*	*shoes*
un(e) chef de cuisine	*chef*
le chemin de fer	*railway*
pas (trop) cher	*not (too) expensive*
un chèque de voyage	*traveller's cheque*
chercher	*to look for*
un cheval	*horse*
faire du cheval	*to go horse-riding*
des chevaux *(mpl)*	*horses*
les cheveux *(mpl)*	*hair*
chez moi/toi	*at my/your place*
un chien	*dog*
la chimie	*Chemistry*
chic	*smart/sophisticated*
des chips *(mpl)*	*crisps*
le chocolat chaud	*hot chocolate*
choisir	*to choose*
le choix	*choice*
le cholestérol	*cholesterol*
le chômage	*unemployment*
un(e) chômeur/-euse	*unemployed person*
chouette	*great*
les cigarettes *(fpl)*	*cigarettes*
ci-joint(e)	*attached*
le cinéma	*cinema*
le cinoche	*cinema (informal)*
un cintre	*hanger*
la circulation	*traffic*
circuler	*to be moving (traffic)*
un cirque	*circus*
une cité	*housing estate*
classer	*to file*
une clef	*key*
le climat	*climate*
une clope	*cigarette (informal)*
un club de danse	*dance club*
un club d'échecs	*chess club*
un club de gym	*gym club*
un club d'informatique	*computer club*
un club de musique	*music club*
un club de photographie	*photography club*
un club de théâtre	*theatre club*
un cochon d'Inde	*guinea pig*
un cocotier	*coconut tree*
le code postal	*post code*
J'ai mal au cœur	*I feel sick*
cogner	*to bang into*
un(e) coiffeur/-euse	*hairdresser*
au coin	*on the corner*
le colin	*hake*
collège	*college*
entrer en collision avec	*to collide with*
c'est combien?	*How much is it?*
Combien de temps?	*How long …?*
commander	*to order*
Qu'est-ce que c'est comme …?	*What sort of … is it?*
commencer	*to begin*
commentaire	*commentary*
avoir des choses en commun	*to have things in common*
complet/-ète	*full (hotel; B&B)*
compliqué(e)	*complicated*
être composé(e) de	*to be made up of*
composer le numéro	*to dial the number*
composter (un billet de train)	*to punch your ticket*
compréhensif/-ive	*understanding*
comprenant	*including*
comprendre	*understand*
un comprimé	*tablet/pill*
comprimer	*to press on*
compte tenu	*given that/bearing in mind that*
concernant	*with regard to*
en ce qui concerne …	*as far as the … is concerned*
un concert	*concert*
un concours	*competition*
conduire	*to drive*
la confiance	*confidence*
la confiture	*jam*
le confort	*comfort*
confortable	*comfortable*
un jour de congé	*public holiday*
perdre connaissance	*to lose consciousness*
connaître	*to know/be acquainted with*
les conseils *(mpl)*	*advice/tips*
les conseils de beauté *(mpl)*	*beauty tips*
conserver	*to save*
Consigne	*Left-luggage office*
En quoi consiste …?	*What does … consist of?*
contenir	*to contain*
content(e)	*happy*
continuer	*to continue*
Je suis contre	*I'm against …*
par contre	*however/on the other hand*
contribuer	*to contribute*
convenir	*to suit*
être très convoîté(e)	*to be much sought-after*
cool	*cool/laid-back*
un copain	*male friend*
une copine	*female friend*

un(e) correspondant(e) *penfriend*
à côté de *near/next to*
d'un côté … d'un autre *on the one hand … on the other*
en coton *cotton*
se coucher *to go to bed*
prendre un coup de soleil *to get sunburnt*
une cour *playground*
couramment *fluently*
le courrier du cœur *problem page*
en cours de *throughout*
un cours *lesson*
une course *race*
court(e) *short*
un court (de tennis) *tennis court*
un coussin d'air *air cushion*
un couteau *knife*
coûter cher *to cost a lot/be expensive*
il est couvert *it's dull (weather)*
une couverture *blanket*
un crayon *pencil*
créatif/-ive *creative*
un crédit *credit note*
crevé(e) *exhausted*
critiquer *criticise*
je crois *I think*
une croisière *cruise*
cru(e) *raw*
une cuillère *spoon*
des cuillerées *(fpl)* *spoonfuls*
en cuir *leather*
la cuisine *kitchen*
faire la cuisine *to do the cooking*
cuisses de grenouille *(fpl)* *frog's legs*
le cyclisme *cycling*

D

dangereux/-euse *dangerous*
danser (dansé) *to dance (danced)*
la date de naissance *date of birth*
se débrouiller *to manage/get by*
être décédé(e) *to be dead*
les déchets *(mpl)* *rubbish/litter*
se décider *to make up your mind*
découvrir *to discover*
dedans *inside*
défendre *to forbid*
un défilé *procession*
se déguiser (en …) *to dress up (as …)*
une dégustation *tasting session*
dehors *outside*
déjà *already*
le déjeuner *lunch*
dans les meilleurs délais *as quickly as possible*
délicat(e) *awkward/tricky*
demain *tomorrow*
demain soir/matin *tomorrow evening/morning*
un demi-frère *half-brother*
une demi-sœur *half-sister*
démodé(e) *old-fashioned*
le dentifrice *toothpaste*
un(e) dentiste *dentist*
les dents *(fpl)* *teeth*
dépendant(e) *dependent*
dépenser sur *to spend on*
un dépliant *leaflet*
les ailes déployées *with wings spread out*
depuis 2 mois/4 ans *for 2 months/4 years*
déraper *to skid*
dernier/-ère *last*
dès le/la *from … onwards*
désagréable *unpleasant*
un désastre *disaster*
Descendez/Descends … *Go down …*
Descendez/Descends à/à la/au/aux … *Get off at …*
Vous désirez …? *Would you like …?*
je suis désolé(e) *I'm sorry*
être en désordre *to be in a mess/untidy*
le dessin *Art*
un dessin animé *cartoon (on TV/at cinema)*
le dessus *upper (on a shoe)*
à destination *travelling to …*
se détendre *to relax*
détester *to hate*
deuxième classe *second class*
devant *in front of*
devenir *to become*
devoir *to have to*
les devoirs *(mpl)* *homework*
un diable *devil*
difficile *difficult*
difficilement *with difficulty*
le dîner *evening meal*
Ça te dirait de …? *How about …?*
la discrimination *discrimination*
discuter *to talk/discuss*
la disponibilité *availability*
se disputer *to argue*
les distractions *(fpl)* *entertainments/things to do*
Ça ne me dit rien. *I don't want to./I don't feel like it.*
distribuer *to distribute*
un documentaire
je dois *I must*
on doit *you must*
le domaine de l'informatique/l'education *the computer/educational field*
C'est dommage. *It's a shame.*
donner sur *to look out onto*
dormir *to sleep*
doubler *to overtake*
une douche *shower*
se doucher *to have a shower*
une douzaine de … *a dozen …*
la drogue *drugs*
on n'a pas le droit de *you aren't allowed to*
un droit humain *human right*
drôle *funny*
j'ai dû *I had to*
dur(e) *hard/hard work*
durer *to last*
dynamique *dynamic*

E

l' eau gazeuse *(f)* *sparkling water*
l' eau minérale *(f)* *mineral water*
un échange *school exchange*
échanger *to exchange*
échapper à *to escape from*
une éclaircie *bright interval*
l' école maternelle *(f)* *nursery school*
l' école primaire *(f)* *primary school*
faire des économies *to save up*
écouter (écouté) *to listen (listened)*
l' écran *(m)* *screen*
Comment s'écrit …? *How do you spell …?*
les effets spéciaux *(mpl)* *special effects*
efficace *efficient*
une église *church*
égoïste *selfish*
élargir les horizons *widen your horizons*
l' électroménager *(m)* *electrical goods department*
un(e) élève *pupil/student*
l' emballage *(m)* *packaging*
emballer *to wrap (up)*
embêtant(e) *annoying*
un embouteillage *traffic jam*
une émission de musique/sport *a music/sports programme*
émouvant(e) *moving*
un emploi *job*
un(e) employé(e) de bureau *office worker*
emprunter le bus *to take the bus*
encore *still more*
On peut avoir encore du/de la … *Can we have more …?*
énerver *to annoy*
s' ennuyer *to get bored*
ennuyeux/-euse *boring*
enregistrer *to register*
Je suis enrhumé(e). *I've got a cold.*
ensemble *together*
il est ensoleillé *it's sunny*
ensuite *then*
s' entendre (bien) avec *to get on (well) with*
enterrer *bury*
être entouré(e) de *to be surrounded by*
l' entraînement *(m)* *training*
s' entraîner *to train/practise*
un(e) entraîneur/-euse *sports coach/trainer*
entre *between*
Entre! *Come in!*
Entrée *Entrance*
l' entrée *(f)* *entrance hall*
entreprendre *to undertake*
une entreprise *company/firm*
Tu as envie de …? *Do you want to?*
épeler *to spell*
épicé(e) *spicy*
l' épicerie *(f)* *grocer's shop*
les épinards *(mpl)* *spinach*
équilibré(e) *well-balanced*
l' équipe de foot *(f)* *football team*
l' équipe de hockey *(f)* *hockey team*
l' équipe de volley *(f)* *volleyball team*
l' équipement *(m)* *equipment/school things*
l' équitation *(f)* *horse-riding*
l' escalade *(f)* *(rock) climbing*
l' escalier *(m)* *stairs*
un escargot *snail*

l' Espagne *(f)*	*Spain*
l' espagnol *(m)*	*Spanish*
espérer	*to hope*
essayer	*to try/to try on*
dans l' est	*in the east*
il/elle est allé(e)/parti(e)	*he/she went/left*
une esthéticienne	*beautician*
au 1er/ 2ème étage	*on the first/ second floor*
une étagère	*shelf*
ils/elles étaient	*they were*
j' étais	*I was*
il/elle était	*he/she was*
une étape	*stopover*
les États-Unis	*United States*
en été	*in summer*
éteindre	*to switch off*
vous étiez	*you were*
nous étions	*we were*
à l' étranger	*abroad*
étroit(e)	*narrow*
un(e) étudiant(e)	*student*
étudier	*to study*
j'ai eu	*I had*
eux	*them (masc pl)*
éventuel(le)	*possible*
éviter	*to avoid*
un examen	*exam*
exceptionnel(le)	*unusual*
je m' excuse	*I'm sorry*
s' excuser	*to apologise*
l' exercice aérobie *(m)*	*aerobics*
l' expérience *(f)*	*experience*
faire l' expérience de	*to experience*
extra	*fantastic*
extraverti(e)	*extrovert*
F	
Qu'est-ce que tu fabriques?	*What are you up to?*
en face de	*opposite*
facile	*easy*
facilement	*easily*
la fac(ulté)	*university*
être faible en	*to be weak at*
faiblir	*to get weaker*
j'ai failli	*I almost*
avoir faim	*to be hungry*
faire (fait)	*to do (did)*
faire travailler les muscles/ jambes	*to exercise your muscles/legs*
je fais du/de la ...	*I do ... (sport)*
je fais du 40/42/44	*I'm (a) size 40/42/44*
j'ai fait	*I did/made*
être fanatique de	*to be a fan of*
farci(e)(s)	*stuffed (food)*
fatigant(e)	*tiring*
fatigué(e)	*tired*
les faubourgs *(mpl)*	*suburbs*
Est-ce qu'il faut ...?	*Do I have to ...?/ Should I ...?*
il faut	*you must*
il ne faut pas	*you mustn't*
c'est faux	*it's not true*
être favorable au/à la/ aux	*to be in favour of*
féliciter	*to congratulate*
femme	*woman/wife*
une fenêtre	*window*

un(e) fermier/-ière	*farmer*
les fesses *(fpl)*	*buttocks*
une fête	*festival/celebration*
faire la fête	*to celebrate/have a party*
un feuilleton	*TV series*
les feux *(mpl)*	*traffic lights*
les feux d'artifice *(mpl)*	*fireworks*
les fibres *(fpl)*	*fibre (in diet)*
une fiche	*form*
s'en ficher	*to not care/give a damn about*
fier/fière	*proud*
J'ai de la fièvre.	*I've got a temperature.*
une fille	*girl/daughter*
fille unique	*only daughter*
un film d'horreur	*horror film*
un film policier	*detective film*
un fils	*son*
fils unique	*only son*
en fin de compte	*in the final analysis/ at the end of the day*
la fin	*end*
la Finlande	*Finland*
finir	*to finish*
une fleur	*flower*
un fleuve	*major river*
des fois	*sometimes*
une/deux/ trois fois	*once/twice three times*
au fond de ...	*at the back/other end of ...*
le foot	*football*
c'est fondé(e) sur	*it's based on*
être en forme	*to be in shape*
la forme	*shape*
formidable	*great*
être fort(e) en	*to be good at*
une fourchette	*fork*
français	*French*
la France	*France*
francophone(s)	*French-speaking*
les freins *(mpl)*	*brakes*
cheveux frisés *(mpl)*	*frizzy hair*
les frites *(fpl)*	*chips*
il fait froid	*it's cold*
J'ai froid.	*I'm cold.*
il est frais	*it's chilly*
frôler la mort	*to dice with death*
le fromage	*cheese*
les fruits *(mpl)*	*fruit*
les fruits de mer *(mpl)*	*seafood*
fumer	*to smoke*
fumeurs/ non-fumeurs	*smoking/ non-smoking*
G	
gagner de l'argent	*to earn money*
garder	*to look after*
garder la forme	*to keep fit*
un gardien de but	*goalkeeper*
une gare	*railway station*
garer la voiture	*to park the car*
le gaspillage	*wasting/ squandering*
gaspiller	*to waste*
un gâteau	*biscuit/cake*

les gaz *(mpl)*	*exhaust fumes*
gêner	*to bother*
généreux/-euse	*generous*
génial	*enjoyable/good fun*
un genre de	*a type/kind of*
gentil(le)	*kind*
géo	*Geography*
un gîte	*gite (self-catering cottage)*
une glace	*ice cream*
glissant(e)	*slippery*
glisser	*to slide/slip*
une gomme	*rubber*
la gorge	*throat*
le goût du risque	*risk-taking*
le goûter	*snack (esp. eaten at 4 o'clock)*
goûter les produits	*to taste the produce*
100/200 grammes de ...	*100/200 grams of ...*
un grand lit	*double bed*
la Grande-Bretagne	*Great Britain*
une grande entreprise	*big company*
une grande surface	*hypermarket*
une grande ville	*city*
les grandes vacances *(fpl)*	*summer holidays*
un graphique	*graph*
gratuit(e)	*free*
grave	*serious*
la Grèce	*Greece*
les Grecs *(mpl)*	*Greeks*
grièvement	*seriously*
J'ai la grippe.	*I've got flu.*
gronder	*to shout at*
gros(se)	*fat*
la guerre	*war*
Guichet	*Ticket office*
la gym(nastique)	*gym(nastics)*
le gym(nase)	*gym(nasium)*
H	
s' habiller	*to get dressed*
à 20 000/100 000 habitants	*with 20 000/100 000 inhabitants*
habiter (à)	*to live (in)*
d' habitude	*usually*
en hausse	*increasing/rising*
en haut	*upstairs*
l' hébergement *(m)*	*accommodation*
À quelle heure ...?	*What time ...?*
à l'heure	*on time*
les heures *(fpl)*	*hours (of work)*
une hi-fi	*hi-fi*
un HLM	*council flat*
l' histoire *(f)*	*History*
une histoire	*story*
une histoire d'amour	*love story*
historique	*historic*
en hiver	*in winter*
l' Hollande *(f)*	*Holland*
un hôpital	*hospital*
un horaire	*timetable*
J'ai horreur de	*I hate*
l' hors-d'oeuvre *(m)*	*starter*
être hospitalisé(e)	*to be taken to hospital*
un hôtel 3/4/ 5 étoiles	*3/4/5-star hotel*

une hôtesse de l'air/un steward	*air hostess/flight attendant*
les huîtres *(fpl)*	*oysters*
I	
idiot(e)	*silly/stupid*
il y a	*there is/there are*
il n'y a pas de	*there isn't/there aren't*
l' image *(f)*	*picture*
l' imagination *(f)*	*imagination*
impatient(e)	*impatient*
impressionnant(e)	*impressive*
L' inconvénient, c'est …	*The drawback is …*
indépendant(e)	*independent*
l' indicatif du pays/de la ville	*country/area code*
l' individualité *(f)*	*individuality*
Les industries importantes sont …	*The main industries are …*
industriel(le)	*industrial*
un(e) infirmier/-ière	*nurse*
les informations *(fpl)*	*news*
l' informatique *(f)*	*computer studies/computing*
l' initiative *(f)*	*initiative*
Inscrivez-vous!	*Sign up!*
un(e) instituteur/-trice	*primary school teacher*
intelligent(e)	*intelligent*
être interdit(e)	*to be forbidden*
intéressant(e)	*interesting*
intéresser	*to interest*
s' intéresser	*to be interested in*
intime	*intimate*
introduire	*to insert*
Il/elle ira	*he/she will go*
J' irai	*I will go*
l' Italie *(f)*	*Italy*
un itinéraire	*itinerary*
J	
ne … jamais	*never*
le Japon	*Japan*
les Japonais *(mpl)*	*Japanese people*
le jardin	*garden*
faire le jardinage	*to do the gardening*
un(e) jardinier/-ière	*gardener*
le jean	*jeans*
les jeunes *(mpl)*	*young people*
la jeunesse	*youth*
un jeu télévisé	*game show*
un jeu-vidéo	*video game*
les jeux *(mpl)*	*puzzles/games*
joli(e)	*pretty*
je joue au/à la/aux	*I play (sport)*
jouer (joué)	*to play (played)*
un jouet	*toy*
un(e) joueur/-euse	*player*
un journal	*newspaper or news bulletin*
journalier/-ère	*daily*
Bonne journée!	*Have a nice day!*
de nos jours	*nowadays*
les jumeaux *(mpl)*	*twins*
une jupe	*skirt*
jusqu'à	*until*
jusqu'à/à la/au/aux	*as far as*
ce n'est pas juste	*it's not fair*
juste avant	*just before*
K	
2/3 kilos de …	*2/3 kilos of …*
L	
les labos *(mpl)*	*labs*
un lac	*lake*
en laine	*wool*
laisser	*to leave*
laisser tomber	*to drop sth or to kick a habit*
laisser un message	*to leave a message*
le lait	*milk*
un lampadaire	*lamp post*
une lampe (fluo)	*(fluorescent) lamp*
les langues *(fpl)*	*languages*
les langues vivantes *(fpl)*	*modern langauges*
un lapin	*rabbit*
un lave-vaisselle	*dishwasher*
se laver	*to get washed*
faire du lèche-vitrines	*to go window-shopping*
la lecture	*reading*
légendaire	*legendary*
léger/légère	*light*
un légume	*vegetable*
le lendemain	*the following day*
les lentilles de contact *(fpl)*	*contact lenses*
faire la lessive	*to do the washing*
se lever	*to get up*
libéral(e)	*liberal*
la librairie	*bookshop/book department*
je ne suis pas libre	*I'm not free/I'm busy*
avoir lieu	*to take place*
le lieu de naissance	*date of birth*
une ligne	*line*
lire (lu)	*read (read)*
aller au lit	*to go to bed*
un lit	*bed*
un litre de …	*a litre of …*
un littoral	*coast*
un livre	*book*
livrer	*to deliver*
location de vélos	*bicycle hire*
un logement	*place to stay*
loger	*to stay*
un peu plus loin	*a little further on*
loin de	*a long way from …/not too close to …*
les loisirs *(mpl)*	*leisure activities*
long(ue)	*long*
long(ue) de 30 km/500m	*30 km/500m long*
lorsque	*when*
louer	*to hire*
à louer	*for hire*
j'ai lu	*I (have) read*
lundi	*Monday*
les lunettes *(fpl)*	*glasses*
le lycée	*secondary school*
M	
un maçon	*stonemason*
un magasin	*shop*
une magazine d'ordinateur/de mode	*a computer/fashion magazine*
un magnétoscope	*video recorder*
un maillot de bain	*swimming costume*
une maison individuelle	*detached house*
une maison jumelée	*semi-detached house*
une maison mitoyenne	*terraced house*
faire du mal	*to harm*
mal	*badly*
j'ai mal au/à la …	*I've got a pain in …/I've got …ache.*
mal payé(e)	*poorly paid*
malade	*ill*
une maladie	*illness*
malchanceux/-euse	*unlucky*
malheureusement	*unfortunately*
manger	*to eat*
une mangue	*mango*
manquer	*to miss*
le maquillage	*make-up*
un marché spécial	*special market*
il/elle ne marche pas	*it's not working*
faire marcher	*to tease*
mardi	*Tuesday*
un mari	*husband*
marié(e)	*married*
se marier	*to get married*
les marques *(fpl)*	*brand names*
marrant(e)	*funny/good fun*
J'en ai marre (de)	*I've had enough (of)*
se marrer	*to have a laugh*
marron	*brown*
le matérialisme	*materialism*
les choses matérielles *(fpl)*	*material things*
le matériel	*equipment*
les maths *(fpl)*	*maths*
une matière	*school subject*
les matières grasses *(fpl)*	*fat (in food)*
il fait mauvais	*it's horrible (weather)*
avoir mauvais caractère	*to be bad-tempered/unpleasant*
un(e) mécanicien/-ienne	*mechanic*
méchant(e)	*horrible*
un médecin	*doctor*
meilleur(e)	*best*
mercredi	*Wednesday*
une mère	*mother*
la messe	*mass*
il/elle mesure 1.80m	*he's/she's 1.80m tall.*
la mer	*sea*
la météo	*weather forecast*
un métier	*career/profession*
mettre la table	*to lay the table*
s'y mettre	*to get down to it*
mi-avril/juin/août	*mid-April/June/August*
Le mieux, c'est de …	*The best thing is …*
mignon	*cute*
mignonne	*pretty*
au milieu (de)	*in the middle (of)*
mince	*slim*
un mini-bar	*mini-bar*
mixte	*mixed*

à la mode	*fashionable*
la modération	*moderation*
moderne	*modern*
moi	*me*
chez moi	*at home/at my place*
le moins …	*the least …*
moins de	*less than*
mon/ma/mes	*my*
un monde	*world*
le monde est à vous	*the world's your oyster*
un(e) moniteur/-trice	*supervisor*
la monnaie	*small change*
monotone	*monotonous*
à la montagne	*in the mountains*
montagneux/-euse	*mountainous*
Montez/Monte	*Go up*
une montre	*watch*
montrer	*to show*
un monument	*monument*
se moquer de	*to make fun of*
une moquette	*carpet*
une moto	*motorcycle*
les mots-croisés	*crosswords*
un mouton	*sheep*
de taille moyenne	*medium-sized*
un mur	*wall*
la musculation	*body-building*
un musée	*museum*
la musique	*Music*
N	
la natation	*swimming*
la nature	*nature*
ne … pas	*not (to form negative sentences)*
être né(e)	*to be born*
il neige	*it's snowing*
nettoyer	*to clean*
noir(e)	*black*
un nom	*surname*
un grand nombre de	*a large number of*
nommer	*to name*
dans le nord	*in the north*
dans le nord-est	*in the north-east*
normalement	*usually*
notamment	*especially*
c'est noté	*I've written it down*
une note	*mark/grade*
la nourriture grasse	*fatty food*
il est nuageux	*it's cloudy*
nuire à	*to harm*
nul(le)	*worthless/useless*
le numéro	*(telephone) number*
O	
Objets Trouvés	*Lost Property*
s' occuper de	*to look after*
les oeufs *(mpl)*	*eggs*
une offre d'emploi	*job offer*
les offres spéciales *(fpl)*	*special offers*
offrir qqch à qqn	*to give sth to sb as a present*
un oncle	*uncle*
un(e) opérateur/-trice d'ordinateur	*keyboard operator*
opposé(e)	
un orage	*thunderstorm*
l' orchestre *(m)*	*orchestra*
à l'orchestre	*in the stalls*
un ordinateur	*computer*
organiser	*to organise*
Où est …?	*Where is …?*
Où sont …?	*Where are …?*
oublier	*to forget*
ouvert(e)	*open*
ouvrir	*to open*
P	
le pain	*bread*
la paix	*peace*
être/tomber en panne	*to break down*
un pantalon	*a pair of trousers*
la papeterie	*stationery department*
les papiers par terre	*litter*
un papillon	*butterfly*
un paquet de …	*a packet of …*
un parapluie	*umbrella*
par contre	*on the other hand*
un parc	*park*
parcourir	*to explore*
paresseux/-euse	*lazy*
la parfumerie	*perfume department*
parmi	*among*
partager	*to share*
à part ça	*apart from that*
C'est de la part de qui?	*Who's calling?*
faire partie de	*to be a member of*
à partir de …	*from …(used with dates and times)*
pas	*not*
il n'y a pas de	*there isn't/aren't any*
il y a pas mal de	*there are quite a few*
un passage clouté	*pedestrian crossing*
un passeport	*passport*
passer (passé)	*to spend (spent) (time)*
passer un bon moment	*to have a good time*
passer un examen	*to take an exam*
passer l'aspirateur	*to vacuum*
un passe-temps	*hobby*
Passez/Passe devant …	*Walk past …*
passif/-ive	*passive*
passionnant(e)	*fascinating*
une pastille	*throat drop/lozenge*
patient(e)	*patient*
le patin à roulettes	*roller-skating*
la pause de midi	*lunch break*
payer	*to pay for*
C'est un pays qui se trouve …	*The country is situated …*
un P.D.G.	*managing director*
la pêche	*fishing*
pêcher à la ligne	*to fish*
Ça ne vaut pas la peine	*It's not worth the effort.*
la pelouse	*lawn*
pendant	*for/during*
pénible	*difficult/hard work/ exasperating*
Je pense que …	*I think that …*
perdre (perdu)	*to lose (lost)*
perdre votre temps	*to waste time*
perfectionner	*to perfect*
donner la permission (à)	*to give permission*
le personnel	*staff*
les personnes âgées *(fpl)*	*elderly people*
une perte de temps	*waste of time*
peser	*to weigh*
un petit ami	*boyfriend*
le petit déjeuner	*breakfast*
un petit lit	*single bed*
une petite amie	*girlfriend*
une petite annonce	*small ad*
un peu	*a little*
peu de	*few*
il y a très peu de …	*there's very little…/ there are very few*
faire peur à	*to frighten*
je ne peux pas	*I can't*
les phares *(mpl)*	*headlights*
une phrase	*sentence*
la physique	*Physics*
une pièce	*a room or a coin*
une pièce d'identité	*means of identification*
une pierre	*stone*
un(e) piéton(ne)	*pedestrian*
Le pire, c'est …	*The worst thing is …*
une piscine	*swimming pool*
une piste cyclable	*cycle lane*
une piste de ski artificielle	*artificial ski slope*
une place	*main square*
la plage	*beach*
se plaindre	*to complain*
plaire	*to please*
avec plaisir	*with pleasure*
un plan	*plan (of a town/city)*
faire de la planche à voile	*to go windsurfing*
en plastique	*plastic*
plat(e)	*flat*
le plat du jour	*dish of the day*
le plat principal	*main course*
en plein air	*in the open air*
il y a plein de	*there are a lot of*
plein(e) de vie	*full of life*
pleurer	*to cry*
il pleut	*it's raining*
un plombier	*plumber*
la plupart	*the majority/most of*
le plus …	*the most …*
plus de	*more (than)*
il n'y a plus de	*there isn't/aren't any more …*
plutôt	*rather/quite*
il est pluvieux	*it's rainy*
un pneu crevé	*puncture*
une poche	*pocket*
à pois	*spotted*
la poitrine	*chest*
un poivron	*pepper (vegetable)*
poli(e)	*polite*
mal poli(e)	*impolite*
pollué(e)	*polluted*
la pollution	*pollution*
une pomme	*apple*
les pommes de terre *(fpl)*	*potatoes*
un pont	*bridge*
un portable	*mobile phone*
un porte-monnaie	*purse*

	French	English
	porter	*to wear*
	porter plainte	*to make a complaint*
les	Portugais *(mpl)*	*Portuguese people*
le	Portugal	*Portugal*
un	poste	*job/position*
un	pot de …	*a pot of …*
le	potage du jour	*soup of the day*
une	poubelle	*dustbin*
le	poulet	*chicken*
un	poumon	*lung*
Je suis	pour …	*I'm for …*
	Pour aller à/au/ à la…?	*Which way is it to …?*
Il/elle	pourra …	*He/she will be able to …*
	On pourrait …	*We could …*
une	poussette	*pushchair*
	Pouvez-vous …?	*Can you …?*
	pouvoir	*to be able to*
	pratique	*practical*
c'est	pratique	*it's convenient*
	préféré(e)	*favourite*
	première classe	*first class*
	prendre le déjeuner/dîner	*to have your lunch/ evening meal*
	Prenez/Prends …	*Take …*
un	prénom	*first name*
	près de	*near/close to*
à	présent	*at the present time*
	présenter	*to introduce*
se	présenter	*to introduce yourself*
être	pressé(e)	*in a rush*
la	pression	*pressure*
	prétendre que	*to claim that*
	principal(e)	*main*
au	printemps	*in the spring*
j'ai	pris	*I took*
le	prix	*price*
le	prix d'entrée	*admission price*
il y a un	problème avec …	*there's a problem with …*
	prochain(e)	*next*
lundi/ jeudi	prochain	*next Monday/ Thursday*
la semaine	prochaine	*next week*
les	produits recyclés *(mpl)*	*recycled products*
les	produits verts *(mpl)*	*environmentally-friendly products*
un(e)	prof(esseur)	*teacher*
	profiter de	*to make the most of/ take advantage of*
le	programme	*syllabus*
un(e)	programmeur/ -euse	*computer programmer*
une	promenade en bateau	*boat trip*
	promener	*to walk (an animal)*
	proposer	*to suggest*
	propre	*clean*
	proprement dit	*actual*
	protecteur/ protectrice	*protective*
	protéger	*to protect*
les	protéines *(fpl)*	*protein*
le bus/ le train	en provenance de …	*the bus/train coming from …*
à	proximité de	*near*
j'ai	pu	*I was able to/could*
la	publicité	*TV adverts*
	puis	*then*
	Puis-je …?	*May I …?*
	puisque	*since/given that*
un	pull	*pullover*

Q

	French	English
	Quais	*Platforms*
	quand même	*even so*
un	quartier	*area/district*
	Quel?	*Which? (masc)*
	Quelle?	*Which? (fem)*
	Quelles?	*Which? (fem pl)*
	Quels?	*Which? (masc pl)*
	quelquefois	*sometimes*
	qu'est-ce que …?	*What …?*
faire la	queue	*to queue (up)*
	quitter	*to leave*
	quitter la maison	*to leave home*

R

	French	English
	raconter	*to tell (a story)*
une	rafale	*gust of wind*
	raisonnable	*reasonable*
la	randonnée	*rambling/hiking*
faire des	randonnées	*to go for long walks*
	ranger	*to tidy*
	rapide	*rapid*
	rappeler	*to phone back*
le	rapport qualité-prix	*quality-price ratio*
les	rapports *(mpl)*	*relationships*
C'était	raté	*It was a let-down.*
	rater un bus/train	*to miss a bus/train*
	un ravin	*ravine*
un	rayon	*supermarket shelf*
les	rayons de soleil *(mpl)*	*sun's rays*
à	rayures	*striped*
la	réalisation	*production*
un(e)	réceptionniste	*receptionist*
	recevoir	*to receive/get*
je suis à la	recherche de …	*I'm looking for …*
	rechercher	*to look for*
la	récré(ation)	*break-time*
un	reçu	*receipt*
	reculer	*to go back*
	recyclage	*recycling*
	recycler	*to recycle*
	refuser	*to refuse*
Je suis au	régime	*I'm on a diet*
dans une	région	*in a … region*
une	règle	*ruler*
le	règlement	*school rules*
	regner	*to rule*
je	regrette …	*I'm sorry …*
	rejeter la faute sur	*to put the blame on*
les	relations *(fpl)*	*relationships*
	rembourser	*to give (sb their) money back*
	rencontrer	*to meet*
se	rencontrer	*to meet up*
Ça me	rend malade.	*It makes me ill.*
prendre	rendez-vous	*to make an appointment*
	rendre compte	*to realise*
	rendre visite	*to visit someone*
une	renommée	*renown/fame*
	renseigner	*to give sb information*
se	renseigner	*to get information*
	rentrer	*to go back/to go home*
un	repas	*meal*
	répéter	*to rehearse*
	reposant	*restful*
se	reposer	*to rest*
	reprendre ses études	*to start studying again*
un	requin	*shark*
	Réservations	*Reservations*
	réserver	*to reserve/book*
(se)	respecter	*to respect (one another)*
la	respiration	*breathing*
se	ressembler	*to look alike*
les	ressources de la terre *(fpl)*	*natural resources*
	rester au lit	*to stay in bed*
	rester sur place	*to stay in one place*
un	resto	*restaurant (informal)*
un	résultat	*result*
se	retrouver	*to meet up*
une	réunion	*meeting*
	réussir	*to succeed*
	réveiller	*to wake someone*
	réviser	*to revise*
le	rez-de-chaussée	*ground floor*
les	rideaux *(mpl)*	*curtains*
	rigolo	*funny*
	rire	*to laugh*
	risquer de …	*to risk doing/having sth*
une	rivière	*river*
	rocheux/-euse	*rocky*
le	roller	*rollerblading*
un	roman	*novel*
	romantique	*romantic*
un	rond-point	*roundabout*
une	roue (de secours)	*(spare) wheel*
	rouler vite/ lentement	*to travel quickly/ slowly*
une	route	*road*
cheveux	roux *(mpl)*	*red hair*
une	rue	*road/street*
	rural(e)	*rural*

S

	French	English
le	sable	*sand*
un	sac	*bag*
un	sac de	*a bag of …*
un	sachet de …	*a sachet of …*
	sage	*sensible*
un	salaire	*salary*
	sale	*dirty*
une	salle à manger	*dining room*
une	salle de bains	*bathroom*
une	salle de séjour	*living room*
la	salle des profs	*staff room*
	Salle d'Attente	*Waiting Room*
un	salon	*living room*
	samedi	*Saturday*
	sans	*without*
	sans intérêt	*dull/boring*
	sauf	*except*
	sauter un repas	*to skip a meal*
	savoir	*to know (how to)*
le	savon	*soap*
les	sciences *(fpl)*	*science subjects*
une	séance	*performance/ showing*
un(e)	secrétaire	*secretary*
le	secretariat	*secretary's office*

un	séjour	stay
Bon	séjour!	Have a pleasant stay!
	sélectionner	to choose
	selon	according to
en	semaine	during the week
je me	sens …	I feel …
le	sens	meaning
le	sens de l'humour	sense of humour
le	sens pratique	common sense
	sensass	fantastic
	sensible	sensitive
être	séparé(e)	separated
il/elle	sera	he/she will be
je	serai	I will be
	sérieux/-euse	serious
	serrer	to tighten/squeeze
un(e)	serveur/-euse	waiter/waitress
le	service	service (in a restaurant)
une	serviette	towel
	seul(e)	alone
	sévère	strict
le	sexisme	sexism
le	shopping le dimanche	Sunday shopping
un	siècle	century
un	sirop	cough mixture
être	situé(e)	to be situated/ located
le	skate	skateboarding
faire du	ski	to go skiing
faire du	ski nautique	to go water skiing
une	sœur	sister
en	soie	silk
	soigner	to look after
le	soin	care
une	soirée	evening
être	solitaire	to be a loner
le	sommet	top (of a mountain/hill)
	son/sa/ses (*pl*)	his/her/its
un	sondage	survey
Si on	sortait ensemble à …?	How about going together to …?
la	sortie	exit
	Sortie de Secours	Emergency Exit
	sortir	to go out
	sortir avec	to go out with
	sortir la poubelle	to put the dustbin out
	souffrir	to suffer
c'est une	source de …	it's/they're a source of …
le	sous-sol	basement
	souvent	often
ne	soyez pas	don't be
un	spectacle	show
les	sports d'hiver	winter sports
un	spot (publicitaire)	TV commercial
le	stade	stadium
un	stage	training course
un	steak haché	beefburger
	stressé(e)	stressed out
	stricte	strict
un	studio	studio flat
un	stylo	pen
	sucré(e)	sweet/sweetened
dans le	sud-ouest	in the south-west
ça ne	suffit pas	it's not enough
la	Suède	Sweden
les	Suédois (*mpl*)	Swedish people
je	suis allé(e)/ parti(e)	I went/left
la	Suisse	Switzerland
c'est	super	it's superb/fantastic
un	supermarché	supermarket
	super-mignon	really cute
	surchargé(e)	overloaded (syllabus)
	sûr(e)	certain
le	surf	surfboarding
	surfer sur Internet	to surf the Internet
	surnommer	to nickname
	surtout	above all
un	survêtement	track suit
un	sweat capuche	hooded sweatshirt
	sympa(thique)	nice/friendly/likeable
un	syndicat d'initiative	tourist information centre

T

le	tabac	tobacco
Quelle	taille?	What size?
	tandis que	whereas
	tant de	so much/so many
une	tante	aunt
	tard	late
une	tarte au citron	lemon tart
une	tartine	slice of bread and butter
le	taux de chômage	unemployment rate
le	taux de change	rate of exchange
un(e)	technicien(ne) de laboratoire	lab technician
	technologie	Technology
	technophobe	technophobic
une	télécarte	telephone card
le	temps	time
avoir	tendance à	to have a tendency to
	tenter ma chance	to try my luck
se	terminer	to finish
un	terrain de golf	golf course
la	Thaïlande	Thailand
le	tiers monde	third world
un	timbre	stamp
	timide	shy
le	tir à l'arc	archery
les	toilettes (*fpl*)	toilets
	ton/ta/tes	your
la	tonalité	dialling tone
	totalement/ complètement	completely
	toucher	to touch/move someone
faire un	tour	to go for a walk/ride
faire le	tour du monde	to go round the world
le	tourisme	tourism
	touristique	tourist/touristy
	tourner (à droite/ à gauche)	to turn (right/left)
je	tousse	I've got a cough
c'est	tout	that's all
Il y avait	tout dedans.	Everything was in it.
	tout/toute/tous	every/all
	tout à fait	totally/quite
à	tout à l'heure	see you soon
	tout de suite	immediately/ straightaway
	tout droit	straight ahead
en	train	by train
un	trajet	journey
le	traitement de texte	word processing
	traiter	to treat
les	transports en commun (*mpl*)	public transport
le	travail pratique	practical work
	travailler	to work
	travailleur/-euse	hard-working
les	travaux manuels (*mpl*)	work with your hands
	traverser	to cross
	très	very
	trier	to sort out (rubbish)
	triste	sad
	trop	too
	trop de	too much/many
le	trottoir	pavement
Je	trouve que	I think that
se	trouver	to be situated
une	tueuse	professional killer
	typique	typical

U

l'	UE (*f*)	EU (European Union)
	urbain(e)	urban
en cas d'	urgence	in an emergency
les	urgences (*fpl*)	emergency ward

V

Bonnes	vacances!	Have a good holiday!
une	vache	cow
une	vague	wave
je	vais au/à la/aux	I go/I'm going to …
je m'en	vais à/à la/aux	I'm going off to …
faire la	vaisselle	to do the washing-up
une	valise	suitcase
une	vallée	valley
il est	variable	it's changeable
	varié(e)	varied
Ça ne	vaut pas la peine.	It's not worth the effort.
il	vaut mieux …	it's better to …/it would be better to …
la	veille de	on the eve of
un	vélo	bicycle
un(e)	vendeur/-euse	salesman/ saleswoman
	vendre	to sell
se	vendre	to be sold
	Venez par ici!	Come this way!
	venger	to avenge
	venir	to come
il fait du	vent	it's windy
le	ventre	stomach
en	vérité	in truth
un	verre	glass (for drinking from)
en	version originale	in the original version
	vert(e)	green
les	vêtements (*mpl*)	clothes
un(e)	vétérinaire	vet
être	vêtu(e)	to be dressed
	Veuillez trouver ci-joint …	Please find enclosed/attached …
quand on	veut	when you want (to)
Tu	veux …?	Do you want to …?
Je	veux bien	I'd like to very much.

la viande	*meat*
vide	*empty*
la vie de tous les jours	*everyday life*
il/elle viendra	*he/she will come*
vieux/vieille	*old*
vieux jeu	*old-fashioned*
un village de vacances	*holiday village*
une ville	*town*
le vin	*wine*
une visite guidée	*guided tour*
visiter	*to visit (a place/ monument)*
les vitamines *(fpl)*	*vitamins*
vite	*quick(ly)*
à toute vitesse	*at full speed*
vivant(e)	*lively*
Voici …	*Here is …*
une voie réservée aux cyclistes	*cycle lane*
voir (vu)	*to see (saw)*
se voir	*to meet up/see each other*
un(e) voisin(e)	*neighbour*
en voiture	*by car*
le volant	*steering wheel*
le volley	*volleyball*
j'ai vomi	*I've been sick*
vomir	*to be sick*
Tu voudrais …?	*Would you like to …?*
Voudriez-vous bien …?	*Would you be so kind as to …?*
vouloir (voulu)	*to want (wanted)*
Bon voyage!	*Have a good journey!*
voyage d'affaires	*business trip*
voyager	*to travel*
à vrai dire	*to tell the truth/to be honest*
vraiment/ extrêmement	*really*
un VTT	*mountain bike*
vu	*past tense of voir*
W	
les W-C *(mpl)*	*toilet*
Bon week-end!	*Have a good weekend!*
Y	
y compris	*including*
le yaourt	*yoghurt*
les yeux *(mpl)*	*eyes*
Z	
zippé(e)	*with a zip*
une zone piétonne	*pedestrianised area*

Les instructions	Instructions
À deux.	*In pairs.*
À trois./À quatre.	*In groups of three/four.*
Adaptez les phrases.	*Adapt the sentences.*
Ajoutez les détails.	*Add details.*
Catégorisez les mots/les phrases.	*Categorise the words/expressions.*
Cherchez …	*Look for … /Find …*
Choisissez la bonne réponse.	*Choose the right answer.*
ci-dessous	*below*
ci-dessus	*above*
Classez ces problèmes par ordre d'importance.	*Put these problems in order of importance.*
Commencez comme ceci.	*Begin like this.*
Copiez et complétez la grille.	*Copy and fill in the grid.*
Corrigez les erreurs.	*Correct the mistakes.*
Décrivez.	*Describe.*
Demandez auprès de vos amis/votre classe.	*Ask your friends/classmates.*
Dites si …	*Say whether …*
Écoutez (bien/attentivement).	*Listen (carefully).*
Écrivez.	*Write.*
En groupe.	*In a group.*
Enregistrez-le.	*Make a recording.*
Faites correspondre.	*Match.*
Faites des conversations.	*Make up conversations.*
Faites deux colonnes.	*Draw up two columns.*
Faites un débat.	*Have a debate.*
Faites un entretien.	*Make up an interview.*
Faites un graphique.	*Draw a graph.*
Faites une liste.	*Make a list.*
Faites des phrases.	*Make up sentences.*
Faites une présentation orale.	*Do an oral presentation.*
Faites un sondage.	*Do a survey.*

Identifiez.	*Identify.*
Improvisez.	*Improvise.*
Indiquez la bonne réponse.	*Tick/Circle the right answer.*
Indiquez si ...	*Say whether ...*
Insérez.	*Insert.*
Interviewez-vous.	*Interview each other.*
Inventez.	*Invent.*
Jeu de rôle.	*Role play.*
Joignez les phrases avec ...	*Link the sentences with ...*
Jouez.	*Play.*
Lisez l'article/l'affiche.	*Read the article/notice.*
Mettez les détails qui manquent.	*Write in the missing details.*
Mettez les phrases/images dans le bon ordre.	*Put the expressions/pictures in the correct order.*
Notez.	*Write down.*
N'oubliez pas de ...	*Don't forget to ...*
Posez une question.	*Ask a question.*
Prenez des notes.	*Take notes.*
Prenez le rôle de ...	*Play the part of ...*
Recherchez ...	*Look for ...*
Regardez ...	*Look at ...*
Relevez tous les verbes.	*Pick out all the verbs.*
Remplissez la grille/les blancs.	*Fill in the grid/the blanks.*
Répondez aux questions.	*Answer the questions.*
Servez-vous des mots/phrases.	*Use words/expressions.*
Traduisez.	*Translate.*
Trouvez le français pour ...	*Find the French word for ...*
Utilisez ...	*Use ...*
Vérifiez.	*Check.*
Vous aurez besoin de ...	*You will need ...*
Vrai or faux?	*True or false?*